Dr. Joseph
MURPHY
Dein Recht auf Glück

Dr. Joseph
MURPHY

Dein Recht auf Glück

Lesebuch des positiven Denkens

Geleitwort von
Dr. Jean Murphy

Übersetzt von
Manfred G. Schmidt

HERBIG

Gedruckt auf chlorfrei gebleichtem Papier

Umschlaggestaltung: Wolfgang Heinzel
Herstellung: Gaby Herbrecht, München
Satz: Herbrecht Verlag, München
Gesetzt aus 11/13 Punkt Optima, System Macintosh
Druck: Jos. C. Huber KG, Dießen
Binden: R. Oldenbourg, München
Printed in Germany
ISBN 3-7766-1813-2

Inhalt

It is a joy to know that COLLECTED ESSAYS OF DR. JOSEPH MURPHY has been published for German-language readers. Each Essay offers dynamic and practical precepts and methods to attain your goals and to realize greater measures of health, happiness, success, and abundance. It is my hope and confidence that you will benefit in every way as you read of the universal truths and eternal verities offered by Dr. Joseph Murphy's Essays.

Jean L. Murphy
(Mrs. Joseph Murphy)

Laguna Hills, California
June 1993

Geleitwort

Es ist eine Freude zu wissen, daß die COLLECTED ESSAYS OF DR. JOSEPH MURPHY für die deutschsprachigen Leser veröffentlicht werden. Jeder Essay bietet dynamische und praktische Konzepte und Methoden, mit denen Sie Ihre Ziele erreichen und ein größeres Maß an Gesundheit, Glück, Erfolg und Überfluß erzielen. Es ist meine Hoffnung und Überzeugung, daß Sie vom Studium und vom Anwenden der universellen und ewig gültigen Wahrheiten, wie sie von Dr. Joseph Murphy in seinen Essays dargelegt werden, in jeder Hinsicht profitieren werden.

Jean L. Murphy
(Mrs. Joseph Murphy)

Laguna Hills, California
Juni 1993

Vorwort des Übersetzers

Was stimmt mit unseren alten Horizonten nicht? Sie sind ganz gewiß nicht plötzlich verschwunden, und sie haben sich auch nicht überlebt. Aber in unseren Tagen – den Tagen eines Routinelebens – meinen wir, für Zielplanungen und Zielkontemplation einfach keine Zeit mehr zu haben. Wir erlauben unseren Gedanken, sich mit Dingen zu beschäftigen, die alles andere als gut für uns sind. Von der veröffentlichten Meinung, die wir in uns aufnehmen, ganz zu schweigen.

Ob wir es jedoch anerkennen oder nicht, der Gedanke ist ein schöpferischer Faktor, oder besser: der schöpferische Faktor für das Gute oder das Schlechte in unserem Leben. Unser gewohnheitsmäßiges Denken hat einen kumulativen Effekt, es formt die entsprechenden Muster, die dann zu Ursachen unserer jeweiligen Erfahrungen werden.

Die praktische Anwendung unserer Gedanken-Kreativität im täglichen Leben sollte jedoch nicht mit Wunschdenken oder Tagträumen verwechselt werden. Schöpferisches Denken ist ein definitiver, konkreter und spezifischer Prozeß, der auf ein exaktes, universelles Gesetz einwirkt. Dieser Gedanke zieht sich auch durch alle Bücher von Dr. Joseph Murphy.

Als dessen Witwe, Dr. Jean Murphy, mir vor einigen Monaten telefonisch mitteilte, daß sie aus bisher unveröffentlichten Manuskripten ihres Mannes einen attraktiven Band zusammengestellt hatte, der bei allen Murphy-Freunden auf begeisterte Zustimmung gestoßen war, habe ich mich

selbstverständlich mit großer Freude bereit erklärt, wieder die Betreuung der deutschsprachigen Ausgabe zu übernehmen.
Die Bücher und Aufsätze von Dr. Joseph Murphy haben auch zwölf Jahre nach seinem Weitergang in die nächste Dimension nichts von ihrer Aussagekraft verloren – im Gegenteil: Sie sind heute noch wichtiger als vor zwanzig oder dreißig Jahren.
Dr. Joseph Murphy hat es meisterhaft verstanden, seinen Lesern und Zuhörern die religiösen Schriften zu erläutern. Er hat das Gesetz des Universums immer wieder erklärt und es mit entsprechenden Bibeltexten untermauert. Für manch einen, der wie ich mit vielen Bibelzitaten nichts anzufangen wußte, geradezu eine Offenbarung. Vermeintliche Ungereimtheiten bekamen plötzlich einen Sinn. Den einzigen logischen Sinn.
Für die von Dr. Murphy angeführten Bibelzitate habe ich aus verschiedenen deutschsprachigen Versionen die jeweils dynamischsten und aussagekräftigsten ausgewählt. Zuweilen habe ich die Zitate auch direkt aus dem Englischen übersetzt.
Im Buch Hiob heißt es zum Beispiel im 22. Kapitel in einigen Versionen: »Du wirst Ihn bitten, und Er wird dich erhören.« So weit so gut. Wir wenden jedoch das Göttliche Gesetz an und setzen gewaltige Energien in Bewegung. Bitten oder Flehen bringt hier nichts. »Thou shalt decree a thing«, wörtlich: »Du sollst etwas anordnen, und es wird dir zuteil werden.« (Hiob 22:28) Das ist eine klare Vorgabe.

Manfred G. Schmidt

Palm Desert, California
Juni 1993

Dein Recht auf Reichtum

Du bist hier auf der Welt, um ein Leben in Wohlhabenheit zu führen, um glücklich, froh und frei zu sein. Du solltest daher über soviel Geld verfügen, wie du benötigst, um ein wirklich glückliches Leben führen zu können. Arm zu sein ist keine Tugend, es ist vielmehr eine seelische Krankheit. Die Armut müßte von der Erde verschwinden. Du bist auf der Welt, um zu wachsen, um dich zu entwickeln und zu entfalten – geistig, seelisch und materiell. Ein jeder hat das unveräußerliche Recht, sich voll zu entwickeln und auf allen Gebieten frei zu entfalten. Du solltest imstande sein, dich mit aller Schönheit und mit allem Luxus zu umgeben.

Warum gibst du dich mit einem Zustand zufrieden, in dem du nur immer gerade so zurechtkommst, wenn du doch den Reichtum des Unendlichen Einen genießen kannst. In diesem Kapitel wirst du lernen, wie man sich das Geld zum Freund macht, und du wirst immer im Überfluß leben. Dein Wunsch nach Reichtum ist der Wunsch nach einem schöneren, reicheren, glücklicheren Leben. Das ist eine Lebensnotwendigkeit, und die ist gut, sehr gut.

Du mußt das Geld in seiner wahren Bedeutung erkennen – als ein Symbol des Wechsels. Es bedeutet für dich Freiheit von allen Mangelerscheinungen. Es bedeutet Schönheit, Luxus, Überfluß – kurz: ein besseres Leben. Wenn du dieses Kapitel liest, dann sagst du dir vielleicht schon: »Ich will mehr Geld haben. Ich bekomme ein viel geringeres Gehalt, als ich eigentlich verdiente.«

Meiner Ansicht nach werden die meisten Menschen nicht angemessen entlohnt. Einer der Gründe, weshalb viele Menschen nicht mehr Geldmittel haben, ist der, daß sie Geld insgeheim oder offen verdammen. Sie bezeichnen es als »schmutzig«, als »schnöden Mammon« oder schlichtweg als die Wurzel allen Übels. Ein anderer Grund, weshalb sie nicht vorankommen und glücklich leben, liegt in ihrem Glauben – der sich in ihr Unterbewußtsein eingegraben hat –, in der Armut müsse eine gewisse Tugend liegen. Dieses unbewußte Schema ist wohl ihrer Erziehung in früher Jugend oder einfach dem Aberglauben zuzuschreiben, es könnte sich auch einfach auf die falsche Auslegung der Bibel gründen.
Ich wiederhole: Armut ist keine Tugend, sie ist vielmehr eine Krankheit, so wie jede andere seelische Krankheit. Wenn du körperlich krank wärst, würdest du natürlich sofort Hilfe suchen oder dir selbst helfen, um deinen Krankheitszustand zu bessern. Genauso ist irgend etwas absolut nicht in Ordnung mit dir, wenn nicht ständig Geld durch deine Hände geht.
Das Geld ist nur ein Symbol. Im Laufe der Jahrhunderte hat es viele verschiedene Formen als Zahlungsmittel angenommen. Man zahlte zum Beispiel mit Salz, Perlen und verschiedenen Schmuckgegenständen. In früheren Zeiten wurde der Reichtum des Menschen daran gemessen, wieviele Schafe oder Rinder er sein eigen nannte. Es ist für dich natürlich viel bequemer, einfach einen Scheck auszuschreiben, als immer einige Schafe oder Rinder vor dir herzutreiben, um damit deine Rechnungen zu bezahlen.
Gott will nicht, daß du in einer armseligen Hütte wohnst und daß du Hunger leiden sollst. Er will vielmehr, daß du glücklich, zufrieden und erfolgreich bist. – Gott ist immer erfolgreich in seinen Unternehmungen, sei es die Erschaffung eines Sterns oder eines ganzen Planetensystems.

Vielleicht willst du eine Weltreise unternehmen, im Ausland Kunst studieren, auf eine Universität gehen oder deine Kinder auf eine höhere Schule schicken. Sicherlich möchtest du, daß deine Kinder in einer schönen Umgebung aufwachsen, so daß sie die Schönheit, Ordnung, Symmetrie und Proportion – also die Wohlausgewogenheit – der Schöpfung wahrnehmen und schätzen lernen.

Du bist zum Erfolg bestimmt

Du bist auf die Welt gekommen, um Erfolg zu haben, um alle Schwierigkeiten zu überwinden und deine Fähigkeiten und Anlagen zu entwickeln. Wenn dir dabei die finanzielle Seite einen Strich durch die Rechnung macht, dir also das nötige Geld dazu fehlt, so mußt du etwas dagegen tun.
Löse dich sofort von allen falschen Glaubensvorstellungen, die das Geld verdammen. Betrachte das Geld nicht als etwas Übles, Schmutziges. Denn wenn du das tust, entschwindet dir das Geld wie mit Flügeln. – Denke daran: Was du verdammst, das wirst du verlieren.
Stell dir beispielsweise vor, du fändest plötzlich irgendwo Gold, Silber, Blei, Kupfer, Eisen oder etwas ähnliches im Boden. Würdest du so etwas als Übel bezeichnen? Gott nannte alle Dinge gut. Das Übel hingegen entspringt dem getrübten Verstand des Menschen, seinem verwirrten Hirn, seiner falschen Deutung des Lebenszweckes, seinem Mißbrauch der göttlichen Macht. Uran, Blei oder irgendein anderes Metall hätte zweifellos auch als Zahlungsmittel verwandt werden können. Wir haben uns jedoch für Münzen, Papierscheine, Schecks usw. entschieden. Ganz gewiß ist der Geldschein nichts Übles, ebensowenig wie der Scheck. Dank der Forschung der Naturwissenschaftler weiß man

heute, daß der einzige Unterschied zwischen den verschiedenen Metallen darin liegt, daß die Anzahl und die Geschwindigkeit der Elektronen, die um den Atomkern kreisen, verschieden sind. Die Physiker können heutzutage schon ein Metall durch Bombardement der Atome im mächtigen Zyklotron in ein anderes verwandeln. Unter bestimmten Umständen kann beispielsweise Gold zu Quecksilber werden. Es wird sicherlich nicht mehr lange dauern, bis Gold, Silber und andere Metalle im chemischen Labor künstlich hergestellt werden können. Ich kann mir nicht vorstellen, daß man irgend etwas Verwerfliches in Elektronen, Neutronen, Protonen und Isotopen sehen kann.

Jedes Stück Papier in deiner Tasche besteht aus Elektronen und Protonen in verschiedener Anordnung, deren Anzahl und Umdrehungsgeschwindigkeit in den Atomen des Papiers sind verschieden von der des Silberatoms. Allein dadurch unterscheiden sich das Papier und das Silber in deiner Tasche.

Manch einer wird jetzt einwenden, daß die Menschen für Geld alles zu tun bereit sind. Sie lügen für Geld, sie stehlen für Geld, ja sie morden sogar für Geld. Gewiß, das Geld mag die Ursache vieler Verbrechen sein, aber das macht es nicht verwerflich.

Wenn ein Mensch einem anderen 5000 Dollar gibt, damit dieser jemanden tötet, dann hat er das Geld mißbraucht, indem er es für einen destruktiven Zweck verwandt hat. Man kann aber die Elektrizität auch dazu benutzen, jemanden zu töten, oder man kann damit das Haus beleuchten. Mit Wasser kann man den Durst des Säuglings löschen, man kann das Kind aber auch im Wasser ertränken. Man kann das Kind mit Feuer wärmen, man kann es aber auch darin verbrennen lassen.

Eine andere Illustration: Es wäre zweifellos von Übel, wenn du aus dem Garten Erde holst und zum Frühstück in deine

Kaffeetasse tust. Doch ist an der Erde an sich nichts Schlechtes zu sehen. Ebensowenig wie am Kaffee. Die Erde in der Kaffeetasse ist nur am falschen Ort. Sie gehört in deinen Garten.

Es wäre auch zu deinem Schaden, wenn eine Nähnadel in deinen Daumen gestochen würde. Die Nadel gehört ins Nadelkissen und nicht in deinen Daumen.

Wir wissen doch, daß die Naturgewalten und alle ihre Elemente im Grunde nichts Übles sind. Ob sie uns Glück schenken oder Schaden zufügen, hängt einzig und allein davon ab, wie wir sie uns zunutze machen.

Mir sagte einmal ein Mann: »Ich bin pleite, ich mag das Geld nicht, es ist die Wurzel allen Übels.«

Es ist die Liebe zum Geld, die alles andere ausschließt, die Einseitigkeit und Unausgeglichenheit hervorruft. Wenn du so sehr in das Geld vernarrt bist, daß du dich um nichts anderes mehr kümmerst, wirst du keine Ruhe und Ausgeglichenheit mehr finden. – Du lebst jedoch, um deine Macht und deinen Einfluß weise zu gebrauchen. Manche Menschen sehnen sich nach Macht, andere sehnen sich nach Geld. Wenn du an nichts anderes denkst als an Geld und sagst: »Das ist alles, was ich brauche, ich werde alle meine Anstrengungen darauf richten, Geld zu horten, nichts anderes auf der Welt ist für mich von Bedeutung«, so wirst du sicherlich zu Geld kommen und vielleicht sogar ein großes Vermögen ansammeln, aber vergiß nicht, du lebst, um ein ausgeglichenes Leben zu führen. – *»Der Mensch lebt nicht vom Brot allein.«* (Matthäus 4:4)

Wenn du zum Beispiel einem Kult oder einer religiösen Gemeinschaft angehörst und dich darin zu einem Fanatiker entwickelst, wenn du dich von deinen Freunden entfernst, vom sozialen Leben ausschließt, so wirst du unausgeglichen, gehemmt, enttäuscht. Die Natur beruht auf einem Gleichgewicht. Wenn du dich immer nur mit äußerlichen, nebensächlichen Dingen beschäftigst, wirst du selbst eines Tages mit Erschrecken feststellen, wie groß dein Bedürfnis nach Seelenfrieden, Harmonie, Liebe, Freude oder wirklicher Gesundheit ist. Du wirst feststellen, daß du nichts kaufen kannst, was wirklich ist. Du kannst dir ein Vermögen zusammenhorten, du kannst mehrere Millionen besitzen – das Geld als solches ist nichts Übles oder Schlechtes. Wenn du aber in das Geld so sehr vernarrt bist, daß dich nichts anderes mehr interessiert, so kommt für dich eines Tages die große Enttäuschung und Ernüchterung. In diesem Falle ist das Geld wirklich die Wurzel all deines Übels. Indem du das Geld zu deinem Ziel erkorst, hast du einfach eine falsche Wahl getroffen. Du dachtest, es wäre alles, was du dir wünschst. Aber du hast nach all deinen Anstrengungen, zu Geld zu kommen, bemerkt, daß es nicht nur Geld war, was du brauchtest. Was du dir in Wirklichkeit wünschtest, war der wahre Frieden – der Gemütsfrieden und Reichtum. Wenn du wolltest, könntest du nämlich Millionen haben und dennoch Seelenfrieden, Harmonie, vollkommene Gesundheit und göttlichen Ausdruck finden.

Jedermann wünscht sich genug Geld und nicht nur soviel, um gerade nur zurechtzukommen. Er will einfach mehr haben, etwas zum Sparen. Nun gut, er sollte es haben. Unser Trieb, unser Verlangen, all unsere Wünsche nach Nahrung, Kleidung, nach einem Zuhause, einem schönen Auto und Wohlstand sind uns von Gott eingegeben. Sie sind heilig und gut, aber wir können jedem Antrieb, jedem Wunsch, jedem Verlangen in der falschen Richtung folgen. – Das Ergebnis sind dann schlechte, nur negative Erfahrungen in unserem Leben.

Der Mensch hat keine schlechte Natur. In dir ist keine schlechte Natur. Was durch dich Ausdruck sucht, ist Gott, die unendliche Weisheit, das Leben.

Angenommen, ein Junge möchte auf das College gehen. Er

hat aber nicht genug Geld dafür. Er sieht andere Jungen aus der Nachbarschaft, die aufs College oder die Universität gehen, und schon wächst sein Verlangen. Er sagt sich, ich möchte auch eine solche Bildung haben. So ein junger Mann stiehlt und unterschlägt dann vielleicht Geld, nur weil er damit sein College-Studium finanzieren will. Der Wunsch, aufs College zu gehen, war ursprünglich und für sich genommen gut. Der Junge hat sich aber von diesem Verlangen in eine falsche Richtung leiten lassen, denn er hat die Gesetze der Gesellschaft, das kosmische Gesetz der Harmonie, die »Goldene Regel« verletzt, und nun merkt er, daß er etwas falsch gemacht hat und er Unannehmlichkeiten bekommt.

Würde dieser Junge aber die Gesetze des Geistes kennen und sie richtig anwenden, indem er seinen Collegebesuch als vollendete Tatsache sieht und wahrnimmt, dann wäre er ein freier Mensch und nicht im Gefängnis. Wer hat ihn ins Gefängnis gebracht? Er selbst. Der Beamte, der ihn eingesperrt hat, war nur ein Instrument der vom Menschen geschaffenen Gesetze, die er verletzt hat. Er hat sich zuerst selbst in seinem Geist eingesperrt, indem er gestohlen und seinen Mitmenschen Unrecht zugefügt hat. Furcht und ein Schuldbewußtsein folgten. Das ist das Gefängnis des Geistes, das bald durch die Gefängniswände aus Stein ergänzt und verstärkt wird.

Halte den Kreislauf in Gang

Geld ist ein Symbol für den Reichtum Gottes, für seine Schönheit, Reinheit und seinen Überfluß. Es sollte daher weise, klug und aufbauend verwendet werden, um die Menschheit auf zahllose Weise zu beglücken. Es ist nur ein

Symbol für das wirtschaftliche Wohlergehen der Nation. Wenn dein Blut ungehindert kreist, bist du gesund. Wenn das Geld in deinem Leben ungehindert kreist, bist du wirtschaftlich gesund. Wenn die Menschen aber anfangen, Geld zu horten und es in Blechbüchsen beiseite zu schaffen und sich dabei selbst mit Furcht belasten, so sind sie wirtschaftlich »krank«.

Der Börsenkrach von 1929 war eine psychologische Panik. Furcht ergriff alle Menschen in allen Ländern. Es war eine Art negatives, hypnotisches Zauberwort.

Wir leben in einer subjektiven und objektiven Welt. Man darf die geistige Nahrung nicht ablehnen, wie inneren Frieden, Liebe, Schönheit, Harmonie, Freude und Wohlergehen. Das Wissen um die geistige Macht ist der Weg zur königlichen Straße des Reichtums in jeder Form, ob dein Wunsch nun geistiger, seelischer oder materieller Art ist. Der Wahrheitssucher weiß und ist unerschütterlich davon überzeugt, daß er, ungeachtet der wirtschaftlichen Lage, der Schwankungen auf dem Kapitalmarkt, Handelsschwierigkeiten, Streiks, Krieg und anderer Bedingungen oder Umstände immer wohlversorgt sein wird, ohne Rücksicht darauf, welche Form das Geld auch immer annehmen mag. Der Grund dafür ist, daß er im Bewußtsein des Wohlstands »verharrt« – daß er das Bewußtsein des Wohlstands beibehält.

Er ist davon überzeugt, daß der Reichtum in seinem Leben immer freie Bahn hat und es immer einen göttlichen Überfluß gibt. Sollte es auch morgen Krieg geben, so daß vielleicht all seine gegenwärtigen Ersparnisse wertlos würden – wie es mit der deutschen Währung nach den beiden Kriegen geschah –, dann würde er dennoch wieder Reichtum anziehen und versorgt sein, egal was für eine neue Währung es dann geben würde.

Wohlstand ist ein Bewußtseinszustand. Der Zustand eines

Bewußtseins, das darauf getrimmt – konditioniert – ist, die ständig strömende göttliche Versorgung anzuerkennen. Der wissenschaftlich denkende Mensch betrachtet das Geld oder den Wohlstand wie die Flut, d.h., sie verschwindet, kommt aber immer wieder zurück. Nie bleibt sie aus. Ebensowenig wird die Versorgung des Menschen ausbleiben, wenn er der unermüdlichen, unveränderlichen, unsterblichen Gegenwart Gottes vertraut, der immer bei ihm ist und immer für ihn sorgt.
Wer um die Vorgänge im Unterbewußtsein weiß, wird sich deshalb auch niemals beunruhigen lassen durch die Wirtschaftslage, Kapitalmarktkrisen, Geldabwertung oder völlige Inflation, denn er lebt ja in dem Bewußtsein, ewig von Gottes sorgenden Händen geführt zu werden. Solch ein Mensch wird ständig versorgt und behütet – von der alles überragenden, alles durchdringenden Gegenwart Gottes. *»Seht die Vögel unter dem Himmel an. Sie säen nicht, sie ernten nicht, sie sammeln nicht in die Scheunen, und euer himmlischer Vater ernährt sie doch. Seid ihr denn nicht viel mehr als diese Vögel?«* (Matthäus 6:26)
Wenn du dich bewußt mit der göttlichen Gegenwart verbindest, in dem Wissen, daß sie dich auf all deinen Wegen führt und leitet, daß sie eine Leuchte zu deinen Füßen und ein Licht auf deinem Weg ist, wirst du auf göttliche Weise gedeihen, und das über deine kühnsten Träume hinaus.

Das Wohlstandsbewußtsein

Du kannst dein Unterbewußtsein ganz leicht mit dem Gedanken an ständige Versorgung oder Wohlstand erfüllen. Bring das Räderwerk deines Gehirns einmal zum Stillstand. Entspanne dich, laß los. Versetze dich in einen schläfrigen, schlummernden, meditativen Zustand. Alle Anstrengungen werden dadurch auf ein Minimum begrenzt. Und dann denke – aber passiv, ruhig, entspannt – in aller Ruhe über diese einfachen, aber doch so wahren Dinge nach: Frage dich, woher die Gedanken kommen. Woher kommt Reichtum? Woher kamst du? Woher kam dein Gehirn, dein Verstand? Du wirst feststellen, daß alles nur *einen* Ursprung hat.

Du bist nun in einem geistigen, schaffenden Zustand. Auch dein intelligenter Verstand ist jetzt bereit, einzusehen, daß Wohlstand ein Zustand des Geistes ist. Nimm folgenden kurzen Satz. Sprich ihn langsam und leise, drei- oder viermal am Tag, jeweils vier oder fünf Minuten lang vor dich hin, besonders vor dem Schlafengehen: »Geld ist in meinem Leben immer im Umlauf, und es ist darüber hinaus immer noch ein Überschuß vorhanden!« Wenn du das regelmäßig und systematisch machst, wird der Gedanke an den Reichtum in dein tieferes Ich hineingetragen werden, und es entwickelt sich bei dir ein »Wohlstandsbewußtsein«. Aber nur durch träges, mechanisches Aufsagen des Satzes wird es dir nicht gelingen, das Bewußtsein des Wohlstands zu erzeugen. Fang an, die Wahrheit dessen, was du dir selbst versicherst, zu spüren. Du weißt, was du tust und warum du es tust. Und du weißt auch, daß dein inneres Selbst empfänglich ist für das, was du bewußt als wahr empfindest.

Anfangs erzielen Menschen, die in finanziellen Schwierigkeiten sind, zumeist keine Erfolge mit Bejahungen wie: »Ich bin reich«, »Ich bin glücklich« oder »Ich bin erfolgreich«. Solche Bejahungen können im Gegenteil dazu führen, daß sich ihre Verhältnisse verschlechtern, denn das Unterbewußtsein nimmt nur den stärkeren, den gefühlsbetonteren von zwei Gedanken auf, nur die vorherrschende Stimmung oder das Gefühl. Wenn diese Menschen auch sagen: »Ich bin glücklich«, so ist ihr Gefühl des Mangels, des Unglücks doch größer, und eine Stimme in ihrem Innern sagt ihnen: »Nein, du bist nicht glücklich, es geht dir unendlich schlecht.« Das *Gefühl* des Mangels überwiegt, so daß jede Behauptung es hervorruft und ihr Mangel dadurch noch größer wird. Wer anfangen will, das zu überwinden, muß es mit solchen Bejahungen tun, denen das Bewußtsein und das Unterbewußtsein nicht entgegenstehen. Dann wird es keinen Widerstand geben.

Unser Unterbewußtsein nimmt alles an, was wir glauben und fühlen, wovon wir überzeugt sind und was wir bewußt als wahr annehmen.

Man könnte die Mitwirkung seines Unterbewußtseins erreichen, indem man sagt: »Ich genieße das Glück jeden Tag!«, »Mein Reichtum und meine Weisheit wachsen Tag für Tag!«, »Täglich vervielfacht sich mein Vermögen!« oder »Mein Reichtum wächst, blüht und gedeiht!« – Diese und ähnliche Feststellungen würden im Bewußtsein keinen Widerstreit hervorrufen.

Wenn zum Beispiel ein Verkäufer nur ein paar Münzen in der Tasche hat, würde er ohne Schwierigkeiten zustimmen, daß er morgen mehr haben würde. Sollte er nun morgen ein paar Schuhe verkaufen, dann gibt es wohl in seinem Innern nichts, das sagt, sein Umsatz könnte nicht steigen. Er könnte Feststellungen gebrauchen, wie: »Mein Umsatz steigt tagtäglich!« Oder »Es geht aufwärts und vorwärts mit mir!« Er würde merken, daß dies annehmbar für sein Bewußtsein wäre und es wünschenswerte Frucht bringt.

Der spirituell fortgeschrittene Wahrheitsschüler, der ruhig, wissend und fühlend sagt: »Ich habe Glück!«, »Ich habe Erfolg!«, »Ich bin reich!«, wird auch damit wunderbare Resultate erzielen. Weshalb soll das wahr sein? Wenn er denkt, fühlt oder auch ausspricht: »Ich habe Glück!«, dann meint er damit dieses: Gott ist Versorgung aller, ist unbegrenzter

Reichtum, und was von Gott gesagt wird, trifft auch für ihn zu. Wenn er sagt: »Ich bin reich«, so weiß er: Gott ist unbegrenzte Versorgung, die unerschöpfliche Schatzkammer – und was für Gott zutrifft, stimmt deshalb auch für ihn, denn Gott ist in ihm.

Gesundheit, Wohlstand und Erfolg

Viele Menschen erzielen oft wunderbare Resultate, indem sie über diese drei abstrakten Ideen nachsinnen: Gesundheit, Wohlstand und Erfolg. *Gesundheit* ist eine göttliche Wahrheit, eine Eigenschaft Gottes. *Wohlstand* kommt von Gott. Er ist ewig und unendlich. *Erfolg* kommt von Gott. Gott ist immer erfolgreich in all seinem Tun.

Um bemerkenswerte Ergebnisse zu erzielen, stehen solche Menschen beim Rasieren vor dem Spiegel und wiederholen fünf oder zehn Minuten lang: »Gesundheit, Wohlstand und Erfolg.« Sie sagen nicht: »Ich bin gesund« oder »Ich bin erfolgreich«, sie schaffen dadurch keinen Widerstand in ihrem Bewußtsein. Sie sind ruhig und entspannt. So ist das Bewußtsein empfänglich und passiv. Dann sprechen sie diese Worte. Es folgen erstaunliche Ergebnisse. Alles, was sie dazu tun, ist aber nur die Selbstidentifizierung mit Wahrheiten, die ewig, unveränderlich und zeitlos sind.

Auch du kannst ein Wohlstandsbewußtsein entwickeln. Wende die Prinzipien an, die in diesem Buch, besonders in diesem Kapitel aufgestellt und ausgearbeitet sind, und deine *»Wüste wird blühen wie die Rose«*. (Hosea 14:6)

Vor vielen Jahren arbeitete ich in Australien mit einem jungen Mann zusammen, der Arzt werden wollte, aber kein Geld hatte und auch nicht über einen entsprechenden Schulabschluß verfügte. Seinen Lebensunterhalt verdiente er mit dem Reinigen von Arztpraxen, mit Fensterputzen und gelegentlichen Reparaturarbeiten. Er erzählte mir, daß er gewöhnlich jeden Abend vor dem Zubettgehen ein imaginäres Schild vor sich an der Wand sah, auf dem sein Name in großen, stolzen Lettern prangte.

Zu seinen Aufgaben gehörte auch das Reinigen und Polieren der Schilder. Darum ist es nicht verwunderlich, daß er ohne weiteres das Arztschild in seinem Bewußtsein aufnahm und dort entwickelte. Ich weiß nicht, wie lange er dieses Schild im Geiste vor sich sah, aber es wird wohl monatelang gedauert haben.

Sein Beharrungsvermögen brachte die entsprechenden Resultate. In anderen Worten, der Erfolg stellte sich ein, als er bei diesem Gedanken blieb. Einer der Ärzte fand an diesem jungen Mann großen Gefallen, und nachdem er ihn in der Kunst der Instrumenten-Sterilisierung, der hypodermischen Injektion und anderen Erste-Hilfe-Arbeiten unterrichtet und ausgebildet hatte, wurde er technischer Assistent in seiner Praxis. Der Arzt schickte ihn auf eigene Kosten zunächst auf die höhere Schule und dann aufs College.

Heute ist dieser Mann ein berühmter Arzt im kanadischen Montreal. Er hatte einen Traum, eine klare Vorstellung in seinem Bewußtsein. *Sein Reichtum lag in seinem Bewußtsein.*

Reichtum ist dein Gedanke, dein Begehren, dein Talent, dein Bedürfnis zu dienen, deine Fähigkeit, für die Menschheit etwas zu leisten, dein Vermögen, der Gesellschaft nützen zu können, deine Liebe zur Menschheit überhaupt.

Dieser Mann wandte unbewußt ein großes Gesetz an. Troward sagt: »Wenn du das Ende gesehen hast, hast du durch Willenskraft die Mittel zur Verwirklichung des Endes erzwungen.« Das Ende, das Ziel war im Falle dieses jungen Mannes: ein Arzt zu sein. Er stellte sich die Wirklichkeit vor. Er sah und fühlte, wie er es war. Er lebte mit dem Gedanken, er hielt ihn aufrecht, er nährte ihn und liebte ihn, bis er durch seine Vorstellungen, seine Imaginationen in die Schichten des Unterbewußtseins eindrang, wo er zu einer Überzeugung wurde. All das ebnete den Weg zur Erfüllung seiner Träume.

Er hätte sagen können: »Ich habe keine Schulbildung«, »Ich kenne nicht die richtigen Leute«, »Ich bin zu alt, um noch einmal zur Schule zu gehen«, »Ich habe kein Geld, es würde Jahre dauern, und ich bin nicht intelligent«. Dann wäre er unterlegen, ehe er begonnen hätte. Sein Reichtum lag in der Anwendung der geistigen Macht in ihm, die auf seinen Gedanken reagierte.

Die Art und Weise, wie unser Gebet beantwortet wird, ist uns immer verborgen. Ausgenommen wenn wir zufällig einmal, ganz intuitiv, einen Teil des Prozesses wahrnehmen. *»Denn meine Gedanken sind nicht eure Gedanken, und eure Wege sind nicht meine Wege.«* (Jesaja 55:8,9) Die *Wege* kennen wir nicht. Das einzige, was der Mensch tun kann, ist, sich das Ziel im Geiste vorzustellen und anzunehmen und seine Entfaltung der persönlichen Weisheit in seinem Innern zu überlassen.

Oftmals fragt man: »Was soll ich tun, nachdem ich über das Ziel nachgedacht und mein Verlangen im Bewußtsein aufgenommen habe?« Die Antwort ist einfach. Man wird gezwungen sein, alles für die Entfaltung seines Ideals Notwendige zu tun. Das Gesetz des Unterbewußtseins ist Zwang. Das Gesetz des Lebens ist Aktion und Reaktion. Alles, was wir tun, ist nur die automatische Antwort auf unsere inneren Geistesregungen, Gefühle und Überzeugungen.

Vor wenigen Monaten stellte ich mir beim Schlafengehen vor, daß ich eines meiner populärsten Bücher, *»Magie des Glaubens«*, auf französisch lesen würde. Ich begann, mir einzubilden und für wahr zu halten, daß dieses Buch in alle französischsprachigen Länder exportiert würde. Mehrere

Wochen lang tat ich das jeden Abend. – Ich schlief mit der imaginären französischen Ausgabe von *»Magie des Glaubens«* in der Hand ein.

Kurz vor Weihnachten 1954 erhielt ich einen Brief von einem führenden Verleger in Paris, der einen fertig aufgesetzten Vertrag enthielt, den ich unterschreiben sollte, um ihm zu gestatten, die französische Ausgabe von *»Magie des Glaubens«* in allen französischsprachigen Ländern zu veröffentlichen und zu vertreiben.

Du könntest mich nun fragen, was ich nach meinem Gebet für die Veröffentlichung dieses Buches getan habe. Ich müßte antworten: »Gar nichts.« Die subjektive Weisheit tat alles und machte, daß es seinen eigenen Weg ging, der ein weitaus besserer Weg war als irgendeine Methode, die ich bewußt wünschen könnte.

Alle unsere äußeren Bewegungen und Regungen folgen den inneren Bewegungen des Geistes. Die innere Handlung geht aller äußeren Handlung voraus. Jeder Schritt, den du körperlich tust, oder was du objektiv zu tun scheinst, wird ein Teil des Plans sein, den du zu erfüllen gezwungen warst.

Das Annehmen des Ziels ruft die Mittel zu seiner Verwirklichung hervor. Glaube daran, daß du etwas hast, und du wirst es bekommen!

Wir müssen aufhören, unser Gutes zu verleugnen. Fang an, zu begreifen, daß das einzige, was uns von den Reichtümern, die überall herumliegen, abhält, unsere geistige Haltung oder die Art ist, wie wir Gott, das Leben und die ganze Welt ansehen. Wisse, glaube und handle gemäß der positiven Annahme, daß es keinen Grund gibt, weshalb du nicht alles haben, sein und tun kannst, was du durch die großen Gesetze Gottes ausführen willst.

Dein Wissen darum, wie dein Verstand arbeitet, ist dein Retter und Erlöser. Denken und Fühlen sind dein Schicksal.

Du besitzt alles durch das rechte Bewußtsein. Das Bewußtsein der Gesundheit bringt Gesundheit. Das Bewußtsein des Reichtums bringt Reichtum. Die Welt scheint das, wofür du betest, was du bejahst, abzulehnen oder zu bestreiten. Manchmal machen sich deine eigenen Sinne über dich lustig und verhöhnen dich direkt.

Wenn du einem Freund erzählst, daß du ein Geschäft eröffnen willst, wird er vielleicht darangehen, dir all die Gründe aufzuzählen, weshalb es ein Mißerfolg für dich werden muß. Wenn du für seinen einschläfernden Zauberspruch empfänglich bist, mag er dir wohl Furcht vor einem Fehlschlag einflößen. Wenn du eine Ahnung bekommst von der geistigen Kraft, die einzig und unteilbar ist und auf deine Gedanken reagiert, wirst du aber die Dunkelheit und Unwissenheit der Welt von dir abschütteln und wissen, daß du alle Mittel, Kraft und Kenntnis besitzt, um Erfolg zu haben.

Die Goldene Regel

Um auf der königlichen Straße zum Reichtum zu gehen, darfst du aber anderen keine Hindernisse und Widerstände in den Weg legen. Auch darfst du nicht eifersüchtig oder neidisch auf andere sein. Wenn du diese negativen Gefühle aufrecht erhältst, verletzt und beleidigst du in Wirklichkeit dich selbst, weil du es denkst und fühlst. Quimby sagt: *»Den Rat, den du jemandem gibst, gibst du dir eigentlich selbst.«* Das ist auch der Grund, weshalb das *Gesetz der Goldenen Regel* ein kosmisches, göttliches Gesetz ist.

Sicherlich hast du schon einmal Menschen über andere negativ urteilen hören. Etwa: »Dieser Mensch ist ein Gangster. Er betreibt unlautere Geschäfte. Er ist ein absoluter Blender. Ich kannte ihn, als er noch nichts besaß. Aber er geht über

Leichen. Er ist ein Dieb und ein Schwindler.« Wenn du dir diesen so daherredenden Menschen näher ansiehst, dann wirst du zumeist feststellen, daß er in finanziell bedrängten Verhältnissen lebt oder körperlich krank ist. Vielleicht haben seine früheren Schulfreunde die Stufen des Erfolgs erklommen und ihn übertroffen. Nun ist er deshalb verbittert und beneidet sie um ihr Fortkommen. In vielen Fällen ist das der Grund seines eigenen Versagens. Indem er schlecht von diesen Klassenkameraden denkt und ihren Reichtum verurteilt, bewirkt er, daß der Wohlstand und das Glück, nach dem er sich sehnt, verschwinden und für ihn unerreichbar sind. Denn er verurteilt ja das, worum er bittet. Und er bejaht und betet auf zwei verschiedene Arten. Einerseits sagt er: »Gott bringt mir das Glück«, und im gleichen Atemzug, lautlos oder hörbar: »Ich empfinde den Reichtum dieses Mannes als etwas Übles.« Laß es dir immer angelegen sein, den anderen zu loben und sich über sein Glück und seinen Erfolg zu freuen. Wenn du das tust, beglückst und lobst du dich selbst.

Wenn du zu deiner Bank gehst und dort deinen »Konkurrenten« von der anderen Straßenseite zwanzigmal mehr als du einzahlen siehst, oder wenn du siehst, wie er gleich 10000 Dollar einzahlt, dann freue dich darüber. Du solltest überaus glücklich darüber sein zu sehen, wie sich Gottes unerschöpflicher Reichtum durch einen seiner Söhne offenbart. Dadurch preist und erhöhst du das, worum du betest. Was du preist, vervielfachst du. Was du verdammst, verlierst du.

Wenn du in einem großen Unternehmen arbeitest und im Stillen mit Grollgefühlen darüber nachsinnst, daß du unterbezahlt bist, daß deine Arbeit nicht genügend gewürdigt wird und daß du mehr Geld und größere Beachtung verdient hättest, so löst du unbewußt die Bande, die dich mit der Firma verbinden. Du bringst damit eine Lawine ins Rollen. Der Firmenchef wird dann eines Tages zu dir sagen: »Wir müssen Sie entlassen.« Du hast dich in Wahrheit aber selbst entlassen. Der Unternehmer war nur das Mittel, wodurch deine eigene negative Einstellung zutage trat. Mit anderen Worten, er war der Bote, der dir sagte, was du von dir selbst dachtest. Das ist ein Beispiel für das *Gesetz von Aktion und Reaktion.* Die *Aktion* war die innere Bewegung deines Geistes. Die *Reaktion* war die Antwort der Außenwelt, die sich nach deinem Denken richtete.

Vielleicht denkst du beim Lesen dieser Zeilen an irgend jemanden, der finanziellen Erfolg hatte, indem er andere ausnutzte und sie dadurch betrog, daß er ihnen unrentable Vermögensinvestitionen verkaufte und ähnliches. Die Antwort darauf ist klar. Denn wenn wir einen anderen berauben, betrügen oder hintergehen, tun wir uns dasselbe an. In solch einem Fall schaden oder berauben wir in Wirklichkeit uns selbst. Wir haben an erster Stelle ein Gefühl des Mangels, das uns unvermeidbar einen Verlust zufügen muß. Der Verlust kann auf viele Arten kommen. Es kann ein Verlust der Gesundheit, des Ansehens, des Seelenfriedens, der sozialen Stellung, des häuslichen oder geschäftlichen Friedens sein. Es muß also nicht unbedingt ein geldlicher Verlust sein. Auf keinen Fall dürfen wir so kurzsichtig sein anzunehmen, daß der Verlust sich in Dollars und Cents ausrechnen läßt.

Ist es nicht ein wunderbares Gefühl, wenn man sich abends in die Kissen kuscheln kann und weiß, daß man mit der ganzen Welt Frieden hat und das Herz voll von gutem Willen gegen alle ist? Gewiß gibt es einige Menschen, die ihr Geld auf falsche Art und Weise zusammenbekommen haben, indem sie beispielsweise andere mit Füßen getreten, betrogen, getäuscht und schikaniert haben. Aber zu welch einem Preis! Manchmal geht es bis zu geistiger und körperlicher Krankheit, Schuldkomplexen, Schlaflosigkeit oder

Angstzuständen. Wie ein Mann einmal zu mir sagte: »Ja, ich habe andere rücksichtslos behandelt. Ich bekam, was ich wollte, aber dabei habe ich Krebs bekommen.« Er sah ein, daß er seinen Reichtum auf die falsche Weise erlangt hatte.

Du kannst jedoch reich und glücklich sein, ohne irgend jemandem zu schaden. Viele Menschen berauben sich ständig selbst. Sie stehlen sich selbst Seelenfrieden, Gesundheit, Freude, Begeisterung, Glück und den Frohsinn Gottes. Sie werden vielleicht einwenden, Sie hätten nie gestohlen, aber ist das die Wahrheit? Immer wenn wir einem anderen etwas übelnehmen, eifersüchtig oder neidisch sind auf den Reichtum oder Erfolg eines anderen, bestehlen wir uns selbst. Das sind die Diebe und Räuber, die Jesus aus dem Tempel jagte. Du mußt sie gleichfalls scharf und entschlossen aus dem Tempel verjagen. Laß sie nicht in deinen Gedanken wohnen. Schlag ihnen mit dem Schwert des rechten Denkens und Fühlens den Kopf ab.

Ich erinnere mich, zu Anfang des Zweiten Weltkriegs einmal von einer Frau im New Yorker Stadtteil Brooklyn gelesen zu haben, die von Laden zu Laden lief, um soviel Kaffee zu kaufen, wie sie nur irgend konnte. Sie wußte, daß er rationiert werden sollte, und deshalb hatte sie Angst, daß sie dann nicht mehr genug bekommen würde. Sie kaufte so viel wie möglich und stapelte ihn in ihrem Keller. Abends ging sie in die Kirche. Als sie nach Hause kam, hatten Einbrecher die Tür aufgebrochen und nicht nur den Kaffee, sondern auch noch Silber, Geld, Schmuck und anderes gestohlen.

Diese gute Frau sagte, als sie die Bescherung sah: »Warum mußte mir das passieren, als ich in der Kirche war? Ich habe nie jemandem etwas gestohlen.«

Ist das die Wahrheit? Standen ihr nicht Mangel und Furcht vor Augen? Hatte sie nicht ein Mangel- und Furcht-Bewußtsein, als sie die Kaffeevorräte zu horten begann? Allein der Gedanke daran und die Furcht vor dem Mangel genügten, um dem Verlust in ihrem Heim und Besitz Zugang zu verschaffen. Sie brauchte gar nicht erst in die Kasse zu greifen oder eine Bank auszurauben. Ihre Furcht vor Mangel genügte, um Mangel hervorzurufen.

Das ist auch der Grund, weshalb viele Leute, die die Gesellschaft »gute Bürger« nennt, Mangel leiden. Im weltlichen Sinne sind sie gut. Sie bezahlen ihre Steuern, gehorchen den Gesetzen, gehen regelmäßig zur Wahl und sind großzügig zu den Wohltätigkeitsorganisationen; aber sie mißgönnen anderen ihren Besitz, ihr Gut oder ihre soziale Stellung. Wenn sie dann noch am liebsten Geld nehmen würden, wenn niemand hinsieht, dann ist eine solche Einstellung bestimmt und mit Sicherheit ein Zustand des Mangels. Auf dieser Schwingungsebene ziehen sie sich Scharlatane und Schurken heran, von denen sie dann belogen und betrogen werden.

Bevor der äußere Dieb uns beraubt, haben wir uns schon selbst beraubt. Es muß einen inneren Dieb geben, bevor der äußere erscheint.

Ein Mensch kann einen Schuldkomplex haben und sich ständig selbst anklagen. Ich kannte einmal so einen Mann. Er war durchaus ehrlich und ehrenhaft als Kassierer bei einer Bank. Er stahl nie Geld, aber er hatte ein außereheliches Verhältnis mit einer Frau, die er unterhielt, während er seine Familie vernachlässigte. Er lebte dauernd in der Furcht, daß es herauskommen würde. Und so wuchs in seinem Innern ein tiefes Schuldgefühl heran. Die Furcht folgt der Schuld. Die Furcht verursacht ein Zusammenziehen der Muskeln und der Schleimhäute. Es entwickelte sich bei ihm eine starke Verkrümmung des Körpers. Die Behandlung mit Medikamenten verschaffte ihm nur zeitweise Erleichterung.

Als er bei mir Rat suchte, erklärte ich ihm den Grund seiner Krankheit und sagte ihm, Heilung könne nur die Aufgabe seiner Affäre bringen. Er meinte, das könne er nicht, sie sei seine Seelengefährtin und er habe sie schon aufzugeben versucht. Er erging sich in ständigen Selbstverdammungen und Selbstanklagen.

Eines Tages wurde er von einem der Bankchefs beschuldigt, Geld veruntreut zu haben. Die Beweislage war erdrückend, und es sah sehr ernst für ihn aus. Er wurde von Panik ergriffen und merkte, daß der einzige Grund, weshalb er fälschlicherweise beschuldigt wurde, der war, daß er sich immer wieder selbst angeklagt und verflucht hatte. Er sah nun, wie das Bewußtsein wirkt und arbeitet. Soweit er sich auf innerer Ebene immer selbst anklagte, würde er auf der äußeren angeklagt werden.

Die Beschuldigung, Geld veruntreut zu haben, hatte ihn dermaßen schockiert, daß er sofort alle Beziehungen zu der anderen Frau abbrach. Er bejahte göttliche Harmonie und gegenseitiges Verständnis zwischen ihm und dem Bankchef. Nunmehr bejahte er: »*Nichts ist verborgen, was nicht entdeckt wird. Der Friede Gottes regiert über allem anderen im Gemüt und im Herzen aller.*«

Und die Wahrheit obsiegte. Die ganze Angelegenheit klärte sich auf. Als Schuldiger wurde ein anderer junger Mann ermittelt. Der Kassierer wußte, daß er nur durch das Gebet vor einer Gefängnisstrafe bewahrt worden war.

Das *Große Gesetz*, die *Goldene Regel* ist: »*Wie du willst, daß die Leute von dir denken sollen, so sollst du auch von ihnen denken. Wie du willst, daß die Leute für dich fühlen sollen, sollst du auch für sie fühlen.*«

Sag von Herzen: »Ich wünsche jedem Menschen, der auf Erden wandelt, dasselbe, was ich mir selbst wünsche. Der aufrichtige Wunsch meines Herzens ist deshalb Friede, Liebe, Freude, Reichtum, Fülle und Gottes Segen für die ganze

Menschheit.« Freue dich und sei glücklich über das Vorwärtskommen, über die Erfolge und das Glück aller Menschen. Alles, was du dir selbst als wirklich wünschst, das wünsche auch jedem anderen Menschen. Wenn du um Glück und Seelenfrieden betest, laß deinen Wunsch Frieden und Glück für alle Menschen sein. Versuche nie, jemandem irgendeine Freude zu nehmen. Wenn du es nämlich tust, nimmst du dir selbst etwas. Wenn deinem Freund etwas geschieht, geschieht dir das gleiche.
Wenn jemand in deiner Firma befördert wird, sei froh und glücklich. Gratuliere ihm. Freue dich über sein Vorwärtskommen und seine Anerkennung. Wenn du ärgerlich oder mißgünstig bist, schadest du dir selbst. Versuche nicht, einem anderen das Recht auf Glück, Erfolg, Leistung, Reichtum und alles Gute abzusprechen, das ihm Gott doch schon bei seiner Geburt mitgegeben hat.

Was sind die Schätze im Himmel?

Jesus sagte: *»Sammelt euch aber Schätze im Himmel, wo sie weder Motten, noch Rost fressen, und wo die Diebe nicht einbrechen und sie stehlen.«* (Matthäus 6:20) Haß und Groll zerstören und zerfressen unser Herz, so daß wir mit Narben und Unreinheiten überdeckt werden.
Die Schätze des Himmels sind Gottes Wahrheiten, die wir in unserer Seele besitzen. Erfülle deinen Geist mit Frieden, Harmonie, Glauben, Freude, Rechtschaffenheit, Redlichkeit, liebevoller Freundlichkeit und Güte. Dann wirst du selbst die Grundlage für Schätze in den Himmeln deines eigenen Bewußtseins legen.
Wenn du nach Weisheit verlangst, um beispielsweise dein Geld richtig anzulegen, wenn du dir um deine Aktien oder

Wertpapiere Sorgen machst, dann bete im Stillen: »Unbegrenzte Weisheit regiert und überwacht all meine geldlichen Transaktionen, und was auch immer ich tun werde – es wird gelingen.« Tue das immer wieder, und du wirst feststellen, daß deine Geldmittel klug und richtig angelegt sind. Darüber hinaus wirst du vor Schaden und Verlust bewahrt werden, da dir immer eingegeben wird, deine Wertpapiere oder deinen Besitz zu verkaufen, bevor dir irgendein Schaden erwachsen kann.

Dein Heim, dein Geschäft, deinen Besitz betreffend, wende täglich das folgende Gebet an: »Die über allem stehende Gegenwart Gottes, die die Planeten auf ihrer Bahn leitet und die Sonne aufgehen läßt, wacht über all meinen Besitz, mein Heim, mein Geschäft und alles, was mein ist. Gott ist mein Trutz und meine Burg. All mein Besitz ist bei Gott sicher aufgehoben. Es ist wunderbar.« Wenn du dir diese große Wahrheit täglich bewußt machst und die Gesetze der Liebe wahrst, wirst du immer geführt, behütet und auf all deinen Wegen gesegnet sein. Nie wirst du Mangel leiden, denn du hast den Höchsten zu deinem Ratgeber und Führer erwählt. Der Schutzmantel der Liebe Gottes umgibt und umhüllt dich zu jeder Zeit. Du ruhst in den ewigen Armen Gottes.

Wir sollten alle ein inneres Leitbild für unsere äußeren Probleme suchen. Wenn du in einer finanziellen Schwierigkeit steckst, wiederhole für dich, ehe du abends schlafen gehst: »Jetzt werde ich in Frieden schlafen. Ich habe die Sorge um diese Angelegenheit der göttlichen Weisheit in meinem Innern anvertraut. Sie allein weiß die Lösung. Wenn die Sonne morgen aufgeht, werde ich mit der Lösung aufwachen. Ich weiß, daß der Sonnenaufgang nie ausbleiben wird.« Dann lege dich schlafen.

Gräme und sorge dich nicht und rege dich nicht über ein Problem auf. Die Nacht wird schon Rat schaffen. Schlafe

darüber. Dein wachbewußter Verstand kann nicht alle deine Probleme lösen. Bete um das Licht, das kommen muß. Denke daran, daß die Dämmerung immer kommt, dann fliehen die Schatten der Nacht. Laß deinen Schlaf jede Nacht eine zufriedene Seligkeit sein.
Du bist kein Opfer der Umstände, außer wenn du glaubst, du seiest es. Du kannst dich über jeden Umstand oder jede Lage erheben und sie überwinden. Du wirst verschiedene Erfahrungen machen, wenn du auf dem Fels der geistigen Wahrheit stehst. Unerschütterlich und im Vertrauen auf deine tieferen Absichten und Wünsche.
Im Einzelhandel beschäftigt die Geschäftsleitung Kaufhaus-Detektive, um die Leute am Stehlen zu hindern. Jeden Tag werden einige erwischt, die »umsonst« einzukaufen versuchen. All diese Menschen leben im Bewußtsein von Mangel und Beschränkung und stehlen sich selbst etwas, wobei sie gleichzeitig alle Arten des Verlustes bei sich vereinigen. Diesen Menschen fehlt das Vertrauen zu Gott und das Verständnis für die Arbeitsweise ihres Geistes. Wenn sie um einen wahren Platz im Leben, um göttliche Güte und Versorgung beten würden, dann würden sie eine ordentliche Arbeit finden. Dann würden sie durch Rechtschaffenheit, Redlichkeit und Beharrlichkeit eine Ehre für sich selbst und für die gesamte Gesellschaft werden.
Jesus sagte: *»Denn ihr habt die Armen immer unter euch, aber mich habt ihr nicht immer.«* (Matthäus 26:11) Ein gewisses *Armutsbewußtsein* ist nämlich immer mit uns. In gewissem Sinne sind wir alle Arme, denn unabhängig davon, wieviel Reichtum man besitzt, gibt es etwas, das man sich von ganzem Herzen wünscht, in irgendeinem Bereich. Es kann sich um Gesundheit handeln, vielleicht braucht ein Sohn oder eine Tochter eine leitende Hand, oder es fehlt zu Hause die Harmonie. In dem Augenblick ist man arm. Wir wissen nicht, was Überfluß heißt, wenn uns der Mangel

nicht bewußt ist. *»Habe ich nicht euch zwölf erwählt? Aber einer von euch ist ein Teufel.«* (Johannes 6:70)
Sei es die Königin von England oder ein Junge aus den Slums, wir alle sind in die Beschränkungen und den Menschheitsglauben hineingeboren. Durch diese Beschränkungen wachsen wir jedoch. Wir könnten nie die innere Macht entdecken, wenn es keine Probleme und Schwierigkeiten gäbe. Das sind unsere *Armutszustände,* die uns dazu anstacheln, die Lösung zu suchen. Würden wir nie eine Sorgenträne vergießen, könnten wir nie erfahren, was Freude ist. Wir müssen uns dieser *Armutszustände* bewußt sein, um Befreiung davon und Freiheit suchen zu können.
Diese *Armutszustände,* wie Furcht, Unwissenheit, Ärger, Mangel und Kummer, sind nichts Nachteiliges, wenn du durch sie dazu gebracht wirst, nach dem Gegenteil zu streben. Wenn du in Schwierigkeiten steckst, überall herumgestoßen wirst, wenn du wehleidige, herzzerreißende Fragen stellst wie: »Warum muß mir das alles passieren?«, »Weshalb scheint mich überall ein Hohnlachen zu verfolgen?«, wird dir eine Erleuchtung kommen. Durch deinen Schmerz oder dein Elend wirst du die Wahrheit finden, die dich frei macht. *»Süß ist der Nutzen des Mißgeschicks, wie bei einer Kröte, die zwar häßlich und giftig ist, aber doch auf dem Kopf ein kostbares Juwel trägt.«*
Durch Unzufriedenheit gelangen wir zur Zufriedenheit. Alle, die den Gesetzen des Lebens nachgegangen sind, sind mit irgend etwas unzufrieden gewesen. Sie haben irgendein Problem oder eine Schwierigkeit gehabt, die sie nicht lösen konnten, oder sie waren mit der Antwort der Menschen auf die Rätsel des Lebens nicht zufrieden. Sie haben ihre Antwort in der Gegenwart Gottes in sich selbst gefunden: die wertvolle Perle, das kostbare Juwel. Die Bibel sagt: *»Ich suchte den Herrn, und ich fand ihn. Und er befreite mich von all meiner Furcht.«* (Psalm 34:5)

Wenn du dein wirkliches Begehren oder Verlangen entdeckst, wirst du nur eine kurze Zeitlang zufrieden sein. Dann aber wird das Verlangen wiederkehren, noch mehr zu erreichen. Darin zeigt sich, daß das Leben einen Weg sucht, durch dich einen immer höheren Ausdruck zu finden. Ist ein Wunsch erfüllt, kommt immer wieder ein neuer – so geht es unendlich weiter. Du lebst, um zu wachsen. Leben heißt Fortschritt. Es gibt kein Stehenbleiben. Du lebst, um von Ruhm zu Ruhm zu schreiten. Es gibt kein Ende, denn für Gottes Ruhm gibt es kein Ende.
Wir sind alle arm in dem Sinne, daß wir dem Leben immer mehr Licht, Weisheit, Glück und größere Freude abgewinnen wollen. Gott ist unendlich, und nicht einmal in der Ewigkeit könnte man den Ruhm, die Schönheit und die Weisheit erschöpfen, die darin liegt. So wunderbar ist der Mensch.
Im absoluten Zustand sind alle Dinge vollendet und vollkommen, aber in der abhängigen Welt müssen wir erst zu dem Ruhm erwachen, der schon unser war, ehe es die Welt überhaupt gab. Es ist ganz gleich, wie klug und wissend du bist. Immer suchst du mehr Klugheit und Wissen – so bist du also immer arm. Es spielt keine Rolle, wie klug du auf dem Gebiet der Mathematik, der Physik oder der Astronomie bist. – Du kannst bei all deinen Forschungen immer nur die Oberfläche berühren. Du bist doch arm. Der Weg führt immer vorwärts, aufwärts und gottwärts. Es ist wirklich ein Prozeß des Erwachens, und du stellst fest, daß die Schöpfung vollendet ist.
Wenn du weißt, daß Gott nicht lernen, wachsen, sich ausbreiten oder entfalten muß, dann beginnst du allmählich, vom Traum der Beschränkung zu erwachen und wirst lebendig in Gott. Wenn die Schuppen der Furcht, der Unwissenheit, des allgemeinen Menschheitsglaubens und der Massenhypnose von deinen Augen fallen, fängst du zu se-

hen an, wie Gott sieht. Es gibt keine leeren Stellen mehr. Du beginnst dann die Welt so zu sehen, wie Gott sie geschaffen hat, denn wir fangen an, sie mit Gottes Augen zu sehen. Dann sagst du: *»Siehe, das Reich Gottes ist herbeigekommen.«* (Markus 1:15)

Ernähre das »Arme« in dir. Kleide die bloßen Gedanken ein und gib ihnen Gestalt, indem du an die Wahrhaftigkeit der Idee glaubst und dem großen Erzeuger in dir vertraust. Daß er ihnen eine Gestalt gibt und zu einem Gegenstand der Wirklichkeit macht. Jetzt soll dein Wort (die Idee) *Fleisch* werden (eine feste Form annehmen). Wenn du hungrig bist (deine Armut spürst), suchst du Nahrung. Wenn du in Streit lebst, suchst du Frieden. Wenn du krank bist, suchst du Gesundheit, wenn du schwach bist, suchst du Stärke. Dein Verlangen nach Glück ist die Stimme Gottes in dir, die dir sagt, du lebst in Fülle, deshalb spürst du durch deinen Zustand der Armut das Verlangen, zu wachsen, dich auszudehnen, zu entfalten, dein Verlangen zu stillen und deine Wünsche zu erfüllen.

Ein Schmerz in deiner Schulter ist in Wahrheit eine verborgene Wohltat. Er sagt dir, daß du sofort etwas dagegen tun mußt. Wäre der Schmerz nicht da, und gäbe es kein Anzeichen dafür, daß irgend etwas damit nicht stimmt, könnte dir der Arm abfallen, ohne daß du es merkst. Dein Schmerz ist Gottes Alarmsystem, das dich veranlaßt, seinen Frieden und seine Heilkraft zu suchen, und aus der Dunkelheit ins Licht zu streben. Wenn es kalt ist, zündest du ein Feuer an. Wenn du hungrig bist, ißt du. Wenn du Mangel leidest, versetze dich in die Stimmung von Reichtum und Fülle. Stelle dir das Ziel vor, freue dich darüber. Wenn du es dir vorgestellt und als wahr und wirklich empfunden hast, hast du auch die Mittel zu seiner Verwirklichung herbeigerufen.

Wenn du furchtsam und verstört bist, nähre deinen Geist mit den großen Wahrheiten von Gott, die den Prüfstein der

Zeit überstanden haben und ewig gelten. Es wird dir besser gehen, wenn du über die großen Psalmen nachdenkst, wie ich sie in meinem Buch »Finde dein höheres Selbst« erläutert habe. Zum Beispiel: *»Der Herr ist mein Hirte, mir wird nichts mangeln.« – »Der Herr ist mein Licht und mein Heil, vor wem sollte ich mich fürchten?« – »Rufe mich an in der Not, so will ich dich erretten.« – »Herr, ich vertraue auf dich, laß mich nimmer mehr zu Schanden werden.« – »Sei mir gnädig, Gott, sei mir gnädig, denn auf dich vertraut meine Seele, und unter dem Schatten deiner Flügel habe ich Zuflucht.« – »Wer mit Gott kämpft, hat die Stärke.« – »Ist Gott für mich, wer kann wider mich sein?« – »Ich tue alles, was ich tue, in Christus, und solches gibt mir Stärke.«* Laß die heilenden Ströme dieser Wahrheiten in deinen Verstand und in dein Herz eindringen, dann wirst du durch diesen Denkvorgang all deine Ängste, Zweifel und Nöte aus deinem Geist verbannen.

Nimm noch eine große geistige Wahrheit an: *»Ein fröhliches Herz macht das Angesicht heiter.« – »Ein fröhliches Herz ist fortwährend glücklich.«* (Sprüche 15:13) – *»Ein fröhliches Herz ist die beste Arznei, ein bedrücktes Gemüt dörrt das Gebein aus.«* (Sprüche 17:22) – *»Deshalb erinnere ich dich daran, daß du die Gabe Gottes in dir anfachst...«* (2. Timotheus 1:6) Beginne *jetzt,* die Gabe Gottes in dir anzufachen, indem du den *Beweis* der Sinne vollkommen von dir weist, ebenso wie die Tyrannei und Despotie der üblichen Überzeugungen des Massengemüts. Widme deine ganze Aufmerksamkeit und Anerkennung der geistigen Kraft in dir als alleiniger Macht und Gegenwart. Wisse, daß es eine responsive (erwidernde) und wohltätige Kraft ist. *»Naht euch Gott, dann naht er sich euch.«* (Jakobus 4:8) Wende dich dieser Kraft hingebungsvoll zu mit Gewißheit, Vertrauen und Liebe, und sie wird dir mit Liebe, Frieden, führender und Glück ausstreuender Hand begegnen.

Diese Kraft wird dein Tröster sein, dein Führer, Berater und himmlischer Vater. Dann wirst du sagen: *»Ich suchte den Herrn und ich fand ihn, und er befreite mich von all meiner Furcht.«* (Psalm 43:4) Dann wirst du dich auf »grünen Weiden« finden, wo Überfluß und alle Reichtümer Gottes unbeschränkt durch dich fließen.

Sag dir am Tag frei und froh: »Jeden meiner täglichen Schritte tue ich im Bewußtsein der Gegenwart Gottes.« – »Seine Fülle durchströmt mich immer wieder und füllt jedesmal alle leeren Gefäße meines Lebens auf.«

Wenn du erfüllt bist von dem Gefühl, das zu sein, wonach du dich sehnst, so ist dein Gebet beantwortet. Sind alle Gefäße deines Lebens gefüllt? Wie steht's mit Gesundheit, Wohlstand, Liebe und göttlichem Ausdruck? Bist du auf allen Gebieten zufrieden? Fehlt bei einem dieser vier Dinge nicht irgend etwas? Alles, was du auch suchst, ganz egal, was es ist, fällt unter eines dieser vier Gebiete.

Wenn du sagst: »Alles, was ich mir wünsche, ist Wahrheit oder Weisheit«, so bringst du damit den Wunsch aller Menschen zum Ausdruck. Das wünscht sich jeder. Wenn dieser oder jener es vielleicht auch mit anderen Worten ausdrücken mag. Wahrheit oder Weisheit ist der alles überragende Wunsch eines jeden. Dies fällt unter das Gebiet »göttlicher Ausdruck«. Du willst hier und jetzt mehr und mehr von Gott zum Ausdruck bringen.

Erkenne dein Potential

Durch deinen Mangel, deine Beschränkungen und Probleme wächst du in Gottes Licht und erkennst dich selbst. Es gibt keinen anderen Weg, wie du dich sonst selbst erkennen könntest.

Wenn du deine Kräfte nicht auf zwei Arten gebrauchen könntest, würdest du dich nie selbst erkennen. Ebensowenig würdest du ein Gesetz entdecken, das dich regiert. Wenn du gezwungen würdest, gut zu sein, oder zur Liebe gezwungen würdest, dann wäre das keine Liebe. Dann wärst du ein Automat. Du hast die Freiheit zur Liebe, denn du kannst sie geben oder verweigern. Wenn man zur Liebe gezwungen wird, gibt es keine wirkliche Liebe. Fühlst du dich nicht geschmeichelt, wenn eine Frau dir sagt, sie liebe und begehre dich? Sie hat dich von allen Männern der Welt erwählt. Sie muß dich nicht lieben. Wenn sie gezwungen würde, dich zu lieben, würdest du dich nicht geschmeichelt oder glücklich fühlen.

Es steht dir frei, ein Mörder oder ein Heiliger zu sein. Aus diesem Grunde verehren wir Männer wie Abraham Lincoln. Sie entschieden sich für das Gute. Wir verehren sie wegen ihrer Entscheidung. Wenn wir glauben, daß Umstände, Bedingungen, Zufälle, Alter, Abstammung, religiöse Bindung oder die Umwelt in der Kindheit die Möglichkeit ausschließen, daß wir zu einem glücklichen, zufriedenen Leben kommen können, sind wir »Diebe und Räuber«. Alles, was wir tun müssen, um Glück und Zufriedenheit zu besitzen, ist, uns glücklich und zufrieden zu *fühlen*. Das Gefühl des Wohlstands erzeugt Wohlstand. Zustände des Bewußtseins manifestieren sich selbst. Aus diesem Grunde heißt es: *»Alle, die jemals vor mich kamen (fühlend), sind Diebe und Räuber.«* (Jeremia 7:9) Fühlen ist das Gesetz – das Gesetz ist Fühlen.

Dein Wunsch nach Glück ist in Wirklichkeit Gottes Verheißung, daß seine Reichtümer dein seien. Nimm dieses Versprechen, ohne irgendwelchen verstandesmäßigen Vorbehalt an.

Quimby verglich einmal das Gebet mit dem Plädoyer eines Anwalts, der eine Sache vor Gericht vertritt. Dieser großartige Lehrer der Gesetze des Geistes sagte, er könne beweisen, daß der Angeklagte nicht als Beschuldigter schuldig sei, sondern seine Person ein Opfer von Lügen und falschen Annahmen sei. Du bist dein eigener Richter. Fälle dein eigenes Urteil, dann bist du frei. Die pessimistischen Gedanken an Mangel, Armut und Mißerfolg sind alle unsinnig. Es sind alles Lügen und es gibt überhaupt nichts, das ihre Richtigkeit beweist.

Du weißt, daß es nur eine geistige Macht gibt, eine ursprüngliche Ursache. Und du hörst deshalb auf, Kraft an Bedingungen, Umstände und die Meinung der Menschen zu verschwenden. Nimm alle Kraft zusammen für die geistige Macht in dir, denn du weißt doch, sie wird auf deinen Gedanken an Überfluß und Glück reagieren. Das Erkennen der Erhabenheit des Geistes in dir und der Macht deines eigenen Denkens oder deiner geistigen Vorstellung – deiner Imagination – ist der Weg zu Reichtum, Freiheit und ständigem Überfluß. Nimm das reiche Leben in deinen Gedanken an. Deine geistige Zustimmung und dein Erwarten des Wohlstands haben ihre ganz besondere Art, die Wirklichkeit zu erzeugen. Wenn du dich mit dem Gedanken an Reichtum vertraut machst, werden alle Dinge, die man für ein Leben im Überfluß braucht, auf dich zukommen. Jetzt bist du der Richter, der im Gerichtssaal seines Geistes zu einer Entscheidung kommen muß. Du hast wie Quimby einen unbestreitbaren Beweis erbracht, der zeigt, wie die Gesetze deines Geistes Anwendung finden. Und du bist nun frei von Furcht. Du hast jeglicher Furcht und allen abergläubischen Gedanken in deinem Verstand das Leben genommen. Furcht ist ein Zeichen, daß man etwas tun muß. Sie ist im Grunde nicht nachteilig. Sie sagt dir im Gegenteil, daß du dich zur entgegengesetzten Seite kehren mußt, die bedeutet: Vertrauen auf Gott und alle guten Werte.

Laß dies dein tägliches Gebet sein. Schreibe es in dein

Herz: »*Gott ist der Ursprung meines Lebens. Seine Sorge ist jetzt die Sorge für mich. Er schenkt mir alle seine Reichtümer, freigiebig, reichlich und ohne Ende. Ich bin mir immer meines wahren Wertes bewußt. Was mir mitgegeben ist, verschenke ich gern und ich werde wunderbar göttlich dafür belohnt. Ich danke dir, mein Vater.*«

Der Weg zum Reichtum

Reichtum ist etwas Geistiges. Stellen wir uns einmal vor, einem Arzt würde sein Approbations-Diplom samt seiner gesamten Praxiseinrichtung gestohlen. Sicher wirst du mit mir darin übereinstimmen, daß sein Reichtum in seinem Geist liegt. Er könnte weiterhin seine Praxis betreiben, Krankheiten diagnostizieren, Rezepte verschreiben, operieren und medizinische Vorträge halten. Man hat ihm lediglich seine Symbole gestohlen. Er könnte sich immer eine neue Einrichtung verschaffen. Sein Reichtum liegt in seiner geistigen Kapazität, seinem Wissen, wie man anderen hilft, und seiner Fähigkeit, zum Wohl der Menschheit im allgemeinen beizutragen.

Du wirst immer reich sein, wenn du ein ernstes Verlangen hast, zum Guten der Menschheit beizutragen. Dein Wunsch zu dienen – d.h. die Welt an deinen Anlagen teilhaben zu lassen – wird im Herzen des Universums immer eine Entsprechung finden.

In New York kannte ich einen Mann, der durch die Wirtschaftskrise von 1929 alles verloren hatte, einschließlich seines Hauses und seiner Ersparnisse. Ich begegnete ihm nach einem Vortrag, den ich in einem Hotel im Stadtzentrum gehalten hatte. Er sagte mir: »Ich habe alles verloren. Ich habe in vier Jahren eine Million Dollar verdient, aber ich werde sie wieder verdienen. Alles, was ich verloren habe, ist ein Symbol. Ich kann das Symbol des Reichtums ebenso wieder anziehen wie der Honig die Fliegen anzieht.«

Sie verwandelten Wasser in Wein

Ich verfolgte die Karriere dieses Mannes mehrere Jahre lang, um den Schlüssel zu seinem Erfolg zu finden. Dieser Schlüssel mag dir seltsam erscheinen, und doch ist er sehr alt. Er gab dem Schlüssel eine besondere Bezeichnung: »*Wasser in Wein verwandeln.*« Diesen Abschnitt in der Bibel las er immer wieder, und er wußte, daß er der Weg zu völliger Gesundheit, zu Glück, Seelenfrieden und Wohlstand war.

Der *Wein* hat in der Bibel immer die Bedeutung der Verwirklichung deiner Wünsche, Bestrebungen, Pläne, Träume, Absichten usw. Mit anderen Worten: er steht für alles, was du erreichen und vollbringen willst.

Wasser bezieht sich in der Bibel zumeist auf deinen Geist oder dein Bewußtsein. Wasser nimmt die Gestalt jeden Gefäßes an, in das es hineingeschüttet wird. Gleichermaßen offenbart sich alles in deiner Welt, was du als wirklich empfindest. So verwandelst du ständig Wasser in Wein.

Die Bibel ist von erleuchteten Menschen geschrieben worden. Sie lehrt uns praktische, im täglichen Leben anwendbare Psychologie und richtige Lebensführung. Einer der Hauptgrundsätze der Bibel ist, daß du dein eigenes Schicksal durch richtiges Denken, Fühlen und Glauben selbst bestimmst, formst und gestaltest. Die Bibel sagt dir, daß du jedes Problem lösen, jede Schwierigkeit überwinden kannst, und daß du dazu geboren bist, erfolgreich zu sein, zu siegen und zu triumphieren. Um den königlichen Weg zum Reichtum zu finden und die Stärke und Sicherheit zu gewinnen, die notwendig sind, um im Leben vorwärtszukommen, darfst du die Bibel allerdings nicht auf traditionelle Weise betrachten, darfst sie nicht buchstabengetreu und wörtlich lesen.

Der eben erwähnte Mann befand sich in einer finanziellen

Zwangslage. In der Zeit, als er ohne jegliche Geldmittel war, pflegte er sich dauernd zu sagen: »Ich kann Wasser in Wein verwandeln!« Diese Worte bedeuteten für ihn: »Ich kann das Gefühl des Mangels in meinem Verstand verdrängen durch die Verwirklichung meiner gegenwärtigen Wünsche oder meines Bedarfs, die Reichtum und finanzielle Versorgung heißen.«

Seine geistige Einstellung (das Wasser) war diese: »Ich habe einmal auf ehrliche Weise ein Vermögen verdient, und ich werde es wieder schaffen (der Wein).« Seine regelmäßige Bejahung lautete: »Ich habe das Symbol (das Geld) einst an mich gebunden. Ich werde es wieder an mich binden. Ich weiß dies gewiß und ich fühle, daß es die Wahrheit ist (der Wein).«

Dieser Mann wurde Verkäufer bei einer Firma, die chemische Produkte herstellte. Schon bald erkannte er Verbesserungsmöglichkeiten für die Förderung der Produkte und machte der Geschäftsleitung entsprechende Vorschläge. Es dauerte nicht lange, bis er stellvertretender Geschäftsführer wurde. Innerhalb von vier Jahren machte ihn die Firma zum Direktor. Seine ständige geistige Einstellung war: »Ich kann Wasser in Wein verwandeln!«

Lies einmal das Johannes-Evangelium, in dem von der bildlichen Verwandlung des Wassers in Wein berichtet wird, und sage dir, wie es der oben erwähnte Chemikalien-Verkäufer tat: »Ich kann meine unsichtbaren Gedanken, Wünsche, Träume, mein Begehren sichtbar und wirklich machen, denn ich habe ein einfaches, aber universales Gesetz des Geistes gefunden.«

Das Gesetz, das er demonstrierte, ist das Gesetz von Aktion und Reaktion. Es bedeutet, daß deine äußerliche Welt, dein Körper, die Umstände, die Umwelt und deine finanzielle Situation immer eine vollkommene Widerspiegelung deines inneren Denkens, Glaubens, Fühlens und deiner Überzeugung sind. Auf dem Grunde dieser Wahrheit kannst du nun deine innere Gedankengrundlage ändern, indem du nach der Idee von Erfolg, Reichtum und Gemütsfrieden lebst. Wenn du dich mit diesen Begriffen beschäftigst, werden diese Gedanken in deiner Geisteskraft aufgehen wie Saatkörner, die man in den Boden senkt. Wie alle Saatkörner (Gedanken und Ideen) nach ihrer Art wachsen, so wird auch dein gewohntes Denken und Fühlen sich in Gedeihen, Erfolg und Gemütsfrieden kundtun. Dem klugen Gedanken (der Aktion) folgt das richtige Geschehen (die Reaktion).

Du kannst Reichtum erwerben, wenn dir die Tatsache bewußt wird, daß das Gebet ein Hochzeitsmahl ist. Es ist eine *Mahlzeit* in psychologischer Hinsicht. Du denkst nach (nimmst geistige Nahrung zu dir) über dein Gutes oder über dein Begehren, bis du schließlich *eins* mit ihm wirst.

Ich will nun von einem mir bekannten Fall erzählen, wie ein junges Mädchen ihr erstes Wunder vollbrachte, indem sie »Wasser in Wein« verwandelte. Sie betrieb einen hübschen Frisiersalon. Ihre Mutter wurde krank, und sie mußte eine beträchtliche Zeit zu Hause zubringen, ohne sich um das Geschäft kümmern zu können. Während ihrer Abwesenheit veruntreuten zwei ihrer Angestellten Bargeld. Dadurch wurde sie in den Bankrott getrieben, verlor ihr Heim und steckte tief in Schulden. Sie konnte die Krankenhausrechnungen für ihre Mutter nicht bezahlen und hatte jetzt keine Arbeit mehr.

Ich erklärte dieser jungen Frau die magische Formel von Umwandlung von Wasser in Wein. Ich machte es ihr noch einmal klar, daß *Wein* die Beantwortung des Gebetes oder die Vergegenständlichung ihres Wunsches sei. Sie war jedoch im Widerstreit mit der Welt. Sie sagte: »Bedenken Sie doch die Tatsachen, ich habe alles verloren. Es ist eine grausame Welt. Ich kann meine Rechnungen nicht bezahlen. Ich bete nicht, denn ich habe jede Hoffnung aufgegeben.« Sie war so sehr in den Bann der materiellen Welt geraten und von ihr eingenommen, daß sie gänzlich vergaß, daß die Ursache für ihre gegenwärtige Lage in ihrem Innern zu suchen war. Während unseres Gesprächs begann sie auf einmal zu begreifen, daß sie den Kampf in ihrem Innern entscheiden mußte.

Egal, was du für ein Verlangen oder Idealbild hast, wenn du dieses Kapitel liest, wirst du auch in deinem Geist manchen entgegengesetzten Gedanken finden. Vielleicht wünschst du dir beispielsweise Gesundheit, dann kreisen möglicherweise die folgenden Gedanken gleichzeitig in deinem Kopf: »Ich kann nicht geheilt werden. Ich habe alles versucht, aber es ist zwecklos. Es wird nur noch schlimmer.« Oder: »Ich weiß nicht genug über geistige Heilung.«

Wenn du dich selbst erforschst, spürst du dann nicht einen heftigen Kampf in deinem Gemüt? Wie jenes Mädchen merkst du, daß Umwelteinflüsse und Äußerlichkeiten dein Verlangen nach göttlichem Verstehen, Reichtum und Seelenfrieden herausfordern.

Das wahre Gebet ist ein geistiger Hochzeitsschmaus, und es lehrt uns alle, den inneren Kampf zu entscheiden. Im Gebet »schreibst du das in dein Gemüt«, was du mit deinem Verstand *glaubst.* Emerson sagte einmal: »Der Mensch ist das, woran er den ganzen Tag denkt.« Durch dein gewohnheitsmäßiges Denken schaffst du dir deine eigenen geistigen Gesetzmäßigkeiten des Glaubens. Wenn du einen bestimmten Gedankengang des öfteren wiederholst, schaffst du feste Meinungen und Annahmen in deinem inneren Ich, das das Unterbewußtsein genannt wird. Dann lenken und bestimmen solche verstandesmäßigen Annahmen, Ansichten und Meinungen alle äußeren Handlungen. Dies zu verstehen und es dann anzuwenden, ist der erste Schritt, um »Wasser in Wein« zu verwandeln, oder Mangel und Beschränkung durch Überfluß und Fülle zu ersetzen. Wer seine eigenen inneren geistigen Kräfte nicht kennt, unterliegt deshalb dem allgemeinen Menschheitsglauben an Mangel und Beschränkung.

Die wahre Bedeutung der »Hochzeit zu Kanaa«

Schlag doch jetzt einmal das zweite Kapitel des Johannes-Evangeliums auf und vollbringe dein erstes Wunder, wie es das junge Mädchen tat. Du kannst es! Wenn du die Bibel jedoch nur wie eine historische Erzählung liest, dann entgeht dir die geistige, verstandesmäßige und wissenschaftliche Sicht der Gesetzmäßigkeiten, mit der wir in diesem Buch befaßt sind. Nehmen wir einmal den ersten Abschnitt.
»Und am dritten Tag ward eine Hochzeit zu Kanaa in Galiläa, und die Mutter Jesu war da.« Galiläa, das ist dein Geist oder dein Bewußtsein. *Kanaa* ist dein Verlangen. Die *Hochzeit* ist rein geistig. Sie ist die subjektive Verkörperung deines Verlangens. Die ganze wunderschöne Gebetshandlung ist eine psychologische. In diesem Handlungsablauf sind alle Hauptpersonen, alle geistigen Zustände, alle Gefühle und Ideen in dir selbst.
Eine der Bedeutungen von *Jesus* ist: klarer Verstand. Die *Mutter Jesu* versinnbildlicht die Gefühle, Stimmungen oder Regungen, die uns innewohnen.
»Jesus aber und seine Jünger wurden auch auf die Hochzeit geladen.« Deine *Jünger* sind deine inneren Kräfte und Fähigkeiten, die es dir möglich machen, deine Wünsche zu verwirklichen.
»Und da es an Wein gebrach, spricht die Mutter Jesu zu ihm, sie haben keinen Wein.« Wein versinnbildlicht, wie wir festgestellt haben, die Antwort auf das Gebet oder die

Manifestation deines Begehrens und deiner Ideale in der Wirklichkeit. Du siehst nun, daß dieser Handlungsablauf sich in deinem täglichen Leben abspielt.
Wenn du etwas Bestimmtes erreichen willst, wie das junge Mädchen, nämlich eine Arbeitsstelle, Versorgung und einen Weg aus den Schwierigkeiten heraus, dann bedrängen dich Empfindungen, daß es dir schlecht geht, zum Beispiel: »Es gibt keine Hoffnung, es ist alles verloren, ich kann es nicht erreichen, es ist vollkommen hoffnungslos.« Dies ist die Stimme deines wachbewußten Verstandes, die dir sagt: »Sie haben keinen Wein« oder »Sieh dir doch die Tatsachen an!«. Das ist ein Gefühl des Mangels, der Beschränkung oder der Knechtschaft.
Wie begegnest du der Herausforderung der Umstände und Gegebenheiten? Jetzt wirst du vertraut mit den Gesetzmäßigkeiten des Geistes, die da lauten: »Wie ich innerlich denke und fühle, so ist die äußere Welt beschaffen, d.h. mein Körper, meine Finanzen, die Umwelt, meine gesellschaftliche Stellung und alle Phasen meiner äußeren Beziehung zur Welt und zu den Menschen.« Deine inneren geistigen Regungen und dein inneres Bild beherrschen, kontrollieren und lenken das äußere Geschehen in deinem Leben. In der Bibel heißt es: *»Wie der Mensch in seinem Herzen denkt, so ist er.«* Das *Herz* ist ein chaldäisches Wort, das das Unterbewußtsein bezeichnet. Mit anderen Worten, dein Denken muß subjektiv werden, indem du die Macht deines höheren Ichs gebrauchst.
Denken und Fühlen sind dein Schicksal. Das Denken, verbunden mit Gefühl und Interesse, verwirklicht sich immer und wird in deiner Welt zu einer Offenbarung. Das *Gebet* ist eine Verbindung zwischen Gedanken und Gefühl oder deiner Idee mit der inneren Regung. Darauf bezieht sich das *»Hochzeitsmahl«*.
Jede Idee oder jedes Verlangen, das der Geist als bereits er-

füllte Wirklichkeit empfindet, verwirklicht sich, ob es nun gut, schlecht oder keines von beiden ist.
Da du das Gesetz nun kennst, da du das, was du im Geiste fühlst oder dir vorstellst, tun oder offenbaren oder im Leben erfahren wirst, kannst du nun anfangen, deinen Geist danach zu erziehen.
Wenn sich in deinem Geist ein Anklang von Mangel, Furcht, Zweifel oder gar Verzweiflung (sie haben keinen Wein) einschleicht, verjage ihn sofort geistig, indem du deine ganze Aufmerksamkeit augenblicklich auf die Beantwortung deines Gebetes oder die Erfüllung deines Wunsches lenkst.
Die Feststellungen, die Jesus im Johannes-Evangelium im 2. Kapitel trifft: *»Meine Stunde ist noch nicht gekommen«* und *»Weib, was habe ich mit dir zu schaffen?«,* sind bildliche, spracheigentümliche Redensarten des Orients.
Wenn wir diese Worte umschreiben, so bedeutet das *»Weib«* das pessimistische Gefühl, dem du dich hingibst. Diese negativen Vorstellungen besitzen keine Kraft oder Wirklichkeit, weil es nichts gibt, worauf sie sich stützen.
Ein Gefühl des Mangels hat keine Macht. Die Macht liegt in deinem eigenen Denken und Fühlen.
Was bedeutet Gott für dich? *Gott* ist der Name, den man der einen und einzigen geistigen Macht und Gegenwart gegeben hat. *Gott* ist die eine und einzige unsichtbare Quelle, aus der alles entspringt.
Wenn deine Gedanken schöpferisch und harmonisch sind, wirkt sich die geistige Macht deinem Denken entsprechend als Harmonie, Gesundheit und Fülle aus. Setze die wunderbare Lehre in die Tat um, alle Gedanken an Mangel vollständig zu verdrängen, indem du sofort die Gültigkeit der geistigen Macht und ihre Antwort auf deine schöpferischen Gedanken und geistigen Vorstellungen (Imaginationen) erkennst. Dann setzt du damit die Wahrheit, die du in diesen

Worten findest: »*Weib, was habe ich mit dir zu schaffen?*«, in die Tat um.

Wir lesen weiter: »*Meine Stunde ist noch nicht gekommen.*« Das heißt, daß du, wenn du auch noch nicht zu einer Überzeugung oder einer positiven geistigen Haltung gekommen bist, doch schon weißt, daß du geistig auf dem richtigen Weg bist, weil du dich mit positiven Gedanken, Zielen und Idealen beschäftigst. Bei welchen Dingen dein Geist auch verweilt, er vervielfacht, vergrößert und erweitert sie, bis der Geist mit dem neuen Bewußtseinszustand vertraut wird. Du bist dann positiv eingestellt, wogegen deine Einstellung vorher negativ war.

Der spirituelle Mensch kommt im Gebet von der Haltung des Mangels zur Überzeugung, daß Vertrauen, Frieden und Glauben in der geistigen Macht seines Ich liegen. Da sein Glauben und Vertrauen in der geistigen Macht liegen, stellt seine *Mutter* (Stimmungen und Gefühle) ein Gefühl des Triumphes oder Sieges bei ihm fest. Dies wird dir die Lösung und die Antwort auf dein Gebet bringen.

Die *Wasserkrüge* versinnbildlichen den geistigen Zyklus, den der Mensch durchläuft, um die gestalthafte Verwirklichung seines Wunsches hervorzubringen. Die Zeitspanne kann eine Sekunde, eine Minute, eine Stunde, eine Woche oder einen Monat betragen. Sie ist ganz abhängig vom Glauben und Bewußtseinszustand jedes einzelnen.

Im Gebet müssen wir unseren Geist von falschem Glauben, Furcht, Zweifel und Angst befreien, indem wir uns vollkommen loslösen von dem Beweis der Sinne und der äußeren Welt. In der Ungestörtheit und Ruhe deines Geistes, in dem du das Räderwerk deiner geistigen Anstrengung zum Stillstand gebracht hast, sollst du über die Freude nachdenken, wenn dein Gebet beantwortet ist, bis die innere Gewißheit kommt, *daß du weißt: Du bist ein wissender Mensch.* Wenn es dir gelungen ist, mit deinem Verlangen *eins* zu

werden, dann ist dir die geistige Hochzeit gelungen – die Verbindung deines Fühlens mit deinem Denken.
Ich bin sicher, daß du dich jetzt in deinem Geist vermählen willst (eins sein willst) mit Gesundheit, Harmonie, Erfolg und Vollendung. Jedesmal, wenn du betest, versuchst du die Hochzeit zu Kanaa zu vollziehen (deine Wünsche oder Ideen zu verwirklichen). Du möchtest dich geistig identifizieren mit den Begriffen von Frieden, Erfolg, Wohlbefinden und vollständiger Gesundheit.
»Und sie füllten sie bis obenan.« Die sechs Wasserkrüge stellen dein Bewußtsein dar während des geistigen und verstandesmäßigen Schöpfungsaktes. Du mußt dein Bewußtsein *bis obenan füllen,* das heißt, du mußt erfüllt werden von dem Gefühl, das zu sein, was du zu sein wünschst. Wenn es dir gelingt, deinen Geist mit dem Ideal zu erfüllen, das du zu sein wünschst, wenn es dir gelingt, deinen Geist mit dem Ideal zu erfüllen, das du zu erreichen trachtest, bist du *»voll bis obenan«*. Dann betest du nicht mehr darum, denn du fühlst, daß es in deinem Bewußtsein schon Wirklichkeit geworden ist. Und mehr noch, du *weißt* es! Es ist ein abgeschlossenes Stadium des Bewußtseins. Damit bist du im Frieden.
»Und er spricht zu ihnen: Schöpft nun und bringt's dem Speisemeister!« Was auch immer sich in unserem Unterbewußtsein entwickelt – es zeigt sich immer auf dem Bildschirm des Lebens. Demgemäß haben wir, wenn wir zu der Überzeugung gelangt sind, daß auf unser Gebet immer eine Antwort kommt, den Befehl gegeben: *»Bringt's dem Speisemeister!«*
Du bestimmst immer selbst, was du geistig aufnimmst. Im Verlauf des Tages treffen Tausende von Gedanken, Eindrücken, Ansichten, Bildern und Tönen auf deine Augen und Ohren. Du kannst sie entweder von dir weisen als nicht wert, von dir aufgenommen zu werden, oder du

kannst sie in dein Bewußtsein aufnehmen – ganz wie du willst. Dein bewußter, denkender, intellektueller Verstand ist der *»Speisemeister«*. Wenn du dich bewußt für die Erfüllung deines Herzenswunsches entscheidest, dich damit beschäftigst, darüber nachsinnst, und es dir als wirklich vorstellst, wird es eine lebendige Verkörperung erhalten, ein Teil deines Gefühlslebens werden, so daß dein inneres Ich ihm Ausdruck und Wirklichkeit gibt. Mit anderen Worten: Was man sich subjektiv vorstellt, wird objektive Wirklichkeit. Deine Sinne oder dein Bewußtsein sehen die Vergegenständlichung deines Guten voraus. Wenn das Bewußtsein erkennt, wie man »Wasser in Wein verwandelt«, erkennt es auch, daß das Gebet eine Antwort findet. *Wasser* könnte man auch die unsichtbare, gestaltlose, geistige Macht nennen, das Bewußtsein ohne feste Beschaffenheit. *Wein* ist das Bewußtsein in fester Form oder auch der Geist, der seinem Glauben und seinen Überzeugungen realen Ausdruck verleiht.

Die Diener, die für dich das Wasser schöpfen, sind die Gefühle des Friedens, des Glaubens und des Vertrauens. Entsprechend deinem Glauben oder Fühlen wird dein Gutes an dich gefesselt oder zu dir gezogen.

Nimm die geistigen Prinzipien, von denen in diesem Kapitel die Rede ist, in dich auf, hege und pflege sie, verliebe dich in sie. Im ersten Wunder Jesu, von dem man berichtet, wird uns gesagt, daß das Gebet ein Hochzeitsmahl sei oder die Vereinigung des Geistes mit seinem Verlangen.

Liebe ist die Erfüllung des Gesetzes. Liebe ist wirklich eine emotionale Neigung, eine Empfindung des Einsseins mit deinem Guten. Du mußt ehrlich sein zu allem, was du liebst. Du mußt deinen Zielen oder Idealen treu sein. Wir sind aber nicht ehrlich zu dem, was wir lieben, wenn wir mit anderen Verbindungen liebäugeln oder sie schon im Sinn haben; Verbindungen mit Furcht, Zweifel, Qual, Angst

oder Irrglauben. Liebe ist ein Zustand des Einsseins, ein Zustand der Erfüllung. (Siehe auch das Kapitel *Liebe ist Freiheit.*)
Als ich der vorhin erwähnten Friseuse diese einfachen Vorgänge erklärte, wurde sie geistig bereichert. Sie verstand diese Geschichte und setzte sie in die Praxis um. Sie wußte, daß das *Wasser* (ihr Bewußtsein) sprudeln und, als Reaktion auf die neue Denk- und Fühlweise, alle leeren Gefäße füllen würde. Während der Nacht wurde diese junge Frau sehr ruhig und gelöst. Sie entspannte ihren Körper und begann in schöpferischen Bildern zu denken. Sie ging dabei folgendermaßen vor:
Zunächst begann sie sich vorzustellen, daß ihr der Bankmanager zu ihrem wunderbaren Bankkonto gratulierte. Sie hielt sich dieses Bild etwa fünf Minuten lang vor Augen.
Der nächste Schritt war folgender: In ihrer Einbildung hörte sie ihre Mutter zu sich sagen: »Ich bin glücklich, daß du eine so schöne, neue Stellung gefunden hast.« Sie hörte die glückliche, heitere Stimme ihrer Mutter im Geiste drei oder fünf Minuten lang.
Und dann der dritte Schritt: Sie stellte sich lebhaft vor, ich stünde vor ihr und hielte ihre Trauungszeremonie ab. Im Geiste hörte die junge Frau mich als Geistlichen sagen: »Ihr seid jetzt Mann und Frau.« Sie malte sich das noch weiter aus und überließ sich dann in der Stimmung des Erfülltseins dem Schlaf, d.h., sie fühlte in sich die Freude des beantworteten Gebets.
Drei Wochen lang geschah dann gar nichts, außer daß es ihr noch schlechter ging. Aber sie blieb weiter dabei, ein »Nein« als Antwort abzulehnen. Sie wußte, daß sie, wenn sie an geistiger Größe gewinnen wollte, auch ihr erstes Wunder vollbringen mußte, indem sie statt Furcht Vertrauen bekam. Ihr Gefühl des Mangels mußte zu einem Gefühl des Reichtums und Erfolgs werden, das Bewußtsein (das Was-

ser) mußte sie in die Bedingungen, Umstände und Erfahrungen umsetzen, die sie als Wirklichkeit haben wollte.
Das Bewußtsein, das Wissen, das Sein, das Prinzip, der Geist oder wie auch immer es genannt wird, ist die Ursache aller Dinge, ist das einzig Göttliche, die ewige Macht. Die geistige Macht oder der Geist in uns ist die Ursache und das Wesen aller Dinge. Alle Dinge – Vögel, Bäume, Sterne, Sonne, Mond, Erde, Gold, Silber und Platin – sind Vergegenständlichungen, sichtbare Zeichen des Geistes. Er allein ist die Ursache und das Wesen aller Dinge. »Es gibt nichts anderes.«
Sie verstand diese Wahrheit und wußte auch, daß das *Wasser* (das Bewußtsein) ihre Versorgung werden konnte in Form von Geld, einem wahren Platz im Leben, Gesundheit für ihre Mutter und einem sinnerfüllten Leben. Sie erkannte diese einfache – und doch so tiefe – Wahrheit in einem einzigen Augenblick und sagte mir: *»Ich nehme mein Gutes an.«*
Sie wußte, daß uns nichts verborgen ist. Alles Göttliche ist in uns und wartet nur darauf, von uns entdeckt und ausgeschöpft zu werden.
Nach weniger als einem Monat heiratete diese junge Frau. Ich war derjenige, der die Trauung vollzog. Ich sprach die Worte, die sie mich schon immer sinnierend in entspanntem Zustand hatte sagen hören: »Ihr seid jetzt Mann und Frau.«
Als Hochzeitsgeschenk bekam sie von ihrem Mann einen Scheck über 24000 Dollar und eine Weltreise. Ihr neues Leben und Handeln bestand darin, ihr Heim und ihren Garten zu verschönern und die Wüste ihrer Seele wieder fröhlich werden und wie die Rose aufblühen zu lassen.
Sie hat »Wasser in Wein verwandelt«. Das *Wasser* oder ihr Bewußtsein wurde beeinflußt und verändert durch ihre ständigen wahren und glücklichen Vorstellungsbilder. Diese

Vorstellungsbilder werden, wenn sie regelmäßig, systematisch und im Vertrauen auf die schaffenden Kräfte des Geistes gestützt werden, aus der Dunkelheit (dem Unterbewußtsein) ans Licht dringen (sich in der Wirklichkeit darstellen).

Es gibt eine *sehr wichtige Regel*: Setze diesen frischentwickelten Film nicht dem zerstörenden Licht von Furcht, Zweifel, Verzagtheit und Sorge aus. Immer wenn Sorge oder Furchtgedanken an deine Tür klopfen, wende dich sofort dem Bild zu, das du dir in deinem Geist aufgebaut hast und sage dir: »Jetzt wird in der Dunkelkammer meines Geistes ein schönes Bild aufgebaut.« Übergieße das Bild geistig mit deiner Zuversicht, deinem Glauben und deinem Verstand. Du weißt doch, daß du ein psychologisches, geistiges Gesetz in Bewegung gesetzt hast, *denn was man sich vorstellt, wird Wirklichkeit.* Es ist wundervoll!

Das Folgende ist ein sicherer, bestimmter Wegweiser, wie du alle materiellen Reichtümer und Güter, die du im täglichen Leben brauchst, bekommen kannst. Wenn du diese Regel sorgsam und ehrlich anwendest, müßtest du äußerlich reichlich beschenkt und belohnt werden. Ich will dir das am Beispiel eines Mannes erläutern, der mich in London aufsuchte, als er völlig verzweifelt und in großen finanziellen Schwierigkeiten war. Er war Mitglied der anglikanischen Kirche und hatte sich auch schon hier und da mit der Funktionsweise des Unterbewußtseins beschäftigt.

Ich riet ihm, sich täglich regelmäßig zu sagen: »Gott ist die Quelle all meiner Versorgung, und meine Nöte werden immer und überall gestillt.«

Denke doch auch an die gesamte Tierwelt und an alle Galaxien des Universums, die von einer unendlichen Intelligenz geleitet werden. Denke daran, wie überaus verschwenderisch und freigiebig die Natur ist. Denke an die Fische des Meeres, denen die unendliche Güte ebenso wie

den Vögeln der Lüfte das Leben erhält. Diesen Hinweis finden wir im Matthäus-Evangelium (6:26).
Dieser Mann machte sich bewußt, daß seit seiner Geburt immer für ihn gesorgt worden war: seine Mutter hatte ihn ernährt, sein Vater hatte ihm Kleidung gekauft, er war von gütigen, liebevollen Eltern behütet worden. Nachdem er sich diese Erkenntnisse bewußt gemacht hatte, dauerte es nicht lange und er bekam einen Job. Er hatte eingesehen, daß es unsinnig sei anzunehmen, daß der Ursprung des Lebens, der ihm sein Leben einst schenkte und immer für ihn sorgte, ihm plötzlich nicht mehr zur Seite stehen würde.
Er stellte fest, daß er das Ende seiner Wohlversorgtheit selbst verursacht hatte, indem er nämlich seinem Arbeitgeber gegrollt, sich selbst verdammt und starke Selbstkritik geübt hatte. Auch durch sein Gefühl, nichts wert zu sein, war es so weit mit ihm gekommen. Er hatte das Band gelöst, das ihn geistig mit der unendlich großen Quelle aller Dinge verbunden hatte – dem allem innewohnenden Geist, dem Lebensprinzip, das manche auch »Bewußtsein« oder »Gewahrsein« nennen.
Der Mensch wird nicht wie die Vögel ernährt. Er muß sich bewußt mit der innewohnenden Macht und Allgegenwart vereinigen und kann dann die führende Hand, Stärke, Lebenskraft und alles übrige bekommen, dessen er zur Beseitigung seiner Nöte bedarf. Diese Regel wandte jener Mann an, um aus dem »Wasser« seines Bewußtseins den »Wein« des Überflusses und finanziellen Erfolgs zu machen. Er erkannte, daß Gott oder die spirituelle Macht in ihm die Ursachen aller Dinge ist. Weiterhin erkannte er, daß er einen Überfluß an ausreichender Versorgung bewirken könnte, wenn er den Gedanken, daß Reichtum ihm durch göttliches Recht zustehe, nur annähme.
Er wandte folgende Bejahung an: »Gott ist die Quelle all meiner Versorgung. Mein finanzieller und sonstiger Bedarf

wird immer und überall gedeckt, und es ist darüber hinaus immer noch ein göttlicher Überschuß vorhanden.« Diese einfache Feststellung, regelmäßig mit Überzeugungskraft wiederholt, etablierte in seinem Gemüt ein Wohlstandsbewußtsein.
Alles, was er tun mußte, war, sich diese Idee zu »verkaufen«, so wie ein guter Verkäufer sich selbst die Vorzüge seines eigenen Produkts verkaufen muß. Ein guter Verkäufer ist überzeugt von der Integrität seiner Firma, der hohen Qualität des Produkts, den guten Diensten, die es dem Kunden leisten wird, der Tatsache, daß der Preis reell ist usw.

Der Umgang mit dem Negativen

Für den Fall, daß negative Gedanken ihn bestürmen würden, riet ich dem Mann, sie nicht zu bekämpfen oder sich widerstreitend mit ihnen abzugeben, sondern sich einfach auf die geistig-verstandesmäßige Regel zu besinnen und sie sich still und liebevoll zu wiederholen. Manchmal kamen diese pessimistischen Gedanken in Lawinen – eine Flut des Pessimismus. Jedesmal begegnete er ihnen mit der lebensbejahenden, festen, unverrückbaren Überzeugung: »Gott versorgt mich mit allem, was ich benötige, und es ist immer ein göttlicher Überfluß in meinem Leben vorhanden.«
Er sagte, daß sich von Zeit zu Zeit, wenn er im Auto saß und sein Tagespensum absolvierte, ein Schwarm von vielfältigen, verschiedenen negativen Vorstellungen in seinem Geist breitzumachen versuchte, wie zum Beispiel: »Es gibt keine Hoffnung mehr.« Oder: »Du bist pleite.« Dann wehrte er sich jedesmal vor ihrer geistigen Annahme, indem er sich zu dem ewigen Ursprung von Reichtum, Gesundheit und allem, das, wie er wußte, sein geistiges Wissen war,

wandte. Mit Entschlossenheit bejahte er dann: »Gott ist die Quelle meiner Versorgung, und diese Versorgung läßt er mir jetzt zuteil werden.« Oder: »Gott gibt die Lösung. Gottes Reichtum ist mein Reichtum« oder andere affirmative, positive Feststellungen. Das erfüllte ihn mit Hoffnung, Vertrauen, Erwartung und letztendlich mit dem festen Glauben und der Überzeugung, daß eine ewige Quelle des Reichtums für seinen Bedarf reichlich, freudig und ohne Ende sorgte.

Die negative Gedankenflut bestürmte ihn wohl fünfzigmal in der Stunde. Jedesmal weigerte er sich, diesen Meuchelmördern, Verbrechern, Dieben die Tore zu seinem Bewußtsein zu öffnen. Denn das wußte er: Sie würden ihn seines Friedens, Wohlstands, Erfolgs und aller guten Dinge berauben. Statt dessen öffnete er die Tore seines Bewußtseins dem ewigen Lebensprinzip Gottes, daß dessen Sorge ihn als Reichtum, Gesundheit, Energie, Kraft und alles übrige, was man zu einem erfüllten und glücklichen Leben braucht, durchdringen würde.

Da er bei diesem Gedanken blieb, klopften am nächsten Tag nicht mehr so viele »Diebe und Räuber« an seine Tür. Am dritten Tag war die Menge der negativen, unerwünschten Besucher wiederum geringer geworden, und am folgenden Tag kamen sie nur noch in größeren Abständen und begehrten Einlaß, erhielten jedoch die gleiche geistige Antwort wie zuvor: »Kein Zutritt! Ich nehme nur solche Gedanken und Ideen an, die meinen Geist aktivieren, heilen, beglücken und inspirieren.«

Er machte sein Bewußtsein wieder zu einem Bewußtsein des Reichtums. *»... denn es kommt der Fürst der Welt, aber in mir findet er nichts.«* (Johannes 14:30) Das bedeutet, daß negative Gedanken wie Furcht, Mangel, Qual und Anspannung kamen, aber sie bekamen von seinem Verstand keine Antwort. Er war jetzt immun, von Gott berauscht und von einem göttlichen Vertrauen auf ein sich immer weiter ausbreitendes Bewußtsein von Überfluß und finanziellem Wohlstand. Dieser Mann verlor nicht alles, auch geriet er nicht in Bankrott; man gab ihm vielmehr großzügigen Kredit, sein Geschäft machte Fortschritte, neue Wege eröffneten sich ihm, und er hatte Erfolg.

Denke beim wissenschaftlichen Beten immer daran, daß du deinem Ideal, deinem Ziel treu sein sollst. Vielen Leuten gelingt es nie, ihren Wunsch nach Reichtum und finanziellem Erfolg zu verwirklichen, weil sie auf »zwei Arten beten«. Sie versichern, daß Gott die Quelle ihres Wohlergehens ist und ihnen göttliche Versorgung zuteil wird, aber auf der anderen Seite leugnen sie dann Minuten später ihren Wohlstand, indem sie sagen: »Ich kann diese Rechnung nicht bezahlen.« – »Ich kann mir dieses oder jenes nicht leisten.« Oder sie sagen sich: »Mich verfolgt ein Hohnlachen.« – Sie sagen sich: »Ich habe nie genug, um durchzukommen.« Alle derartigen Feststellungen – vielmehr Bejahungen – sind in höchstem Maße destruktiv und machen deine positiven Gebete wirkungslos. Das nennt man das »Beten auf zwei Arten«.

Du mußt deinem Plan oder deinem Ziel treu bleiben. Du mußt deinem Wissen um die geistige Macht treu sein. Hör auf, negative Gedankenverbindungen mit Furcht und Sorge herzustellen.

Das Gebet ist wie eine Kursbestimmung, die ein Kapitän auf seinem Schiff vornimmt. Du brauchst einen Bestimmungsort, ein Ziel. Du mußt wissen, wohin dein Weg führen soll. Der Kapitän steuert seinen Kurs nach den Regeln der Navigation. Wenn das Schiff durch Stürme oder ungestümen Seegang aus dem Kurs geworfen wird, bringt er es in aller Ruhe wieder auf den richtigen Kurs.

Du bist der Kapitän auf der Brücke, und du gibst die Befehle in Form von Gedanken, Gefühlen, Meinungen, Annahmen, Stimmungen und geistigen Färbungen. Richte dein Auge nach vorn auf den Mast. *Du kommst dahin, wo deine Vision ist.* Denke daher nicht mehr an die Widerstände, Hindernisse und Hemmnisse, die dich vom Kurs abbringen können. Sei entschlossen und positiv in deiner Einstellung. Entscheide dich, wo du hingehen willst. Denke daran, daß deine geistige Einstellung das Schiff ist, das dich aus dem Gefühl des Mangels und der Begrenzung hinführt zum Gefühl des Reichseins und zum Glauben an das unfehlbare Gesetz Gottes, das für dich arbeitet.

Quimby, der die mentalen und spirituellen Gesetze studiert hatte und ein wunderbarer Lehrer war, sagte: »Der Mensch handelt so, wie auf ihn eingewirkt wird.« Was bewegt dich jetzt? Was ist es, das deine Reaktion auf das Leben bestimmt? Die Antwort darauf ist folgende: Deine Ideen, Meinungen und Gedanken setzen deinen Geist in Bewegung und bringen dich dahin, daß du, wie Quimby sich ausdrückte, »eine Darstellung deines Glaubens« wirst. Das erklärt Quimbys Feststellung: »Der Mensch ist zum Ausdruck gebrachter Glaube.«

Ein anderer berühmter Ausspruch Quimbys war: »Die Gemüter der Menschen vermischen sich wie die Atmosphären, und jede Person hat ihre Identität in dieser Atmosphäre.« In deiner Kindheit warst du den Stimmungen, Gefühlen, Meinungen und der allgemeinen geistigen Atmosphäre in deinem Zuhause unterworfen. Alle Befürchtungen, alle Ängste, jeglicher Aberglauben und auch die religiöse Einstellung deiner Eltern waren deinem Gemüt eingeprägt.

Angenommen, ein Kind ist in einem Haus voller Armut aufgewachsen, in dem nie genug Geld zum Leben vorhanden war. Es hat immer nur das Jammern und Klagen über Mangel und Beschränkung gehört.

Man könnte nun, wie Salter es in seiner bedingten Reflex-

Therapie tut, sagen, daß das Kind zur Armut bestimmt sei. Als junger Mensch kann diese Person einen Armuts-Komplex haben, der von seinen früheren Erfahrungen, seinem Leben und Glauben herrührt. Aber er kann sich aus jeder Situation retten und frei werden, und zwar durch die Macht des Gebets.

Ich bin einmal einem 17jährigen Jungen begegnet, der an einem Ort in New York geboren war, den man »Hell's Kitchen«, auf deutsch »Höllenküche« nannte. Damals besuchte er meine Vorträge, die ich zu der Zeit in der Steinway Hall in New York hielt. Dieser Junge stellte plötzlich fest, daß er immer ein Opfer seines negativen, destruktiven Denkens gewesen war. Er war sich bewußt, daß das Massengemüt mit seinen Ängsten, Mißerfolgen, Haßgefühlen und Eifersuchten ihn bald beherrschen würde, wenn er seinen Geist nicht in konstruktive Bahnen lenken würde. »Der Mensch handelt so, wie auf ihn eingewirkt wird.«

Es ist einleuchtend, wie auch Quimby wußte, daß, wenn der Mensch nicht auf sein eigenes Haus (seinen Geist) aufpaßt, die Propaganda, falsche Annahmen, Ängste und Qualen der phänomenalistischen Welt wie ein hypnotischer Zauber auf ihn einwirken.

Wir sind vertieft und eingekerkert in den allgemeinen Glauben des Massengemüts, das an Krankheit, Tod, Unglück, Zufall, Mißerfolg, Niedergang und anderes Unheil glaubt. Folge dem biblischen Gebot, dich von der Masse zu lösen, dich von ihr zu trennen. Identifiziere dich geistig und emotional mit den ewigen Wahrheiten, die die Zeit überdauert haben.

Dieser junge Mann entschloß sich, selbst zu denken und zu handeln. Er entschloß sich, den königlichen Weg zum Reichtum zu gehen, indem er hier und jetzt Gottes Fülle annahm und sein Bewußtsein mit spirituellen Konzepten und Wahrnehmungen anfüllte. Er wußte, wenn er das tat,

würde er zwangsläufig alle negativen Gedanken aus seinem Geist verbannen.
Er wandte eine ganz einfache Methode an, die »wissenschaftliche Einbildung«, auch »schöpferische Imagination« genannt. Er hatte eine wohlklingende Stimme, aber sie war nicht ausgebildet oder entwickelt. Ich sagte ihm, daß das Bild, auf das er sich geistig konzentrierte, sich in seinem Innern entwickeln und schließlich auch Wirklichkeit werden würde. Er verstand, daß dies ein Gesetz des Geistes ist – ein Gesetz von Aktion und Reaktion –, d.h. die Gegenwirkung des Innern auf das geistige Bild im Bewußtsein.
Dieser junge Mann setzte sich nun zu Hause ruhig hin, entspannte seinen Körper und stellte sich lebhaft vor, daß er vor einem Mikrofon sänge. Er »erfühlte« das Instrument, das er spielte, und stellte sich vor, wie ich ihn zu seinem wunderbaren musikalischen Vortrag beglückwünschte und ihm sagte, wie herrlich seine Stimme sei. Indem er regelmäßig und systematisch seine ganze Aufmerksamkeit und seinen Eifer dieser geistigen Vorstellung schenkte, wurde ein tiefer Eindruck in seinem Unterbewußtsein hinterlassen.
Eine kurze Zeit verstrich, da bot ihm ein italienischer Gesangslehrer in New York an, ihn mehrmals wöchentlich kostenlos zu unterrichten, weil er seine Fähigkeiten erkannt hatte. Noch während seiner Ausbildung bekam er einen Vertrag, der ihn ins Ausland brachte, um in den großen Häusern Europas, Asiens, Südafrikas und anderswo zu singen. Seine finanzielle Not war nun vorüber, denn er bekam auch gute Gagen. Sein verborgenes Talent und die Fähigkeit, es zur Geltung zu bringen, waren sein wahrer Reichtum. Diese Fähigkeiten und Kräfte in uns sind gottgegeben; wir müssen sie nur auslösen und zur Geltung bringen.
Hast du dich schon jemals selbst gefragt: »Wie kann ich meinem Nächsten besser nützlich sein?« – »Wie kann ich der Menschheit besser dienen?«

Ein befreundeter Kollege sagte mir einmal, daß er und seine Neugeist-Kirche in der Aufbauphase in großer finanzieller Schwierigkeit waren. Sein Mittel dagegen war dieses einfache Gebet, das für ihn Wunder wirkte: »Gott eröffnet mir bessere Möglichkeiten, seine Wahrheiten meinem Nächsten darzubringen.« Schon bald strömte das Geld herein, die Hypothek war in wenigen Jahren bezahlt, und er hat seitdem nie mehr finanzielle Schwierigkeiten gehabt.

Wie innen, so außen

In diesem Kapitel hast du nun erfahren, daß die inneren Gefühle, Stimmungen und Meinungen des Menschen immer seine äußere Welt beherrschen. Die inneren Regungen des Geistes beherrschen die äußeren Bewegungen. Um das Äußere zu ändern, muß man aber zuerst das Innere ändern. »Wie im Himmel, so auf Erden.« – Oder: »Wie in meinem Geist oder Bewußtsein, ist es auch mit meinem Körper, mit den Umständen und Gegebenheiten und mit der Umwelt.«

In der Bibel lesen wir: *»Es ist nichts verborgen, was nicht offenbar wird.«* (Matthäus 10:26) Wenn du beispielsweise krank bist, deckst du ein geistiges und emotionales Denkmuster auf, das die Ursache ist. Wenn du außer Fassung gerätst oder eine traurige Nachricht bekommst, beobachte dich einmal selbst, wie du das in deinem Gesicht, deinen Augen, Gesten, in deiner Stimme und auch in deiner Haltung und in deinem Gang anzeigst. Auf ganz natürliche Weise deckt dein Körper deine innere Not auf. Du könntest natürlich auch mittels geistiger Disziplin Haltung wahren, könntest absolut ernst und ruhig sein, wenn du deine verborgenen Gefühle oder geistigen Regungen nicht verraten willst. Du könntest deinen Muskeln den Befehl geben, sich zu entspannen, ruhig und gelöst zu sein; sie müßten dir gehorchen. Dein Auge, dein Gesicht und deine Lippen würden Zeichen von Kummer, Ärger oder Verzagtheit verraten. Andererseits könntest du mit etwas Übung durch Gebet und Meditation das ganze Bild sogar umkehren. Auch wenn du beunruhigende Nachrichten bekommen hast, ganz egal ob sie schwerwiegender Natur sind oder nicht, könntest du Fröhlichkeit, Frieden, Entspannung zeigen und ein beschwingtes, aufrechtes Verhalten an den Tag legen. Niemand würde je merken, daß du eine sogenannte schlechte Nachricht erhalten hast.

Unabhängig davon, was für Nachrichten du heute erhalten hast, könntest du vor den Spiegel treten, dein Gesicht, deine Lippen, Augen und Gesten betrachten, wenn du dir statt dessen vorstellst, gerade die Nachricht von einer Millionenerbschaft bekommen zu haben. Spiel diese Situation durch, fühle sie, berausche dich an ihr, und du wirst merken, wie dein ganzer Körper auf dieses Gefühl unbändiger Freude reagiert.

Du kannst jede Situation durch wissenschaftliches Gebet in ihr Gegenteil verkehren. Beschäftige dich geistig mit den Begriffen Frieden, Erfolg, Wohlstand und Glück. Identifiziere dich geistig und gefühlsmäßig mit diesen Ideen und male sie dir aus.

Mache dir ein Bild von dir, wie du selbst sein willst. Behalte dieses Bild vor deinem geistigen Auge, erhalte es aufrecht mit Freude, Vertrauen und froher Erwartung. Dann wirst du schließlich auch dieses Bild in die Wirklichkeit umsetzen können.

Ich sage allen Leuten, die mich in finanzieller Not aufsuchen, sie sollen »mit dem Reichtum eine Ehe eingehen«. Einige verstehen, was ich damit meine, andere wiederum nicht. Wer die Bibel wirklich versteht, der weiß, daß dein

Weib das ist, mit dem du dich mental vermählt – vereinigt – hast, mit dem du geistig eins bist.
In anderen Worten: Was du geistig erfaßt und glaubst, dem gibst du feste Begriffe. Wenn du der Ansicht bist, die Welt sei kalt, grausam und hart, und daß in ihr »die Großen die Kleinen fressen«, so ist das *deine* Vorstellung. Du bist ihr vermählt, du bist ihr verbunden und wirst aus dieser Verbindung »Kinder« oder Ergebnisse erhalten. Die »Kinder« aus einer solchen geistigen Verbindung werden deine Erfahrungen, Zustände und Umstände sein, zusammen mit allen anderen Ereignissen des Lebens. Alle deine Erfahrungen im Leben werden Abbild der Ideen sein, die sie hervorgebracht haben.
Sieh dir doch mal die vielen »Weiber« an, mit denen der Durchschnittsmensch lebt, mit denen er sich »vermählt« hat. Es sind Furcht, Zweifel, Angst, Kritik, Eifersucht und Zorn. Sie stiften Verwüstung und Verwirrung in seinem Geist. »Vermähle« dich statt dessen mit dem Reichtum, indem du sagst, fühlst und glaubst: »Gott sorgt für alle meine Nöte. Er deckt jeden Bedarf in seiner Herrlichkeit.« Oder nimm folgende Bejahung; wiederhole sie immer und immer wieder bewußt, bis dein Bewußtsein davon beeinflußt oder es ein Teil deines Denkens wird: »Gott offenbart sich in mir; ich habe ein gutes Einkommen.« Plappere das nicht wie ein Papagei, sondern denke daran, daß sich dein Gedankengang in deinem Unterbewußtsein eingräbt und dadurch Teil deines Bewußtseins wird. Laß diesen Satz für dich bedeutsam werden. Erfülle ihn mit Leben, mit Liebe und Gefühl, dadurch machst du ihn lebendig.
Einer meiner Seminar-Teilnehmer hat kürzlich ein Restaurant eröffnet. Als er mich anrief, sagte er, er habe sich mit einem Restaurant »vermählt«. Er meinte damit, daß er entschlossen war, erfolgreich, klug und beharrlich zu sein und dafür zu sorgen, daß sein Geschäft blühte. Das (geistige)

Weib dieses Mannes war sein Glauben an die Verwirklichung seines Verlangens oder Wunsches.
Identifiziere dich mit deinem Lebensziel und laß von allen Verbindungen mit Kritik, Selbstverdammung, Zorn, Furcht und Sorge ab. Richte deine Aufmerksamkeit und dein Trachten auf das von dir gewählte Ideal. Sei zuversichtlich und vertraue auf das unauslöschliche Gesetz von Glück und Erfolg. Du wirst allerdings nichts erreichen, wenn du in diesem Augenblick zu deinem Ideal »Ja« sagst und schon im nächsten Moment ablehnst. Das ist, als wenn man Säure und Lauge vermischt. Dann bekommst du eine untätige Substanz. Wenn du die königliche Straße zum Reichtum beschreiten willst, mußt du Vertrauen zu deinem selbstgewählten Ideal (deinem *Weib*) haben.
Illustrationen dieser Wahrheiten finden wir in der Bibel. Zum Beispiel diese: *»Gott schuf dem Adam ein Weib aus seiner Rippe.«* (1. Moses 2:21) Deine *Rippe* ist deine Vorstellung, dein Verlangen, deine Idee, dein Plan oder Lebensziel. Das *Weib* heißt für dich: Die Gefühlsregung, das fühlende Wesen, die innere Stimme. Anders ausgedrückt: Du mußt die Idee hegen und pflegen, sie muß gehegt und gepflegt, geliebt und als bereits wahre Tatsache empfunden werden, damit du dein Lebensziel erreichen kannst.
Die *Idee* ist der Vater; die *Gemütsbewegung* ist die Mutter; zwischen ihnen findet in deinem Geist immer eine »Vermählung« statt.
Ouspensky sprach von einem dritten Element, das in die Verbindung deines Gefühls mit deinem Wunschbild eintritt oder sich danach entwickelt. Er nannte es das neutrale Element. Wir können es auch »Frieden« nennen, denn Gott ist Frieden.
In der Bibel heißt es: *»Und die Herrschaft ruht auf seiner Schulter.«* (Jesaja 9:6) In anderen Worten: Laß die göttliche Weisheit deinen Führer sein. Laß deine innere Weisheit

dich auf allen Wegen führen, leiten und regieren. Wende dich mit deinem Begehren an diese innewohnende Gegenwart Gottes, denn du darfst gewiß sein, daß er deine Ängste zerstreuen, deine Wunden heilen und deiner Seele wieder Ruhe und Gleichmut schenken wird. Öffne Herz und Verstand und sage: »Gott ist mein Lotse, er schenkt mir Glück, er ist mein Ratgeber.« Laß dein Gebet abends und morgens sein: »Ich bin ein Kanal, durch den Gottes Reichtümer unaufhörlich, reichlich und frei fließen.« Schreibe dir das Gesetz ins Herz, schreibe es dir in die Seele. Behalte den Glanz von Gottes Ruhm im Auge.

Der Mensch, der nicht weiß, was in seinem Innern vorgeht, ist angefüllt mit Bürden, Ängsten und Qualen, denn er weiß nicht, daß er alle seine Sorgen auf IHN, den Allgegenwärtigen werfen darf und dann frei von allem ist.

Ein Zen-Mönch wurde von einem seiner Jünger gefragt: »Was ist Wahrheit?« Er antwortete mit einem Symbol, indem er sein Bündel von der Schulter nahm und es auf die Erde legte.

Darauf fragte ihn der Jünger: »Herr, wie soll ich das verstehen?«

Der Zen-Mönch schwieg noch immer, warf das Bündel wieder über die Schulter und ging die Straße hinunter, wobei er vor sich hinsang. Das *Bündel* ist deine Bürde, deine Last, dein Problem. Du wirfst es auf die subjektive Weisheit, die allwissend ist und also auch weiß, wie man etwas erreichen kann. Sie allein weiß die Antwort.

Das *Bündel wieder über die Schulter werfen* bedeutet: Obwohl das Problem nach wie vor besteht, habe ich doch jetzt geistige Ruhe und bin von der Last erlöst, weil ich die göttliche Weisheit zu meiner Erlösung angerufen habe. Deshalb singe ich einen Triumphgesang, weil ich weiß, daß die Antwort auf mein Gebet schon unterwegs ist, und ich singe im Gefühl der Freude, die vor mir liegt. – Es ist wunderbar!

Dem Prinzip treu bleiben

»Jedermann setzt zuerst den guten Wein vor und wenn sie trunken geworden sind, den geringeren. Du hast den guten Wein bis jetzt aufgespart.« (Johannes 2:10) Das trifft für jeden Menschen zu, der zuerst in das Wissen um die geistigen Gesetze eindringt. Er fängt an mit hohen Gedankenflügen und Ambitionen. Er ist der neue Besen, der gut kehrt. Er ist voller guter Absichten, oftmals aber vergißt er die Quelle der Macht. Er bleibt seinem inneren Prinzip nicht treu, das wissenschaftlich und wirksam ist, das ihn aus allen schlechten Erfahrungen herausreißt und ihn auf die hohe Straße zu Freiheit und Seelenfrieden hinführen würde. Er beginnt Ideen und Gedanken, die mit seinem angezeigten Ziel nicht in Einklang zu bringen sind, verstandes- und gefühlsmäßig nachzugeben. Mit anderen Worten: Er ist seinem Ideal oder seinem *Weib* untreu.

Wisse, daß das subjektive oder tiefere Selbst dein Begehren annehmen und verwirklichen wird. Alles, was du dazu tust, besteht darin, daß du dein Begehren mit Vertrauen und Zuversicht deinem Unterbewußtsein übergibst, so wie man ein Samenkorn der Erde anvertraut oder einen Brief der Post.

Hast du jemals zwischen zwei hohen Felsen gestanden und auf das Echo deiner Stimme gelauscht? Wie das Echo antwortet dir das Lebensprinzip in deinem Innern. Du wirst das Echo deiner eigenen Stimme hören. Deine *Stimme* ist deine innere, geistige Gefühlsregung – deine innere psychologische Reise, auf der du geistig von einer Idee genossen, »geschmaust« hast, bis du ganz davon erfüllt, »gesättigt« warst; dann hast du losgelassen und dich ausgeruht.

Sei gewiß, daß du, wenn du dieses Gesetz kennst und weißt, wie du es anwenden sollst, niemals trunken von Macht, Arroganz, Stolz oder Einbildung wirst. Wende das

Gesetz an, um Segen zu bringen, zu heilen, zu inspirieren und anderen ebenso wie dir selbst emporzuhelfen.

Der Mensch mißbraucht das Gesetz, wenn er seinen Nächsten selbstsüchtig ausnutzt. Wenn du das tust, schadest du dir selbst – du *selbst* wirst dann bald eine Einbuße erleiden. Macht, Sicherheit und Reichtum kann man nicht auf äußeren Wegen erlangen. Sie kommen vielmehr aus der Schatzkammer der Ewigkeit im Innern. Wir sollten erkennen, daß der *gute Wein* immer auf dem Tisch steht, denn Gott ist das ewige Jetzt. Unabhängig von den augenblicklichen Umständen kannst du demonstrieren, daß dein Gutes allgegenwärtig ist, indem du dich geistig von dem Problem abwendest, dich auf die höhere Warte begibst und deines himmlischen Vaters Arbeit vornimmst.

Sich auf die höhere Warte begeben heißt: Sein Gutes ins Auge fassen, sich auf die neue Vorstellung, das neue Konzept zu konzentrieren, sich mit ihm zu verbinden – zu »vermählen« – und die glückliche Stimmung aufrechtzuerhalten durch weiteres Vertrauen im Bewußtsein, daß der *Wein der Freude,* die Antwort auf das Gebet, kommt. »Der Tag der Erlösung ist gekommen.« – »Siehe, das Himmelreich ist nahe.« – »Du hast den guten Wein bisher behalten.«

Du kannst – in diesem Augenblick – psychologisch in deinem Geist wandern und dich durch göttliche Vorstellungskraft in jeden Zustand versetzen, den du wünschst. Der Reichtum, die Gesundheit oder die Erfindung, die du herbeiführen willst, sind zuerst unsichtbar. Alles kommt aus dem Unsichtbaren. Du mußt subjektiv Reichtum besitzen, bevor du objektiv, d.h. sichtbar, Reichtum besitzen kannst. Das Gefühl des Reichtums erzeugt Reichtum, denn Reichtum ist ein Zustand des Bewußtseins. *Ein Zustand des Bewußtseins* ist alles, was du denkst, fühlst, glaubst und alles, dem du geistig zustimmst.

Eine kalifornische Lehrerin, die seinerzeit 5000 oder 6000

Dollar im Jahr verdiente, sah im Schaufenster einen bezaubernden Hermelinmantel für 8000 Dollar. Sie sagte sich: »Es würde Jahre dauern, bis ich so eine Summe zusammengespart hätte. Ich könnte ihn mir nie leisten. Oh, wie gern hätte ich ihn!« Sie hörte am Sonntag morgen immer meine Vorträge. Als sie aufhörte, sich mit solchen negativen Vorstellungen zu belasten, stellte sie plötzlich fest, daß sie ja einen Mantel, ein Auto oder sonst etwas, das sie sich wünschte, auch bekommen könnte, ohne irgend jemandem auf dem ganzen Erdenrund zu schaden.

Ich sagte ihr, sie solle sich vorstellen, daß sie den Mantel bereits tragen würde, sie solle seinen herrlichen Pelz fühlen und dieses Gefühl in sich aufnehmen. Sie begann ihre Vorstellungskraft abends vor dem Schlafengehen anzuwenden. Sie legte sich den imaginären Mantel um, liebkoste und streichelte ihn, wie es ein Kind mit seiner Puppe tut. Sie machte das immer wieder und spürte dabei eine innere Erregung.

Abend für Abend trug sie beim Schlafengehen diesen imaginären Mantel und war überaus glücklich, ihn zu besitzen. Monate vergingen, ohne daß etwas geschah. Sie war nahe daran zu schwanken, aber sie ermahnte sich immer selbst, daß die Verwirklichung nur durch das Aushalten im Gefühl erreicht werden kann. *»Wer aber ausharrt bis ans Ende, der wird gerettet werden.«* (Matthäus 10:22) Die Lösung kommt für den, der nicht schwankt, aber sie ist immer begleitet vom Hauch der Gottesgegenwart. Die Antwort kommt für den, der in der Erkenntnis lebt, daß »es vollbracht ist«. Du nimmst immer den *Hauch der Gottesgegenwart* in Anspruch, wenn du das glückliche, fröhliche Gefühl der Erwartung – wissend, daß dein Gutes auf dem Weg ist – aufrechterhältst. Du sahst es im Verborgenen und du *weißt*, daß du es im nicht mehr Verborgenen sehen wirst.

Was nun geschah, ist interessant. An einem Sonntagmorgen

trat ihr nach meinem Vortrag zufällig ein Mann auf die Zehe, er entschuldigte sich tausendmal, fragte sie, wo sie wohnte, und bot ihr an, sie nach Hause zu fahren. Mit Vergnügen nahm sie das Angebot an. Schon bald darauf machte dieser Mann ihr einen Heiratsantrag; er schenkte ihr einen herrlichen Diamantring und sagte zu ihr: »Ich habe einen herrlichen Pelzmantel gesehen; du würdest einfach bezaubernd darin aussehen.« Es war genau der Mantel, den sie drei Monate vorher bewundert hatte. Wie der Verkäufer berichtete, hatten über hundert wohlhabende Kundinnen sich den Mantel angesehen und sehr bewundert, aber schließlich aus irgendeinem Grund immer ein anderes Stück gewählt.

Du hast die Fähigkeit zu wählen. Stelle dir daher die Wirklichkeit dessen vor, das du erwählt hast, und mit Vertrauen und Beharrlichkeit kannst du dein Ziel, deinen Wunsch dann eines Tages in der Wirklichkeit sehen.

Alle Reichtümer des Himmels sind jetzt bereits in dir vorhanden und warten nur darauf, von dir abgerufen zu werden. Frieden, Freude, Führung, Inspiration, Wohlwollen und Überfluß gibt es bereits jetzt. Um Gottes Reichtümer Wirklichkeit werden zu lassen, mußt du folgendes tun: Du mußt den gegenwärtigen Zustand (deine Beschränkungen) aufgeben, du mußt dir ein geistiges Bild des erwünschten Zustands schaffen und in glücklichem, frohem Gefühl eins werden mit deinem Ideal. Wenn du dein Gutes in Augenblicken höchster Exaltiertheit – einer ausgesprochenen Hochstimmung – gesehen und gefühlt hast, weißt du, daß du dein Ideal in kurzer Zeit auch in Wirklichkeit sehen wirst, denn du durchwanderst Zeit und Raum. Wie innen, so außen. Wie oben, so unten. Wie im Himmel, so auf Erden. Mit anderen Worten: Du wirst deinen Glauben verwirklicht finden. Der Mensch ist zum Ausdruck gebrachter Glaube.

Die wirksame Anwendung der Gebetskraft

Eine heilende Gegenwart, die jede Art von Krankheit heilt, befindet sich in unserem Innern. Um diese heilende Gegenwart wirkungsvoll anwenden zu können, sind einige Kenntnisse über Gott und seine Wirkungsweise erforderlich.

Spirituelle Heilung bezieht sich auf ganzheitliches Heilsein und Vollkommenheit.

Wissenschaft beinhaltet die Kenntnis der Gesetze und Prinzipien, und das bedeutet systematisiertes und koordiniertes Wissen.

Die Heilkraft des Gemüts

Die Kenntnis dieses Heilungsprinzips ist direkt der Bibel entnommen. Das Mittel, mit dem wir die Mysterien der Bibel entschlüsseln und ihre wahre Bedeutung – ihre wahre Aussage von der Genesis bis zu den Offenbarungen – ist die Wissenschaft der Symbologie und Kenntnis des hebräischen Alphabets.

Die Bibel befaßt sich mit spirituellen und mentalen Gesetzen. Sie anerkennt die Tatsache, daß viele ihrer Charaktere wie Jesus, Moses, Elia, Paulus und andere wirkliche Menschen waren, die auf unserer Erde gelebt haben. Nichtsde-

stoweniger repräsentieren sie zugleich Bewußtseinszustände in uns allen. Die Bibel ist ein spirituelles und psychologisches Textbuch.
Durch Studium und Anwendung der Mentalgesetze kannst du den Weg zu Gesundheit, Harmonie, Frieden und Wohlstand finden. Wissenschaftliches Gebet ist das Praktizieren der Gegenwart Gottes.

Die erforderlichen drei Schritte

Der erste Schritt: Denke an Gott als an die einzige Gegenwart und einzige Macht. Gott ist ein universeller, schöpferischer Geist, überall gegenwärtig – der lebendige, allmächtige Geist in deinem Herzen. Denke an einige Eigenschaften Gottes, die dir vertraut sind, zum Beispiel: »Er ist unendliche Intelligenz, absolute Güte, unendliche Macht, unbeschreibliche Schönheit, grenzenlose Liebe, unendliche Weisheit und ist allmächtig.«
Der zweite Schritt: Vergib jedermann. Sende der ganzen Welt liebevolle Gedanken. Sag dir im Innern: »Jetzt in diesem Moment vergebe ich *jedermann* voll und ganz und ich bin frei.« Diese Bejahung muß ehrlich und aufrichtig sein, sie muß von Herzen kommen. Füge hinzu: »Ich meine das, es ist wahr.« Es dürfen keinerlei mentale Vorbehalte zurückbleiben.
Der dritte Schritt: Bejahe still und liebevoll, daß die unendliche Heilungsgegenwart Gottes in deinem Innern jetzt deinen Körper heilt, ihn rein und vollkommen macht. Erkläre im Stillen: »Das glaube ich, das akzeptiere ich. Ich weiß, daß die Heilung sich jetzt vollzieht, denn ich wende das göttliche Gesetz an. Dieses Gesetz ist unfehlbar. Danke für die Harmonie und den Frieden, die jetzt mein sind.« *»Gott in deiner Mitte, der alle deine Gebrechen heilt.«* (Psalm 103:3)

Das Praktizieren der Gegenwart Gottes

Die *Allgegenwart* Gottes bedeutet, daß Gott überall, an jedem Punkt des Weltraums, in jedem Augenblick gegenwärtig ist. Sich dieser Gegenwart Gottes den ganzen Tag bewußt zu sein, sie von früh bis spät zu praktizieren, ist der Schlüssel zu Harmonie, Gesundheit, Frieden, Freude und einem erfüllten Leben. Fang jetzt damit an, Gott in jedem und allem zu erblicken.

Drei Schritte zum Praktizieren der Gegenwart Gottes

Der erste Schritt: Akzeptiere die Tatsache, daß Gott die einzige Gegenwart und einzige Macht ist. Er ist dein eigentliches Leben und deine eigentliche Wirklichkeit.
Der zweite Schritt: Erkenne und bejahe die Gegenwart Gottes in allen deinen Angehörigen und in jedem Menschen, der dir begegnet. Grüße jetzt, von diesem Moment an, die Göttlichkeit in jedem, der deinen Weg kreuzt.
Der dritte Schritt: Mache dir bewußt, daß alles, was du bist, und alles, was du siehst – also alles, was in deinen Wahrnehmungsbereich gelangt –, ob es ein Baum, ein Hund oder eine Katze ist, Teil des Ausdrucks Gottes ist. Das ist das Größte, was du vollbringen kannst. Es ist mächtiger, als Worte es beschreiben könnten.
Setz dich zwei- oder dreimal am Tag hin, werde still und meditiere über Folgendes: Gott ist alles, was ist. Er ist alles in allem. Mache dir bewußt, daß die göttliche Gegenwart in deinem Innern ist und im Innern eines jeden, mit dem du in Kontakt bist. »*Sucht, so werdet ihr finden.*« (Matthäus 7:7) – »*Trachtet zuerst nach dem Reich Gottes und nach seiner Gerechtigkeit, so wird euch das alles zufallen.*« (Matthäus 6:33)

Wie man Furcht in Vertrauen verwandelt

Wenn sich ein Furchtgedanke in deinem Gemüt breitmachen will, ist das ein Signal für Handlungsbedarf. Dann mußt du sofort etwas dagegen unternehmen. Gib einem Furchtgedanken niemals nach. Deine Furcht ist in Wirklichkeit der Wunsch nach etwas Besserem. Sie ist ein Sich-Sehnen nach Freiheit und Gemütsfrieden. Wo läßt sich diese Freiheit und dieser Gemütsfrieden erlangen? Du findest sie in den Gedanken an Frieden, Freiheit und Gelassenheit.

Nehmen wir einmal an, ein Mensch verirrt sich des Nachts im Wald. Dann dauert es nicht lange, und er wird von Furcht ergriffen. Da er sich aber bewußt macht, daß der allwissende Gott den richtigen Weg kennt, verändert er sein Denken von Furcht zu Vertrauen. Er befreit sich von Furchtgefühlen, von der Stimmung der Furcht – und erzeugt in sich die Stimmung des Vertrauens in die einzige Macht und Gegenwart. Er hat seine Gemütshaltung verändert. Diese Gemütsveränderung wird oftmals als die Gegenwart der Engel Gottes bezeichnet, die ihn aus der Verirrung in die Sicherheit geleiten. Der verirrte Mensch wendet sich in Gebet und Anerkennung an Gott und sagt sich still und liebevoll: »Gott leitet mich jetzt. Er ist eine Leuchte zu meinen Füßen.« Er glaubt an sein inneres Licht und vertraut ihm. Dies ist das Licht, das jeden Menschen, der in diese Welt kommt, erleuchtet.

Einer mit Gott ist die Mehrheit. (Anm.d.Übers.: Ernest Holmes formulierte es in seiner Vollkommenheitslehre so: *»Einer für sich ganz allein stellt im Zustand der Bewußtseinsverschmelzung mit dem Unendlichen die absolute Mehrheit und Überlegenheit dar.«*) Es gibt lediglich Furcht und Liebe. Furcht ist Liebe in Umkehrung, also das Gegenteil. Liebe befreit, sie gibt, sie ist der Geist Gottes. Liebe baut den Körper. Liebe ist zugleich eine emotionale Beigabe, daher verliebe dich in Frieden, Sanftheit, Erfolg, guten Willen und Harmonie, denn diese Form der Liebe treibt die Furcht aus. *»Gott ist Liebe; und wer in der Liebe bleibt, der bleibt in Gott und Gott in ihm.«* (1. Johannes 4:16)

Drei Schritte zum Vertreiben der Furcht

Der erste Schritt: »Der Herr ist mein Licht und mein Heil; vor wem sollte ich mich fürchten? Der Herr ist meines Lebens Kraft; vor wem sollte mir grauen?« (Psalm 27:1) *Der Herr* bedeutet die Gegenwart Gottes in dir. Es gibt keine Macht, die Gott herausfordern kann, denn Gott ist allmächtig. Das von dir Gefürchtete hat also keine Macht und auch keinerlei Kraft. Es ist ein falscher Glaube. Es ist der schwarze Mann unter der Treppe und keine Wirklichkeit. Sprich im stillen diese wundervollen Worte: *»Gott hat uns nicht den Geist der Furcht gegeben, sondern den Geist der Kraft und der Liebe und der Besonnenheit.«* (2. Timotheus 1:7)

Der zweite Schritt: Du überwindest die Furcht durch den Glauben an Gott und alles Gute. Glaube ist weder ein Lehrsatz noch ein Dogma oder eine Religion. Glaube ist eine Denkweise. Es ist eine positive mentale Einstellung. Glaube ist vital. Er ist eine tiefe, fest verwurzelte Überzeugung von Gottes Wirksamkeit. Glaube ist auch die größte Medizin der Welt. Nimm jetzt diese spirituelle Medizin des Glaubens ein. Sieh dir diese Worte an, wiederhole sie: *»Alles vermag ich durch den, der mich stark macht.«* (Philipper 4:13) »Gott ist jetzt bei mir. Gott und seine heiligen Engel sind immer bei mir. Ich bin umgeben von einem Kreis göttlicher Liebe.« Diese Worte graben sich jetzt in dein Gemüt ein, Gehirn und Unterbewußtsein nehmen sie auf. Wiederhole diese kraftvollen Bejahungen, und die Furchtgedanken werden dich verlassen.

Der dritte Schritt: Wenn Furchtgedanken kommen, dann denke an Gott. Stell dir vor, du ruhtest jetzt in den Armen des allmächtigen Gottes, so wie du als Kind in den liebevollen Armen deiner Mutter geruht hast. Sage liebevoll zu dem Vater in deinem Innern: »Gott, ich gehe jetzt meiner Beschäftigung nach, und Du gehst mit mir. Deine Liebe, Dein Licht und Deine Kraft beruhigen, führen und segnen mich in jeder Weise. Ich liebe meinen Vater, und mein Vater liebt mich. Mein Vater ist Gott. Es ist wunderbar.«

Überwindung der Sorge

Sorgegedanken entstehen immer aufgrund mangelnden Gottvertrauens. Der Mensch, der sich sorgt, erwartet immer, daß etwas schiefgeht. Er brütet über und sorgt sich um Dinge, die sich niemals ereignen. Ein solcher Mensch wird dir sämtliche Gründe aufzählen, weshalb sich etwas Schlimmes, aber keinen einzigen Grund, weshalb sich etwas Gutes ereignen müsse. Diese konstanten Sorgen schwächen sein gesamtes System und resultieren in physischen und mentalen Störungen.

Du kannst von Sorgen geheilt werden. Verbringe keine Zeit mit der Betrachtung deiner Schwierigkeiten und Probleme. Hör auf mit allem negativen Denken. Dein Geist arbeitet nicht richtig, wenn er angespannt ist. Die Anspannung läßt jedoch sofort nach, wenn du angesichts eines Problems eine angenehme Tätigkeit beginnst. Du darfst das Problem nicht bekämpfen, aber du kannst es *überwinden.*

Um den Druck zu vermindern, kannst du spazierenfahren oder -gehen, dich mit einem Gesellschaftsspiel beschäftigen oder eines deiner Lieblingskapitel in der Bibel lesen, wie das elfte Kapitel der Hebräer, oder den ersten Korintherbrief

Kapitel 13, oder den 46. Psalm. Lies das alles mehrmals ruhig und gründlich, dann wird sich eine innere Ruhe über dich ausbreiten, und du bist bereit, wirksam zu beten.

Drei Schritte, um die Furcht zu überwinden

Der erste Schritt: Wende dich jeden Morgen gleich nach dem Erwachen an Gott, so wie du dich an einen liebenden Vater wenden würdest. Entspanne deinen Körper, dann sprich mit Gott, der einzigen Gegenwart und einzigen Macht. Werde wie ein kleines Kind. Das bedeutet, daß du die Gegenwart Gottes in deinem Innern erkennst und ihm vollkommen vertraust. *»Gott in deiner Mitte, der alle deine Gebrechen heilt.«* (Psalm 103:3)

Der zweite Schritt: Tief in deinem Herzen bist du dir jetzt bewußt, daß du deine Probleme oder Schwierigkeiten dieser Macht präsentieren kannst, und daß die Weisheit Gottes sie für dich lösen wird. Sage liebevoll: »Vater, ich danke dir für diesen wundervollen Tag. Es ist Gottes Tag. Er ist angefüllt mit Freude, Frieden, Glück und Erfolg für mich. In freudiger Erwartung blicke ich auf diesen Tag. Die Weisheit und das Verständnis Gottes wird den ganzen Tag über mein Denken beherrschen. Gott ist mein Partner. Alles, was ich anpacke, wird auf wunderbare Weise von Erfolg gekrönt sein. Ich glaube an Gott, ich vertraue Gott.«

Der dritte Schritt: Du verfügst jetzt über Glauben und volles Vertrauen. Nun laß los und laß Gott durch dich wirken. Mach dir immer bewußt, während du durch deinen Tag gehst: »Dies ist der Tag, den Gott für mich gemacht hat. Göttliches, rechtes Handeln bestimmt jetzt mein Leben.«

Wie der Psalmist sagt: »Dies ist der Tag, den der Herr macht. Wir wollen uns freuen und fröhlich in ihm sein.« (Psalm 118:24)

Verlangen – die Gabe Gottes

Gott spricht zu dir durch dein Bedürfnis. Alle Dinge beginnen mit einem Bedürfnis, manchmal auch Quelle alles Handelns genannt. Während du dies hier liest, hast du in dir den Wunsch oder das Verlangen, größer zu sein als du bist. Das ist ein kosmisches Verlangen in dir, das durch dich zum Ausdruck kommen will. Das Leben ist bestrebt, durch dich Einheit, Vollkommenheit, Liebe und Schönheit zum Ausdruck zu bringen. Du bist ein Instrument der Göttlichkeit, ein Kanal für Leben und Liebe. Du bist hier, um die gefangene Herrlichkeit in dir freizusetzen.

Ohne ein Verlangen könntest du dich nicht aus deinem Sessel erheben. Die Menschen haben das Verlangen nach einer schützenden Behausung, also machten sie sich daran, Häuser zu bauen, um sich vor den Auswirkungen der rauhen Jahreszeiten zu schützen. Der Mensch senkte Getreidesaaten in die Erde, weil er ein Verlangen nach Nahrung für sich und die Seinen hatte.

Auch du hast ein vorherrschendes Verlangen – jetzt in diesem Moment. Vielleicht nach Gesundheit, einem wahren Platz oder Überfluß. Wenn unangemessen lange aufrechterhalten, resultiert Verlangen in Frustration und Krankheit. Sich etwas Gutes über einen längeren Zeitraum hinweg zu wünschen, ohne es zu erlangen, verursacht ein Dahinschwinden in Geist und Körper. Deshalb solltest du lernen, dein Verlangen durch Gebet Wirklichkeit werden zu lassen. Die Verwirklichung deines Verlangens ist dein Erlöser.

Drei Schritte zur Wunschverwirklichung

Der erste Schritt: Dein Verlangen nach Harmonie, Frieden, Gesundheit, einem wahren Platz, Reichtum usw. ist die Stimme Gottes, die zu dir spricht. Sage dir still und von ganzem Herzen: »Mit Gott sind alle Dinge möglich.« Gott ist der lebendige, allmächtige Geist in deinem Innern, aus dem alle Dinge strömen.

Der zweite Schritt: Ich bin mir meines Begehrens bewußt. Ich weiß, daß das von mir Ersehnte im Unsichtbaren bereits existiert. Ich nehme es jetzt als mein eigen in Besitz. Ich akzeptiere es in meinem Bewußtsein. Ich habe mein Begehren nun in das schöpferische Medium in mir entlassen, welches die Quelle aller Dinge ist. Ich weiß, daß mein Begehren jetzt meinem tieferen Bewußtsein aufgeprägt wird. Was aufgeprägt wird, muß ausgedrückt werden. Das ist die Wirkungsweise meines Gemüts.

Der dritte Schritt: In meinem Innern erlebe und spüre ich die Wirklichkeit meines erfüllten Wunsches. Ich bin im Frieden. In meinem Herzen weiß ich, daß sich das, was ich als wahr annehme, im Äußeren verwirklichen wird. Ich bin glücklich und dankbar. Mein ganzes Sein ist erfüllt von der Freude über die Wirklichkeit des erfüllten Wunsches. Ich bin im Frieden. Gott ist Frieden.

Die glückliche Ehe

»Was Gott zusammengefügt hat, das soll der Mensch nicht scheiden.« Mann und Frau sollten jeder mit Gott und allem Guten verehelicht sein. Mann und Frau sollten niemals »die Sonne ob ihres Zornes untergehen lassen«. Geringfügige Irritationen, die aus kleinen Meinungsverschiedenheiten herrühren, sollten niemals in den anderen Tag getragen werden. Seid sicher, daß ihr einander jede Schärfe oder Heftigkeit vergeben habt, bevor ihr euch des Nachts zurückzieht.

Eine glückliche Ehe ist gewährleistet, wenn jeder im anderen den Christus sieht. Beginnt *jetzt*, die Gegenwart des lebendigen Gottes im anderen zu sehen. Sag dir jetzt: »Ich grüße die Göttlichkeit in meinem Mann« oder »in meiner Frau«, je nachdem. Sagt euch gegenseitig: »Ich weiß deine Tätigkeit zu schätzen, und ich strahle den ganzen Tag lang Liebe und guten Willen zu dir aus.« Nimm deinen Ehepartner nicht als Selbstverständlichkeit hin, zeige ihm deine Wertschätzung und deine Liebe.

Anstelle von Verurteilung, Kritik und Nörgelei, denke Wertschätzung und guten Willen. Denke an die biblische Mahnung: *»Wenn der Herr nicht das Haus baut, so arbeiten umsonst, die daran bauen.«* (Psalm 127:1) Ein friedvolles Heim und ein glückliches Eheleben läßt sich nur auf der Basis von Liebe, Schönheit, Harmonie, gegenseitigem Respekt und Vertrauen in Gott und alles Gute errichten.

Sage dir von ganzem Herzen: »Meine Ehe ist durch Liebe geheiligt.« Mann und Frau sollten immer miteinander beten, mindestens einmal am Tag, vorzugsweise vor dem Schlafengehen. Das wird Frieden im Heim und in den Herzen etablieren, denn Gott ist Frieden.

Drei Schritte zu einer glücklichen Ehe

Der erste Schritt: Am Anfang ist Gott. Gleich nach dem Erwachen am Morgen bejahe, daß Gott dich auf all deinen Wegen führt. Sende liebevolle Gedanken aus, Gedanken des Friedens, der Harmonie und der Liebe zu deinem Ehepartner, allen Familienmitgliedern und der ganzen Welt.

Der zweite Schritt: Sprich eine Danksagung beim Frühstück. Sage Dank für die gute Mahlzeit, für deinen Überfluß und all deine Segnungen. Stelle sicher, daß keine Probleme, Sorgen oder Streitereien in die Tischgespräche eindringen. Dasselbe gilt für die anderen Mahlzeiten.

Der dritte Schritt: Mann und Frau sollten sich beim Beten

des Abends abwechseln. Haltet die Bibel in Reichweite. Lest den 23., 91. und den 27. Psalm, das elfte Kapitel der Hebräer, das 13. Kapitel des 1. Korintherbriefes und andere große Texte des Neuen Testaments, bevor ihr euch dem Schlaf überlaßt. Sagt im stillen: »Danke, Vater, für all die Segnungen des Tages. Den Seinen gibt's der Herr im Schlaf.«

Das Geheimnis des Gemütsfriedens

Das heißt, daß du dich im Gebet an Gott wendest und dir bewußt bist, daß sein Friede und seine Liebe nun deinen Geist und dein Herz durchströmen. Das Gebet, oder anders ausgedrückt, diese stille Zwiesprache mit dem Gott in deinem Innern verändert deinen Charakter. Das Gebet macht dich zu einem anderen Menschen.

Der Begriff *Gebet* muß als eine Bejahung verstanden werden, die jede Form der Zwiesprache mit Gott beinhaltet, laut gesprochen oder gedacht.

Gemütsfrieden wird erreicht durch ein wirkliches Gewahrsein der Gegenwart Gottes im Innern. Bei dem Versuch, sich als Friedensstifter im Leben anderer zu betätigen, ist unsere persönliche Meinung üblicherweise unzutreffend. Durch Eingreifen in ihre Zwistigkeiten trägt man zumeist nur zur Verschlimmerung der Zustände bei. Durch bloßes Beilegen der Differenzen oder Schließen eines Kompromisses, dem beide Parteien zustimmen, wird kein wahrer Frieden geschaffen, denn sie haben einander nicht völlig vergeben. Der beste Weg, Streitigkeiten dieser Art zu heilen, ist das stille Gebet.

Sei dir bewußt, daß die Weisheit, die Liebe und der Frieden Gottes Gemüt und Herz aller Beteiligten durchströmt, und der Ärger wird sich auf eine wundervolle Weise auflösen. *»Selig sind, die Frieden stiften, denn sie werden Gottes Kinder heißen.«* (Matthäus 5:9)

Drei Schritte, um Gemütsfrieden zu erlangen

Der erste Schritt: Mache dir bewußt, daß Gott Frieden ist, und daß er in deiner Mitte wohnt, und daß du dieser göttlichen Eigenschaft des inneren Friedens jetzt Ausdruck gibst. Sag dir einige Male im stillen: »Der Friede Gottes, der jedes Verständnis übersteigt, überflutet jetzt mein Gemüt und mein Herz.«

Der zweite Schritt: Du mußt wissen, daß das, was du unentwegt praktizierst, Bestandteil deines Bewußtseins ist. Sage dir mehrmals am Tag: »Ich weiß, daß ich Gemütsfrieden habe, denn ich etabliere Gedanken des Friedens, der Harmonie und des guten Willens in meinem Gemüt. Mit diesen Gedanken lebe ich den ganzen Tag.«

Der dritte Schritt: Lies den 23. Psalm jeden Abend vor dem Schlafengehen. Entspanne deinen Körper und sage: »Ich etabliere jetzt in meinem Gemüt Gedanken des Friedens, der Liebe und des guten Willens. Gott ist mein Hirte, und Gottes Fluß des Friedens durchströmt mich jetzt. Im Frieden überlasse ich mich jetzt dem Schlaf, denn du, Herr, läßt mich in Sicherheit verweilen.«

Eine bessere Zukunft für dich

Du weißt, was Jakobus sagte: »Glaube ohne Werke ist tot.« Du mußt deinen Glauben demonstrieren. Glaube ist eine Denkweise, eine Geisteshaltung, eine positive, bejahende Einstellung dem Leben gegenüber.

Wenn du zum Beispiel in freudiger Erwartung des Besten lebst, wird das Beste mit unfehlbarer Sicherheit zu dir kommen. Du demonstrierst der Welt, daß du an alle guten Dinge glaubst.
Lebe in der festen Überzeugung deines Einsseins mit Gott, mit dem Leben und mit dem Universum. Dann wirst du entdecken, daß du wunderbare Menschen zu dir heranziehst, größeren Wohlstand und ein verstärktes Gewahrsein der Weisheit Gottes. Verlange an jedem Tag deines Lebens, daß die göttliche Intelligenz deine Schritte auf dem richtigen Weg leitet. Mache dir bewußt, daß Gott die Quelle deiner Versorgung ist. Er ist der Geber jeder vollkommenen Gabe. Sei dir darüber im klaren, daß alle deine Bedürfnisse erfüllt werden und immer ein göttlicher Überschuß vorhanden ist.
Um Frieden und Harmonie zu erlangen, sage jeden Morgen beim Aufwachen von ganzem Herzen: »Gottes Frieden, der Frieden, der jedes Verständnis übersteigt, erfüllt mein Gemüt und mein Herz.« Paulus sagte, daß denen, die Gott lieben, alle Dinge zum besten dienen. Gott und das Gute sind synonym. Du bist auf alle gottgleichen Dinge eingestimmt. Denk daran: *»Ist jemand in Christus, so ist er eine neue Kreatur.«* (2. Korinther 5:17)

Drei Schritte zu einer besseren Zukunft

Der erste Schritt: »Gedenke an Ihn auf allen deinen Wegen, so wird Er dich recht führen.« (Sprüche 3:6) Vertraue Ihm und glaube an Ihn, und Er wird es geschehen lassen. Wende dich an den Gott in deinem Innern. Bejahe, daß Gott alle deine Angelegenheiten beherrscht.
Der zweite Schritt: Mache dir klar, daß der einzige Weg, sich den Lebensgesetzen anzugleichen, und mit anderen Menschen auszukommen, darin besteht, diese zu lieben.

Laß dein Herz von Liebe und gutem Willen gegenüber allen in deinem Wahrnehmungsbereich motiviert sein. Bete um Frieden und Wohlergehen für all jene, mit denen du in Kontakt bist.
Der dritte Schritt: Du mußt dir eine definitive Geisteshaltung für den Erfolg zu eigen machen. Wenn du mit einem Problem konfrontiert bist, dann erkenne, daß die unendliche Intelligenz Gottes dir den vollkommenen Plan offenbart und den einzuschlagenden Weg zeigt. Wenn du dich schlafen legst, sage: »Gott kennt die Antwort.« Dann *fühle* die Freude des beantworteten Gebets.

Überwinden von Irritationen

»Wer sich selbst nicht beherrscht, ist wie eine Stadt mit durchbrochenen Mauern.« (Sprüche 25:28) – *»Größer ist der, der seinen Geist beherrscht, als der, der eine Stadt einnimmt.«* (Sprüche 16:32)
Für ein voll ausgeschöpftes und glückliches Leben ist die Gefühlskontrolle unerläßlich. Um jedoch die Emotionen und eventuelle Temperamentsausbrüche in den Griff zu bekommen, ist die absolute Gedankenkontrolle erforderlich. Um es klar zu sagen: Auf andere Weise kannst du keinen inneren Frieden finden. Deine Willenskraft oder zwanghafte Zügelung bewirken da nichts. Gewaltsame Zornesunterdrückung ist hier nicht der Weg.
Die Antwort besteht darin, gottgleiche Gedanken im Gemüt zu etablieren, sich mental mit Konzepten des Friedens, der Harmonie und des guten Willens zu befassen. Halte deine Gedanken eisern unter Kontrolle. An die Stelle der Furchtgedanken setze solche der Liebe und denke Frieden statt Mißklang.

Du kannst deine Gedanken auf eine harmonische Linie bringen. Kommt beispielsweise etwas Unerfreuliches in deinen Wahrnehmungsbereich, du siehst oder hörst also etwas, das dich stört oder ärgert, und du bist geneigt, einer Irritation nachzugeben, sage dir automatisch: »Der Frieden Gottes, der jedes Verständnis übersteigt, überflutet jetzt mein Gemüt, meinen Körper und mein ganzes Sein.« Wiederhole diesen Satz mehrmals während einer Streßperiode, und du wirst finden, daß alle Anspannung und aller Ärger schwindet.
Erfülle dein Gemüt mit Liebe, dann können negative Gedanken nicht eindringen. Macht jemand dir gegenüber eine unfreundliche oder kritische Bemerkung, dann denke an eine einfache Wahrheitsfeststellung, wie: »Gott ist Liebe. Er führt mich zu den stillen Wassern.« Dann wird Frieden dich überkommen und du wirst diesen Frieden ausstrahlen.

Drei Schritte zum Überwinden von Irritationen

Der erste Schritt: Sage dir gleich nach dem Erwachen am Morgen: »Dies ist Gottes Tag. Es ist ein neuer Tag für mich, ein neuer Anfang. Die wiederherstellende, heilende, besänftigende, liebende Kraft Gottes durchströmt mich und bringt jetzt meinem Gemüt und Körper anhaltenden Frieden.«
Der zweite Schritt: Solltest du durch ein geschäftliches Problem oder irgendeine Person irritiert sein, denke sofort an Seine heilige Gegenwart. Sage dir: »Gott ist den ganzen Tag mit mir. Sein Frieden, seine Führung und seine Liebe befähigen mich, alle Probleme ruhig und friedlich zu bewältigen.«
Der dritte Schritt: Strahle auf alle Menschen in deinem Wahrnehmungsbereich Liebe aus. Bejahe, daß sie alle ihr Bestes tun. Sag dir: »Ich wünsche ihnen Frieden, Harmonie

und Freude. Ich grüße den Gott in ihnen.« Und du kannst gewiß sein, daß Gott und seine Liebe zum Vorschein kommen.

Deine spirituelle Wiedergeburt

Wenn du von den Stürmen des Lebens hin- und hergeworfen wirst, und es den Anschein hat, daß dein Schiff im Begriff ist zu kentern, dann ist es Zeit, den Christus in dir zum Vorschein zu bringen. Auf diese Weise wirst du spirituell wiedergeboren. Rufe dir ins Gedächtnis zurück, daß Gott in dir ist, daß er dein eigentliches Leben ist. »Näher ist Er als der Atem, näher ist Er als Hände und Füße.« Sei dir bewußt, daß mit Gott alle Dinge möglich sind. Wisse, daß die Gotteskraft in dir in der Lage ist, mit jeder Schwierigkeit fertigzuwerden. Statt immer wieder an die Schwierigkeit zu denken, verweile im Bewußtsein, im Frieden und der Harmonie Gottes, und die vollkommene göttliche Lösung wird folgen.

Wenn Gedanken an die Schwierigkeiten auf dich einstürmen, sage: »Friede sei still.« Dann wirst du vom Frieden Gottes erfüllt sein. Übergib deine Lasten (deine Probleme) der Gottesweisheit in deinem Innern, in der festen Überzeugung, daß die perfekte Lösung auf Gottes eigenen Wegen zu dir kommen wird. Wenn du das im Glauben und Vertrauen tust, wird der Sturm oder die Anspannung vergehen, und eine große Ruhe wird dich überkommen. Das ist der Friede, der jedes Verständnis übersteigt. Wenn du in Begrenzung, Krankheit und Bedrängnis lebst, dann ist das Gebundenheit und Beschränkung. Das heißt, du bist in der Dunkelheit gefangen, soweit es die höhere Seite des Lebens und deine gewaltigen Möglichkeiten betrifft. Wenn du auch nur einen flüchtigen Blick auf die höheren Tatsachen wirfst, wird die alte Denkweise aufhören, und dein Christus oder inneres Leben wird von den Toten (oder dem begrenzten Zustand) auferstehen.

Etabliere die Konzepte des Friedens, der Harmonie und des Erfolgs in deinem Gemüt, beschäftige dich in deinem Bewußtsein mit ihnen, und du wirst finden, daß dein Körper und die Umstände deine innere mentale Einstellung widerspiegeln. Das ist die Neugeburt der Freiheit. Entferne aus deinem Gemüt alle Vorurteile, jegliche Täuschung, jede Eifersucht, und öffne es statt dessen dem Licht der Liebe Gottes und seiner Inspiration. Die Liebe Gottes belebt dich und durchdringt dein ganzes Sein. Das ist die Geburt Gottes in dir.

Drei Schritte zu deiner spirituellen Wiedergeburt

Der erste Schritt: »Ich sah einen neuen Himmel und eine neue Erde.« Ich weiß jetzt, daß die Liebe Gottes meine Seele durchdringt. Mein Herz fühlt die Gegenwart Gottes, denn ich strahle Liebe auf alles und jeden aus.

Der zweite Schritt: Jedesmal, wenn ein negativer, ängstlicher oder kritischer Gedanke von mir Besitz ergreifen will, sage ich: »Gott ist mit mir.« Das beseitigt die Negativität, denn meine Seele ist angefüllt mit Liebe zu allem und jedem.

Der dritte Schritt: Sei dir immer bewußt, daß Gott sich nie verändert. Gott ist in dir – dein liebender Vater –, der sagt: »Fürchte dich nicht, mein Kind, denn alles ist dein.«

Liebe ist Freiheit

Da traten Pharisäer an ihn heran, stellten ihn auf die Probe und fragten: Darf ein Mann aus jedem Grund seine Frau aus der Ehe entlassen? Er aber antwortete: Habt ihr nicht gelesen, daß der, der im Anfang den Menschen geschaffen hat, sie als Mann und Frau geschaffen und gesagt hat: Darum wird ein Mann Vater und Mutter verlassen und sich an seine Frau binden, und die beiden werden ein Leib sein? So sind sie nun nicht mehr zwei, sondern eins. Darum: Was Gott zusammengefügt hat, das soll der Mensch nicht scheiden... Wer seine Frau entläßt, es sei denn wegen Unzucht, und eine andere heiratet, der bricht die Ehe.« (Matthäus 19:3-6, 9)

Betrachten wir diese großen Wahrheiten einmal in einem neuen Licht. Gott ist Liebe, und wenn es die wahre Liebe im Herzen ist, die einen Mann und eine Frau miteinander vereinigt, dann ist es in Wirklichkeit Gott, der das Paar in einem heiligen Bund zusammengibt. Wenn zwischen zwei Menschen (die Gott zusammengefügt hat) eine wahre spirituelle Vereinigung besteht, dann gibt es keine Scheidung, weil sie nicht verlangt wird. Denn das Paar vermischt sich spirituell, mental und physisch.

Keine Institution auf Erden ist so heilig wie das Heim, das man sich bereitet, und kein Gelübde so wundervoll wie jenes, das man bei der Trauungszeremonie abgibt. Die wahre Ehe ist die heiligste aller irdischen Institutionen. Man sollte sie nur ehrfürchtig, wohldurchdacht und mit einem tiefen Verständnis ihrer spirituellen Bedeutung eingehen. Die Ehe ist ein Zusammenklang göttlicher Ideen, harmonisch und rein. Harmonie, Ehrlichkeit, Liebe und Integrität müssen die vorrangigen Eigenschaften im Herzen beider Eheleute sein. Aus diesem inneren Zustand bewußter Einheit, in diesen essentiellen Charaktereigenschaften erwächst in einer glücklichen Ehe der entsprechende äußere Zustand, der das Äußere nach dem Inneren gestaltet – friedvoll, freudig und harmonisch.

Die Ansprüche der Egozentrik

Wenn ein Mann mit einer Frau eine Ehe eingeht, und das nur aufgrund ihres Reichtums, ihrer gesellschaftlichen Stellung, ihrer Beziehungen zu den politisch Mächtigen, oder auch nur wegen ihres attraktiven Äußeren, befriedigt er damit im Grunde nur sein Ego. Es ist dies also keine wirkliche Ehe, sondern im Gegenteil Heuchelei und eine Farce. Das gleiche gilt natürlich umgekehrt, wenn eine Frau einen Mann aufgrund seines Berufs, oder nur um finanziell gesichert zu sein, heiratet, kurz aus jedem anderen Grund als wirklicher Liebe – eine solche Heirat ist falsch und lediglich eine Maskerade. Solche Ehen werden nicht im Himmel geschlossen, d.h., sie bringen weder Harmonie noch göttliches Verständnis zum Ausdruck.
Ich hatte schon oftmals Gelegenheit, Männer und Frauen im sogenannten fortgeschrittenen Alter zu trauen. Manche von ihnen waren zwischen fünfundsiebzig und fünfundachtzig Jahren, chronologisch gesehen. Das Feuer sexuellen Verlangens war in vielen dieser Fälle nicht mehr gegeben. Nichtsdestoweniger hat Gott (die Liebe) sie aus einem einfachen Grund zusammengefügt. Sie waren im Umgang miteinander ehrlich, aufrichtig und wahrheitsgetreu. Sie

suchten eine liebevolle Zweisamkeit mit dem Wunsch, ihre Freuden und Erfahrungen miteinander zu teilen. Ehrlichkeit, Aufrichtigkeit, Integrität und Gerechtigkeit sind Kinder der Liebe, und wenn diese bereits bei der Eheschließung nicht vorhanden sind, ungeachtet des Alters der Beteiligten, handelt es sich um keine wahre Ehe.

Ein Pastor, Rabbiner oder Priester, der eine Trauungszeremonie vollzieht, sanktioniert weder diese Ehe, noch macht er sie rechtsgültig. Er bestätigt lediglich objektiv das, was der Mann und die Frau bereits subjektiv als wahr empfinden, nämlich die Vereinigung zweier Seelen, die ihren Weg zurück zum Herzen Gottes suchen.

Wie oft nun ist eine Eheschließung eine wirkliche spirituelle Vereinigung, bei der die Vertragspartner sich spirituell, mental und physisch vereinigen? Wie oft dagegen ist es nur eine gesetzlich vorgeschriebene Zeremonie, deren Bedeutung beide Ehepartner schon nach wenigen Wochen nach besten Kräften lahmzulegen beginnen. Denken wir daran: Gleiches zieht Gleiches an, und wenn du den richtigen Partner oder die richtige Partnerin zu dir heranziehen willst, dann wende die bewährte spirituelle Methode an: Bring deine Gedanken zur Ruhe, denke klar und mit Interesse an die Vorzüge und Eigenschaften, die du an ihm oder ihr bewunderst. Verweile mental bei den Charakterzügen, die du dir bei ihm oder ihr wünschst, ein glückliches Naturell, spirituelle Loyalität, Treue, Ehrlichkeit, Talent und ein Prosperitätsbewußtsein. Diese Eigenschaften sinken nach und nach in dein Unterbewußtsein und werden von der unendlichen Intelligenz übernommen. Das geschieht jedesmal, wenn du auf diese Weise bejahst. Und als Resultat wirst du mit unfehlbarer Sicherheit den richtigen Gefährten zu dir heranziehen.

Der Mensch, den du heranziehst, wird genau dem Ideal entsprechen, über das du meditiert hast. Ihr werdet vollkommen miteinander harmonieren, ihr seid von gegenseitiger Liebe getragen, von Respekt und Freiheit, das ist »die Ehe, die im Himmel geschlossen wurde« oder »Frieden und Verständnis«.

Soll ich mich scheiden lassen?

Zuweilen taucht die Frage auf: »Soll ich mich scheiden lassen?« Dies ist ein individuelles Problem. Es kann nicht verallgemeinert werden. In einigen Fällen ist die Scheidung ebensowenig eine Lösung wie sie eine Eheschließung für einen Einsamen ist. Eine Scheidung mag für den einen richtig und für den anderen falsch sein. Eine geschiedene Frau kann bei weitem nobler und gottgleicher sein als viele ihrer Mitschwestern, die in einer Lüge leben, statt der Wahrheit ins Gesicht zu sehen. Die üblichen Entschuldigungen und Ausreden sind bekannt. Eine Scheidung wäre schlecht für Johns Geschäft, oder die Nachbarn würden reden, und überhaupt wäre es eine schlechte Handlungsweise usw. Eine unter diesem Gesichtspunkt aufrechterhaltene Ehe ist in Wahrheit nur eine Farce.
Vor kurzem sprach ich mit einer Frau, die von ihrem Ehemann aufs schlimmste getäuscht worden war. Er hatte vor der Heirat fälschlicherweise behauptet, Repräsentant eines großen Konzerns an der Ostküste zu sein. Desweiteren behauptete er, ledig zu sein und auch ihrer Kirche anzugehören – alles Lügen. Es stellte sich vielmehr heraus, daß er vorbestraft, Frauen gegenüber gewalttätig war und noch zur Zeit der Eheschließung mit einer anderen Frau zusammenlebte. Sie hatte ihm eine beträchtliche Geldsumme angewiesen und damit seinen Appetit auf mehr geweckt, und das war der eigentliche Grund für die Heirat. Eine Schei-

dung stand für sie außer Frage. Sie hielt das für eine Sünde. Dennoch sehnte sie sich nach Freiheit und Gemütsfrieden. Ich erklärte ihr, daß sie im Grunde überhaupt nicht verheiratet war, daß es sich bei einer solchen Heirat einfach nur um eine Täuschung und um eine Farce handelte. Daß sie praktisch eine Unwahrheit lebte. Ich konnte sie überzeugen, und sie beauftragte daraufhin ihren Anwalt, das Scheidungsverfahren einzuleiten und diese auf Betrug basierende Verbindung zu lösen.

Ich erinnere mich an einen Fall während des Krieges, als sich ein junges Mädchen des Abends fürchterlich betrunken hatte, was zu einem völligen black-out führte, und sich am nächsten Morgen im Besitz einer Heiratslizenz wiederfand. Sie hatte einen Eingeborenen einer Pazifik-Insel geheiratet. Der erlittene Schock machte eine psychiatrische Behandlung notwendig. Die Ehe wurde selbstverständlich sofort aufgelöst.

Viele Menschen sind verwirrt und leiden unter einem Schuldkomplex, der auf einer Fehlinterpretation des folgenden Bibeltextes beruht: »*Wer seine Frau entläßt, es sei denn wegen Unzucht, und eine andere heiratet, der bricht die Ehe.*« (Matthäus 19:9) Die Bibel sagt auch: »*Wer eine Frau ansieht und sie begehrt, der hat in seinem Herzen schon mit ihr die Ehe gebrochen.*« (Matthäus 5:28)

Hier wird uns gesagt, daß Ehebruch eine Sache des Herzens und des Bewußtseins ist. Das Herz ist der Sitz der Emotionen, die Gefühlsnatur, das subjektive Bewußtsein. Jede Handlung des Körpers wird von einer Bewegung des Bewußtseins bestimmt. Vor hundert Jahren wies Phineas Parkhurst Quimby darauf hin, daß unser Körper sich so bewegt, wie er von unserem Bewußtsein bewegt wird, und daß der Körper so handelt, wie auf ihn eingewirkt wird.

Der Begriff Ehebruch bedeutet in biblischer Sprache, daß man seine Aufmerksamkeit und Ergebenheit falschen Göttern zuwendet anstatt dem einzigen wahren Gott – dem lebendigen, allmächtigen Geist im Menschen, der alles überragenden und beherrschenden Macht. Die Bibel ist ein psychologisches Dokument, das uns klarmacht, daß, wenn der Mensch die Slums in seinem Bewußtsein besucht und sich mit mentalen Mördern abgibt – wie da sind: Haß, Groll, Zorn oder Übelwollen –, er ein Verhältnis mit dem Übel eingegangen ist und sich somit des Ehebruchs schuldig gemacht hat. In biblischer Sprache ist er bereits geschieden, weil er sich von Gott getrennt hat. Er ist ein geistiges Verhältnis mit dem Übel eingegangen und ist nicht länger mit Frieden, Harmonie, Liebe und Verständnis vermählt.

Der wahre Ehebruch

Der Mensch begeht Ehebruch, wenn er sich mental und emotional mit falschen Konzepten vereinigt, sich Zorn- und Grollgefühlen hingibt oder mißmutige Stimmung verbreitet. Wenn Männer und Frauen sich mental von ihren Ehegelübden entfernt haben, wird sich auch bald im äußeren Bereich eine Scheidung vollziehen. Die subjektive Seite beherrscht immer die objektive Phase des Lebens.

Allein der Umstand, daß ein Mann und eine Frau im Besitz einer Heiratslizenz sind und in einem Haus zusammenleben, bedeutet noch nicht, daß dieses Haus auch ein wirkliches Heim ist. Vielleicht ist es ein Ort, an dem Mißklang und Haßgefühle vorherrschen. Wenn zum Beispiel ein Kind da ist, und die Eltern nichts von den Gesetzen des Lebens wissen, ist es besser, eine solche Beziehung abzubrechen, als das kindliche Gemüt Mißstimmungen und Haßgefühlen auszusetzen. Das Bewußtsein eines Kindes wird oftmals von den Stimmungen und Gefühlen der Eltern beherrscht.

Das kann im Laufe der Jahre zu Neurosen führen und das Kind schließlich auf die schiefe Bahn bringen. Viel besser wäre es dann für das Kind, mit nur einem Elternteil zu leben, der es liebt, als mit zweien, die sich gegenseitig hassen und tagaus, tagein bekämpfen.
Viele Männer und Frauen haben mir gesagt, daß sie sich wegen »sexueller Sünden«, wie sie es nannten, schuldig fühlten. Sie waren der Meinung, daß Gott ihnen das nicht verzeihen würde. Ich erklärte ihnen, daß Gott das Lebensprinzip ist und daß das Leben weder verdammt noch bestraft, daß sie sich vielmehr selbst verdammten und unnötigerweise entsprechend zu leiden hätten.
Gott ist das Lebensprinzip. Wenn du dir zum Beispiel den Finger verbrennst, dann weißt du recht gut, daß das Lebensprinzip dir vergibt, indem es das Ödem reduziert und dich mit einem neuen Gewebe versieht. Das Leben hegt keine Grollgefühle gegen dich, weil du dich verbrannt hast. Es formt vielmehr ein Blutgerinsel, bildet neue Zellen und erschafft eine neue Haut. Wenn du verdorbene Nahrung zu dir genommen hast, dann vergibt dir das Leben, indem es dich veranlaßt, diese wieder von dir zu geben und damit dein System von möglichen Lebensmittelgiften zu reinigen. Das Leben ist immer bestrebt, dich zu erhalten. Das ist die Bedeutung der Feststellung »Gott verdammt und bestraft dich nicht«. Wir bestrafen uns selbst durch den Mißbrauch unseres Unterbewußtseins.
»›Wo sind deine Ankläger? Hat dich niemand verdammt?‹ Sie antwortet: ›Niemand, Herr.‹ Da sagte Jesus: ›Dann verdamme ich dich auch nicht. Gehe hin und sündige nicht mehr.‹« (Johannes 8:10-11)
Die uneheliche Mutter oder die Hure, die von der Welt verdammt oder gesteinigt (abgelehnt) wird, kann sich an die Gottesgegenwart in ihrem Innern wenden und Freiheit und Gemütsfrieden beanspruchen. Sie ist sich bewußt, daß Gott

niemanden verdammt. *»Deine Augen sind zu rein, als daß sie Böses ansehen könnten, und dem Argen vermagst du nicht zuzuschauen.«* (Habakuk 1:13) Gesellschaft und Welt mögen sie verurteilen. Sie könnte sich auch der Selbstkritik und Selbstanklagen hingeben. *»Richtet doch der Vater niemanden, sondern hat alles Gericht dem Sohn übergeben.«* (Johannes 5:22)

Der Sohn ist dein Bewußtsein. Das ist der Ort, an dem du das Urteil über dich fällst, durch die Gedanken, die du unterhältst. Gott, das Absolute, weiß nichts von unseren Fehlern und Befürchtungen. Du vergibst dir selbst, indem du dir die Stimmung des Friedens, der Liebe und der Harmonie für die Stimmung der Verzweiflung, der Schuldgefühle und Selbstanklagen gibst. Wende dich völlig von der Vergangenheit ab und trenne dich voll und ganz von deiner früheren Lebensweise. Vereinige dich mental und emotional mit deinem Ziel: Frieden, Würde, Glück und Freiheit. Wenn du das tust, wird Gott und seine Herrlichkeit dir sofort antworten. Eine Welle des Friedens wird dein Gemüt ergreifen, wie der Tau des Himmels, und die Schatten und Furchtgefühle werden schwinden. Wenn du aufhörst, dich selbst zu verdammen, wirst du feststellen, daß auch die Welt dich nicht verdammen kann.

Alles, was Gott geschaffen hat, ist gut. Auch die Sexualität und alles andere von Gott Erschaffene ist gut. *»Und er schuf sie als Mann und Weib.«* (Genesis 1:27) – *»Darum wird ein Mann seinen Vater und seine Mutter verlassen und seinem Weibe anhangen, und sie werden sein ein Fleisch.«* (Genesis 2:24) In der Ehe gibt man sich dem anderen völlig hin – spirituell, mental und physisch. Der Sexualakt zwischen Mann und Frau sollte eine Liebeshandlung sein, und jeder der beiden sollte sich klar darüber sein, daß die Liebe von Gott ist und daß dieser Liebe auch Kinder entspringen können. Der sexuelle Instinkt steht nicht im Gegensatz zu

spirituellen Impulsen. Der Sexualtrieb muß lediglich konstruktiv, harmonisch und liebevoll kanalisiert werden. Reine Lust ist keine Liebe. Der normale Sexakt zwischen zwei Ehepartnern beinhaltet jedoch ein echtes Gefühl der Liebe, die Essenz der Gattenliebe.
Viele verheiratete Paare haben eine falsche, negative Einstellung dem Sex gegenüber. Einige halten ihn für übel, schmutzig und häßlich, entweder aufgrund ihrer Erziehung oder eines sexuellen Schocks in der Kindheit. Eine solche Einstellung produziert oftmals Impotenz beim Mann und Frigidität bei der Frau.
Frauen haben mir oftmals gesagt, daß ihre Ehemänner materialistisch und sexgierig seien und daß sie sich überlegen fühlten, weil sie den Sexualakt verabscheuten und haßten. Das ist reine Rationalisierung und läßt auf unterbewußte Pestbeulen bezüglich der Sexualität schließen. Aller Wahrscheinlichkeit nach aufgrund früher Erziehung und falscher Interpretation der Schriften.
Eine entfernte Verwandte erzählte mir einmal, daß sie und ihr Mann sich vor dem Sexualakt zu einem Gebet sammelten. Daran ist selbstverständlich nichts falsch. Der Grund für ihre Gebete lag jedoch in der Tatsache, daß sie den Sexualakt als etwas Sündhaftes und Unreines ansahen und der Meinung waren, durch das Gebet jedes Übel in Verbindung mit dem Akt ausschließen zu können. Im Grunde hatte sie einen Abscheu vor Sex und war frigide. Sie sagte: »Ich liebe meinen Mann spirituell, aber nicht körperlich.« Sie trennte die sexuelle Liebe von der spirituellen.
Ich erklärte ihr, daß eine Ehe eine totale Vereinigung von Körper und Seele ist. *»Darum wird ein Mann... seinem Weibe anhangen, und sie werden sein ein Fleisch.«* (Genesis 2:24) Ich gab ihr die folgende Bejahung: »Ich liebe meinen Mann spirituell, mental, emotional und körperlich. Er ist von Gott, und ich strahle Liebe, Frieden und guten Wil-

len auf ihn aus. Die Liebe Gottes strömt von mir zu ihm, und unser Sex ist freudvoll, liebevoll und harmonisch. Zwischen uns existiert gemeinsame Liebe, Freiheit und Respekt.«

Nach einigen Wochen war ihre Frigidität verschwunden, und sie führten eine harmonische Ehe. Intuitiv wurde ihr eine große Wahrheit bewußt: Gott hat in ihr Herz den Wunsch gepflanzt, einen Mann anzuziehen, und umgekehrt in den Mann den Wunsch nach einer Frau.

Was Grollgefühle bewirken

Vor einigen Tagen sprach ich mit einer Frau, die im Begriff war, ihre achte Scheidung durchzuführen. Sie war aufs äußerste verbittert und voller Grollgefühle gegen ihren gegenwärtigen Mann wie auch gegen alle seine Vorgänger. Nach jeder Scheidung hatte sie wieder geheiratet, ohne dem Verflossenen vergeben und ihn geistig losgelassen zu haben. Daher war jeder neue Ehemann schlimmer als sein Vorgänger. Die vorherrschenden Grollgefühle in ihrem Innern haben dem Gesetz der Anziehung gemäß jedesmal dazu geführt, daß immer wieder gleichartige Typen in ihr Leben traten. Das Gefühl der Vergebung sich selbst und allen ihren früheren Ehemännern gegenüber brachte die Heilung. Sie war dadurch imstande, sich das mentale Äquivalent des Mannes zu vergegenwärtigen, den sie sich wünschte. Wenn man auf dem Klavier eine Taste anschlägt, dann reagieren alle Saiten, die mit dem betreffenden Ton in Harmonie schwingen. Sie können höher oder tiefer sein, aber sie sind ähnlich. So ziehst auch du die Menschen an, deren Eigenschaften deinen vorherrschenden Stimmungen und Konzepten entsprechen. Es handelt sich um Affinität oder

Anziehung, der von dir angeschlagenen Saite gemäß. Möglicherweise schlägst du einen Mißklang an, aber du beseitigst selbstverständlich nicht jeglichen Mißklang, nur um eine Harmonie herzustellen. Wenn du dein Bewußtsein im Gebet disziplinierst und der Geist der Vergebung von ihm Besitz ergreift, kannst du eine göttliche Melodie erklingen lassen.

Angenommen, ein Mann betrügt seine Frau. Würde er Liebe und Respekt für sie empfinden, hätte er überhaupt kein Verlangen nach einer anderen Frau. Wenn ein Mann sein wahres spirituelles Ideal in einer Ehe gefunden hat, dann verspürt er auch kein Verlangen nach einer anderen Frau. Liebe ist Einssein. Sie ist weder eine Dualität noch eine Multiplizität. Ein Mann, der Verhältnisse mit vielen Frauen anfängt, was auf widerstreitende Stimmungen schließen läßt, verehelicht sich mit vielen Konzepten, wie Frustration, Groll, Zynismus usw. Wenn du die wahre Liebe gefunden hast, hast du auch die Fülle des Lebens gefunden.

Man kann fragen: Weshalb haben Männer in früheren Kulturen mehrere Ehefrauen gehabt? Die Antwort: Weil die Erde damals unterbevölkert war und den früheren Vätern nichts besseres eingefallen war als die polygame Methode. Heutzutage sind wir spirituell erwacht und wissen, daß die Erde überbevölkert ist.

Der ewige Schürzenjäger hat im Grunde einen Minderwertigkeitskomplex. Er fühlt sich unsicher, und alle Frauen, mit denen er zu tun hat, fühlen sich ebenso unschlüssig, neurotisch und verwirrt. Im Grunde hört und sieht er seine eigenen inneren Schwingungen. »Vögel gleichen Gefieders fliegen zusammen.« – »Gleiches zieht Gleiches an.«

Nehmen wir einmal den Fall einer Frau, die eine Beziehung zu einem verheirateten Mann unterhält. Eine solche Frau war unfähig, sich einen Ehemann oder Freund zu verwirklichen. Aus ihrer Affäre bezieht sie lediglich eine Pseu-

do-Befriedigung, eine falsche Sensation, indem sie einer anderen Frau den Ehemann stiehlt. Auch sie hat einen Minderwertigkeitskomplex und ist unbeständig.
Durch Gefühle des Mangels und der Begrenzung degradiert der Mensch sich selbst. Seine Furchtgefühle übertragen sich auf seine Ehepartnerin, und sie reagiert entsprechend. Sie hat nun nicht mehr das frühere Bild von ihrem Ehemann, da er von sich selbst auch nicht mehr die gleichen Gefühle hat. Sie kann ihn nur so sehen, wie er sich selbst sieht. Umgekehrt kann auch er sie nur so sehen, wie sie sich selbst sieht.
Wenn ein Mensch sich erhaben, vornehm und würdevoll fühlt, erheischt er Respekt und bekommt ihn auch. Ein Mensch mit einer vorherrschenden Stimmung des Erfolgs und Glücks schweißt alle seine Familienmitglieder zusammen. Er übt einen geradezu zementierenden Einfluß auf sie aus. In diesem Haushalt herrscht Harmonie und Frieden.
Im pflanzlichen, tierischen und menschlichen Bereich spielt das Sexualleben eine beherrschende Rolle. Im Grunde ist es die Lebenskraft, die sich in all ihren vielfältigen Formen Ausdruck zu schaffen sucht. Der Sexualtrieb wirkt in dir durch deine Talente, deine Fähigkeiten, deine Gefühle und dein Verlangen. Jedesmal, wenn du über die Wahrheiten Gottes oder über eine Idee meditierst und in die Gefühlsnatur eindringst, d.h., das Gefühl dafür bekommst, handelt es sich um eine Phase der Sexualität. Dein Hunger und Durst nach Wahrheit, dein spirituelles Gewahrsein und Verständnis sowie dein intensiver Wunsch, mehr und mehr von der Güte Gottes im Land der Lebenden (deinem Wahrnehmungsbereich) zu verwirklichen – all das ist spiritueller Ausdruck für den Sexualtrieb oder die Lebenskraft in dir.
Wenn du deinem ganzen Wesen nicht vollen Ausdruck verleihen kannst und deine Libido oder Lebenskraft nicht konstruktiv kanalisierst, stauen sich die Emotionen, was in Fru-

stration, Neurosen, Ungleichgewicht, geistigen Störungen durch Flucht in den Alkohol oder Drogensucht seinen Ausdruck findet.

Falsch verstandene Spiritualität

Einmal prahlte ein Mann mir gegenüber, daß er mit seiner Frau seit mehr als vier Jahren nicht geschlafen habe, und behauptete, dadurch *spiritueller* geworden zu sein. Er gehörte einer obskuren Sekte an, deren Führer ihm weisgemacht hatte, daß er, um spirituell vorwärtszukommen, ein asketisches Leben führen und sich jeglicher Sexualität enthalten müsse. Dieser Mann litt unter Magengeschwüren, war hochgradig neurotisch und mental gestört. Man hatte ihn einer Gehirnwäsche unterzogen, um ihn glauben zu machen, daß die Sexualität von Übel sei und seine spirituelle Erleuchtung behindere. Ich konnte ihn jedoch davon überzeugen, daß es sich hier um kompletten Unsinn handelte. Um primitives Denken, das auf Ignoranz, Aberglauben und Furcht vor Sexualität basiert.
Auf meine Empfehlung hin nahm er wieder normale eheliche Beziehungen zu seiner Frau auf. Er machte sich bewußt, daß er von Gott in diese Welt gesetzt worden war, um alle Sinnenfreuden zu genießen und seinen Teil zur Vermehrung der Erdbevölkerung beizutragen. Weiser Gebrauch all unserer Befähigungen, Wünsche und Verlangen, Mäßigung in allen Dingen ist die Antwort – nicht Verzicht und Unterdrückung. Danach war sein ständiges Gebet: »Wir führen eine glückliche, freudvolle, befriedigende und harmonische Ehe. Unsere gegenseitige Liebe ist echt und von Dauer. Göttliche Liebe hat jetzt die Oberherrschaft in unserer Ehe.« Diese Ehe ist glücklicher als jemals zuvor.

Sollte es in deinem Leben an Liebe mangeln, dann bete folgendermaßen: »Gottes Liebe, Weisheit und Harmonie finden durch mich ihren Ausdruck. Haltung, Gleichgewicht und Gelassenheit haben jetzt die Oberherrschaft in meinem Leben.« Wenn du dir diese Bejahung zur Gewohnheit machst, werden in deinem Leben Wunder geschehen. Liebe, Inspiration und Führung werden spontan in dir aufwallen, und du wirst zu einem unwiderstehlichen Magneten, der die Segnungen des Lebens aus allen Richtungen anzieht.

Junge Menschen fragen mich oftmals, ob sie voreheliche Erfahrungen sammeln sollten. Ich sage ihnen dann, daß eine Ehe absolut nichts verändert. Wenn sie sich jedoch vor der Ehe frei dem Vergnügen hingeben, wie können sie dann Treue und Vertrauen nach der Eheschließung erwarten?

Ein junger Physikstudent in New York trieb es ziemlich bunt. »Moral«, meinte er, »ist ein Witz.« Er hielt sich für unwiderstehlich und hatte reihenweise Verhältnisse mit verschiedenen seiner Kommilitoninnen. Eines der Mädchen wurde schwanger. Was folgte, war eine Vaterschaftsklage und ein »shotgun-wedding«. (Anm.d.Übers.: Das traditionelle amerikanische »shotgun-wedding« ist eine zumeist vom Vater der Braut mit vorgehaltener Waffe erzwungene Heirat.)

Der junge Mann mußte sein Studium aufgeben und, um Frau und Kind versorgen zu können, einen Job als Kellner annehmen. Er hatte ein Mädchen geheiratet, das er nicht wollte, dazu kam ein Kind, das keiner von beiden gewollt hatte und haben wollte. Wo ist jetzt seine Freiheit und seine freie Liebe? Er hat sich selbst in das Gefängnis des Mangels, des Grolls und der Armut gesperrt.

Du bist dir sehr wohl bewußt, daß du deinen Appetit auf Alkohol, fettes Essen, Eiscreme und Zigaretten zügeln mußt. Ebenso jedoch mußt du deine Emotionen, dein Verlangen und deinen Trieb zügeln und zusehen, daß diese harmonisch und weise zum Ausdruck kommen. Dein Sexualleben muß von Liebe und Verständnis getragen sein.

Voreheliche Sexualerfahrungen sind keineswegs als förderlich für eine glückliche Ehe zu erachten. Oftmals mißtraut der Mann einer Frau, die er so leicht haben kann. Er sagt sich dann: »Wenn sie das vor der Ehe tut, dann wird sie es auch nach der Eheschließung mit anderen tun.« Ich frage die jungen Männer für gewöhnlich: »Erscheint dir deine Freundin nunmehr, nachdem ihr sexuelle Beziehungen aufgenommen habt, nobler, großartiger und würdevoller als vorher?« Zumeist bekommen sie dann einen roten Kopf und antworten: »Nein, ich glaube, Sie hatten recht.«

Das Glück in einer Ehe basiert auf Liebe, Loyalität, Ehrlichkeit, Hingabe an die Wahrheit, Integrität und dem Wunsch, den anderen spirituell, mental und auf jede Weise zu erheben. Liebe ist es nicht, die dich veranlaßt, mit einer Frau ein schäbiges Motel aufzusuchen, und Liebe wird in einer solchen Umgebung auch nicht erlebt.

Hier ist eine Bejahung für ein glückliches Eheleben: »Göttliche Liebe, Harmonie, Frieden und vollkommenes Verständnis finden jetzt in unserer himmlischen Ehe ihren Ausdruck. Morgens, mittags und abends grüßen wir das Göttliche im anderen. Und all unsere Wege sind Wege der Freude, und all unsere Pfade sind Pfade des Friedens.«

Mentalgifte und ihre Gegenmittel

Außer den physischen Giften gibt es auch Mentalgifte. Mentalgifte sind falsche Gedanken, die im Bewußtsein Untergrundarbeit leisten. Sie sind wie ein verseuchter Strom, dessen Inhalt sich unter Umständen im Erfahrungsbereich des Menschen erst nach Jahren bemerkbar machen kann (in Form von Krankheit, Verlusten, Unglück usw.).

Ich las vor einiger Zeit von einem wissenschaftlichen Experiment in Rußland, bei dem sechs hypnotisierten Katzen Blausäure verabreicht wurde. Bei diesen hypnotisierten Katzen zeigte die Blausäure nicht die geringste Wirkung, während sechs andere, nicht hypnotisierte Tiere, sofort starben. Wenn wir genug Vertrauen in die subjektive Macht Gottes in unserem Innern hätten, könnten wir alle tödlichen Gifte wirkungslos machen, die richtigen ebenso wie die mentalen.

Richtige Einstellung führt zur Heilung

Worin liegt die Prophylaxe? Der erste Schritt besteht darin, sich von diesem Moment an vor keiner Krankheit mehr zu fürchten, nicht vor Krebs, vor Tuberkulose, vor Arthritis oder vor Geistesgestörtheit. Der zweite Schritt besteht in der Erkenntnis, daß jeder negative Zustand das Produkt falschen Denkens ist und über keinerlei Macht verfügt, weiterzubestehen. Dann erhöhst du Gott in deiner Mitte. Das

eliminiert den gesamten Giftgehalt in dir oder dem Menschen, für den du betest.
Erkläre den Zustand als »falsch« und erhöhe Gott, indem du dort die vollkommene Lösung erblickst, die Schönheit und Heilung, die sich dort manifestiert, wo die Schwierigkeit zu sein scheint.
Einige der tödlichsten Mentalgifte sind die folgenden: Furcht, Haß, Selbstmitleid, Groll, Neid, Rachsucht, Einsamkeitsgefühl und Melancholie. Sie alle sind Modifizierungen der Furcht. Der biblische Name für die Furcht ist ein blinder, falscher Gedanke, *Goliath* genannt. Der Begriff Goliath beinhaltet eine aggressive, dominierende Idee oder einen Gedanken, der über seine Macht prahlt, der einschüchtert, drangsaliert, tyrannisiert und uns unter seine unrechtmäßige Herrschaft zwingen will. Vielleicht fürchtest du dich, diesem Gangster, Eindringling und Plünderer in deinem Gemüt zu begegnen. Vielleicht fürchtest du dich vor den Auswirkungen und zögerst deshalb, diesem finsteren Schatten offen zu begegnen, um ihn auszurotten.
Hier ist es nun erforderlich, die Rolle Davids anzunehmen, um diesen Gangster, Furcht genannt, loszuwerden. *David* steht für einen Mann, der Gott liebt, der sich bewußt ist, daß es nur *eine* überragende Macht gibt, die sich als Einheit bewegt und weder Teilung noch Streit kennt, und deren Name Liebe ist. David – dein Gewahrsein der Gegenwart und Macht Gottes – tötete den Riesen Goliath oder die Furcht mit einem geschleuderten Stein. Furcht ist ein Schatten im Gemüt, aufrechterhalten durch Ignoranz und Dunkelheit. Wenn du Furchtgefühle in das Licht der Vernunft und Intelligenz hebst, können sie das nicht aushalten und verschwinden.
Zu den Sprößlingen der Furcht gehören:
– *Haß*, in Wahrheit umgekehrte oder mißgeleitete Liebe, basierend auf Unwissenheit.

– *Selbstmitleid,* was in Wirklichkeit Selbstaufgabe ist. Dieses Mentalgift bahnt sich seinen Weg durch den psychischen Blutstrom und vergiftet das Aufkeimen von Hoffnung und Vertrauen, führt zu dementia praecox (Jugendschwachsinn), Melancholie usw. Das Gegenmittel liegt im Finden deines *anderen* Selbst (Gott) und einem Berauschtsein von der Erkenntnis der Liebe Gottes und deinem Gefühl des Einsseins mit der einen Macht. Das bringt die Neugeburt von Frieden, Gesundheit, Vertrauen und Stärke hervor.
– *Furcht vor dem Alter:* ein weiteres Mentalgift. Das Alter ist nicht die Flucht der Jahre, sondern das Heraufdämmern von Weisheit, Wahrheit und Schönheit.
– *Einsamkeitsgefühl:* das ist Mangel an Liebe. Der Lieblose sucht Liebe, der Liebende jedoch findet überall Liebe und Freundschaft. Das Gegenmittel ist die Liebe zu den Gefährten Gottes, als da sind: guter Wille, Freundlichkeit, Zuvorkommenheit, Frieden, Geduld, Verständnis und ein echtes Interesse am anderen. Strahle auf alle, denen du begegnest, Gottes Liebe aus – eine Doppelportion des Geistes –, dann wirst du die Einsamkeit unmittelbar verbannen. Gott gibt dir außerdem eine doppelte Belohnung, denn dein guter Wille wird vervielfacht zu dir zurückkehren.

Wofür der Name David steht

Dein Bewußtseinszustand ist dein Meister. Es ist töricht, sich von dem ignoranten, blinden, stupiden Monster Furcht herumstoßen und seine Aktivitäten beherrschen zu lassen. Betrachte dich als zu klug, zu brillant dafür. Warum willst du nicht David sein? Spiel diese Rolle, sie wird dir ungeheure Dividenden bringen. David bedeutet, daß dein Glaube an Gott größer ist als deine Furcht. Furcht ist auf den

Kopf gestelltes Vertrauen. Furcht ist ein Konglomerat dunkler und unheilvoller Schatten im Gemüt, kurz gesagt: Furcht ist Vertrauen in etwas Falsches. Werde zu einem spirituellen Riesen. Rufe den David (Vertrauen in Gott) in dir hervor. Er ist in deinem Innern. Befiehl ihm, zu erscheinen. Zugleich kannst du Gottes Liebe hervorrufen.

Die Kinder des Gottvertrauens sind: Liebe, Frieden, Sanftmut, Güte, Freundlichkeit, Freude, Gleichgewicht, Tranquilität (innere Ruhe) und Serenität (innere Heiterkeit). Wenn du dir bewußt machst, daß es nur *eine* Macht, nur *eine* Gegenwart gibt – den Schöpfer –, der du all deine Treue, Ergebung und Loyalität widmest, dann wirst du zu David, dem Geliebten Gottes. David (spirituelles Gewahrsein) verfügte über keine Waffen oder materiellen Schutz, wie man ihn in diesen Tagen hatte. Seine Macht bestand in seinem Vertrauen zum Gott seiner Väter. Er wußte, daß die unendliche Intelligenz allein es war, die jedes Problem lösen konnte.

Wenn du dich unter die Führung und Leitung Gottes stellst, dann wirst du immer die Schwachpunkte in der Rüstung des Goliath ausmachen oder der Person, die dich mit einer schrecklichen Katastrophe bedroht. In Wirklichkeit ist es niemals die Person, die die Macht hat, sondern der Gedanke in deinem eigenen Gemüt. *»Die Feinde sind deine eigenen Hausgenossen (Bewußtsein).«* (Matthäus 10:36) – *»Und David tat seine Hand in die Hirtentasche und nahm einen Stein daraus und schleuderte ihn und traf den Philister an die Stirn, daß der Stein in seine Stirn fuhr und er zur Erde fiel auf sein Angesicht.«* (1. Samuel 17:49) Der Stein ist deine Überzeugung, daß es nur *einen* Gott, nur *eine* Macht gibt. Ein Stein ist fest und hart, das bedeutet, daß dein Glauben oder Vertrauen in die spirituelle Macht unbeirrbar und unerschütterlich ist. In anderen Worten: Du bist unbewegt, unberührt und unerschütterlich in deiner Einstellung und deinem Vertrauen in den Einen, in das Wahre, Gute

und Schöne. Mit diesem Stein oder der inneren Überzeugung triffst du die Stirn des Riesen, Furcht oder Goliath genannt. Die Furcht hat eine Neigung zur Prahlerei, und darin liegt ihre Schwäche. David (die Liebe zur Wahrheit) wurde von einer Idee beherrscht, nämlich die Überlegenheit der Gotteskraft zu beweisen. Wenn du fortfährst in dem Bewußtsein, daß »einer mit Gott eine Mehrheit ist«, dann wirst du dich in jeder Weise geführt sehen und wirst der unbestrittene Sieger sein.
(Anm.d.Übers.: Ernest Holmes drückt es in seiner Vollkommenheitslehre folgendermaßen aus: »Einer für sich ganz allein stellt im Zustand der Bewußtseinsverschmelzung mit dem Unendlichen die absolute Mehrheit und Überlegenheit dar.«)
Bekämpfe die Furcht niemals mit Furcht. Begegne ihr vielmehr mit einer direkten Erklärung der Gegenwart und Macht Gottes, die jede Furcht zunichte macht. Sage dir: *»Der Herr ist mein Licht und mein Heil. Vor wem sollte ich mich fürchten? Der Herr ist meines Lebens Kraft. Vor wem sollte mir grauen?«* (Psalm 27:1,2) Fürchtest du dich etwa vor irgendeiner Krankheit, die dich im Griff hat? Dann wirst du feststellen, daß ein falscher Gedanke in deinem Bewußtsein mit seiner Pseudokraft prahlt und dich einschüchtert. Laß dich von solchen Gedanken nicht niederbrüllen. Begegne ihnen mutig und besiege sie. Sei dir bewußt, daß jeder Mißklang in deinem eigenen Gemüt hergestellt wurde. Er ist nicht etwas, das du dir von außen einfängst. Du kannst dein Bewußtsein verändern durch die Erkenntnis, daß die unendliche, heilende Gegenwart, die deinen Körper geschaffen hat, ihn jetzt auch heilt. Wenn du das wissend und bewußt tust, dann werden sich die Gedankenmuster in deinem Unterbewußtsein neu arrangieren, und die Heilung wird eintreten. Deine gegenwärtige geistige Einstellung bestimmt deine Zukunft und deine Erfahrungen.

Beanspruche den Idealzustand

Meditiere über positive und spirituelle Werte. Beanspruche dein Ideal, die Problemlösung, Gesundheit oder Gemütsfrieden, in der Erkenntnis, daß der Geist in deinem Innern die Oberherrschaft hat und allmächtig ist. Wenn du im Glauben und Vertrauen an dein Ideal oder die Problemlösung denkst, dann konditionierst du dein Bewußtsein auf den Empfang der Antwort. Dein Gemüt ist entweder angefüllt mit Vertrauen oder Furcht, je nachdem, was du ihm eingegeben hast. Werde zum David, dem Schafhirten, indem du dir jetzt deine Göttlichkeit zu eigen machst. Gewinne die Einsicht, beharrlich weiterzumachen, in dem Wissen, daß du auf deiner Lebensreise nur den Erfahrungen begegnest, die du bewußt oder unbewußt ausgesandt hast. Bejahe, daß Gott und seine Liebe vor dir hergehen, d.h., die Stimmung des Vertrauens, des Glaubens und der Hingabe an eine allmächtige Kraft, die niemals versagt. Wenn du das tust, bist du David, der in seiner Macht vorwärtsschreitet, angetan mit der gesamten Rüstung Gottes, und sich Freiheit, Gemütsfrieden und Glück erschafft.
Im Buch Samuel wird uns berichtet, daß David dem Goliath den Kopf abgeschlagen hat. Genau das muß der spirituell gesinnte Mensch tun. Er muß allen Fehlern und jedem Falsch- und Aberglauben in seinem Gemüt den Kopf abschlagen. Er muß alle negativen Gedanken auflösen und sie im Krematorium seines Geistes mit dem Feuer göttlicher Liebe und des rechten Denkens verbrennen. Goliath oder die Furcht ist der Glaube an einen falschen Gott. Du bist der richtig ausgerüstete David, wenn du erkennst, daß du dein Vertrauen in den einen wahren Gott setzt – die einzige Macht und Gegenwart.
Kürzlich sprach ich mit einem Ehepaar, das überzeugt war, in einem Rechtsstreit, der sich schon seit fünf Jahren dahin-

geschleppt hatte, seinen gesamten Besitz zu verlieren. Es war offensichtlich, daß die Gegenseite Unwahrheiten geltend machte und versuchte, »etwas für nichts zu bekommen«. Dennoch waren sie sehr pessimistisch, da ihr Anwalt ihnen zu allem Überfluß auch noch bedeutet hatte, daß sie nicht die geringste Chance hätten. Von dieser Behauptung waren sie geradezu hypnotisiert. Ich erklärte ihnen, daß die Feststellung oder Suggestion des Anwalts keine Macht hätte und daß seine Worte das von ihm Suggerierte nicht zustande bringen könnten. Daraufhin erkannten sie, daß es nicht die Suggestionskraft ihres Anwalts war, die hier Macht besaß, sondern allein deren Annahme in ihrem Bewußtsein. Sie hatten diese Suggestion angenommen und entsprechend reagiert. Aber es war ein Vorgang, der sich lediglich in ihrem Bewußtsein vollzog. Sie hatten ihrem Anwalt gestattet, ihnen den Rechtsstreit als verloren zu suggerieren. Nichtsdestoweniger bestand die Macht nach wie vor in ihrem eigenen Denken.

Sie bejahten wie folgt: »Gott ist absolute Harmonie und absolute Gerechtigkeit. Das Resultat ist daher Gerechtigkeit, Harmonie und Zufriedenheit für alle Beteiligten.« Dies war ihr einfaches Gebet. Da ihre Prämisse der Wahrheit entsprach, konnte auch die Schlußfolgerung nur der Wahrheit entsprechen. Oder anders ausgedrückt, der Anfang und das Ende waren gleich. Wenn der Mensch mit Gott beginnt, endet er mit Gott oder dem Guten. Die Frucht ist bereits in der Saat enthalten. Die mächtige Eiche in der Eichel. Selbstverständlich gab es für den Rechtsstreit eine harmonische und sogar außergerichtliche Lösung.

Gott verspätet sich niemals. Das Geheimnis liegt darin, daß du loyal und vertrauensvoll in dem beharrst, was du als wahr von Gott erkannt hast. Zögere nicht, das Schwert der Wahrheit zu ziehen, wie es David tat. Bewaffne dich mit spiritueller Vernunft und dem Verständnis des göttlichen

Gesetzes und der ewigen Wahrheiten. Erschlage rücksichts- und mitleidlos alle negativen Denkmuster in deinem Gemüt. Wirf sie auf dynamisch machtvolle Weise hinaus und laß das Licht, die Liebe und die Wahrheit Gottes ein. Dein spirituelles Gewahrsein handelt als ein Schwert, das dich vollkommen von der alten Denkweise trennt; vom üblichen Menschheitsglauben, dem Glauben an andere Mächte, an unheilvolle Wesenheiten und angebliche Gegenmächte, welche die eine allmächtige liebende Macht herausfordern.

Letzte Woche bemerkte eine Frau mir gegenüber: »Ich bin so wütend, ich könnte May umbringen!« Offensichtlich hatte May Lügen über sie verbreitet und sich angeschickt, ihre berufliche Position zu unterminieren. Diese Frau hatte May gestattet, sie zu verstören. In anderen Worten, sie verlieh May eine Macht, die May nicht besaß. Die Schwierigkeiten spielten sich in ihrem eigenen Gedankenleben ab, und für das, was sie über May dachte, konnte sie May nicht verantwortlich machen. Plötzlich wurde ihr klar, daß die ganze Schwierigkeit nur in ihrer Einbildung bestand, in ihrem Denkmuster. Sie hatte Goliath (die Furcht) in ihrem Gemüt Amok laufen lassen, sich von ihm tyrannisieren, einschüchtern und schikanieren lassen. Aber dieser ganze Vorgang war ihre eigene Schöpfung.

Diese junge Dame verfügte über gesunden Menschenverstand, und sie machte sich daran, die Bakterien der Furcht, des Hasses, und Grolls aus ihrem Gemüt zu entfernen. Sie erkannte, daß es sich hier um Mentalgifte handelte, deren Wirkungen sie nur durch rechtes Denken und Fühlen neutralisieren konnte. Sie sorgte dafür, daß Gott wieder seinen Thron in ihrem Bewußtsein einnahm, indem sie sich sagte: *»Ich fürchte kein Unglück, denn du bist bei mir.«* (Psalm 23:3)

Wo Gott ist, kann kein Übel bestehen. Und als sie ihr

Gemüt mit der einfachen Wahrheit durchtränkte: »Gott ist; seine Gegenwart erfüllt meine Seele und beherrscht mein Leben«, schwand jegliches Übelwollen. Sie weigerte sich ernsthaft, einer anderen Frau die Macht zuzugestehen, bei ihr Migräne, Verdauungsstörungen, Schlaflosigkeit und Knieschlottern zu verursachen. Niemand verfügt über diese Macht. Die Macht befindet sich in deinem eigenen Gedankenleben. Du allein bestimmst es jedoch, in welcher Bahn deine Gedanken laufen. Gut und Böse sind nur Bewegungen in deinem eigenen Bewußtsein. Erlaube es den Räubern Furcht, Groll und Unvermögen nicht, dich zu behindern, zu binden und in den Ketten der Sklaverei zu halten. Die Welt, die wir sehen, ist in Wirklichkeit die Welt, die wir sind. Wir sehen durch die mentalen Bilder und Überzeugungen unseres Unterbewußtseins. Unser innerer Zustand färbt auf das Äußere ab. Der Mensch projiziert seine Gefühle, seine Vorurteile und Animositäten auf andere Menschen und formt von allem ein verzerrtes und entstelltes Bild.

Definiere dein Ziel jetzt. Wohin gehst du? Was hast du vor? Mache dir einen definitiven Plan und bejahe, daß Gott für dich tätig wird. Wenn deine Angehörigen dir dein Ziel mit negativen Entgegnungen zerreden wollen, dann biete diesen Negativsuggestionen kein Quartier in deinem Gemüt. Schlag ihnen mit deinem Schwert des rechten Denkens den Kopf ab, denn du weißt jetzt, daß die eine spirituelle Macht und der Gott, der dir das Begehren gab, derselbe Gott ist, der es auch erfüllt. Es ist leicht, denn *»der Vater, der in mir wohnt, tut die Werke«*. Niemand hat die Macht, dich zu verstören oder dir deinen Glauben und dein Vertrauen zu nehmen in den, der ist. Erhebe deinen Blick, laß deine Vision auf deinem Ziel ruhen, dem Gipfel, den du erreichen willst, und du wirst dorthin gelangen, wo deine Vision ist.

Werde zu David, indem du dich in Gottes Wahrheiten verliebst und absolutes Vertrauen in die unendliche Weisheit setzt, die dir die Lösung zeigt. Wisse, Gott in Aktion in deinem Innern bringt dir Schönheit, Frieden, göttliches, rechtes Handeln und Harmonie. David war der Sohn von Jesse, und das bedeutet, Sohn des »Ich bin« oder Gottes. So bist auch du der Sohn des Unendlichen und das Kind der Ewigkeit. Begib dich zum Vater; er liebt dich und er sorgt für dich. So wie du dich ihm zuwendest, wird er sich dir zuwenden. Dann dämmert der neue Tag herauf, und alle Schatten fliehen.

Die Wunder der inneren Sprache

»Laß dir wohlgefallen die Rede meines Mundes und das Gespräch meines Herzens vor dir, Herr, mein Fels und mein Erlöser.« (Psalm 19:15)

Wunder werden in deinem Leben geschehen, wenn dein inneres Denken und Fühlen mit den Reden deines Mundes übereinstimmen. Hierzu möchte ich den folgenden Fall zitieren: Ein Mann war in einen Rechtsstreit verwickelt, der sich endlos hinzog und in den er schon eine beträchtliche Menge Zeit und Geld investiert hatte. Er war enttäuscht, verbittert und voller feindseliger Gefühle für die Gegenseite und seine eigenen Anwälte. Seine innere Sprache, d.h., seine inneren stillen, unausgesprochenen Gedanken waren mehr oder weniger die folgenden: »Es ist hoffnungslos. Das geht nun schon seit fünf Jahren so. Ich werde von allen Seiten doch nur ausgenommen. Es ist sinnlos, weiterzumachen. Ich sollte lieber aufgeben« usw. Ich erklärte ihm, daß diese innere Rede aufs höchste destruktiv war und zweifellos eine wesentliche Rolle bei der Verlängerung des Falles

spielte. Hiob sagte: *»Denn was ich gefürchtet habe, ist über mich gekommen.«* (Hiob 3:25)
Mit einem Mal begann er zu verstehen, was er sich da angetan hatte, und er machte sich mit Eifer daran, seine inneren und äußeren Reden zu ändern. Im Grunde hatte er bislang gegen sich selbst gebetet. Ich stellte ihm eine ganz einfache Frage: »Was würden Sie wohl sagen, wenn ich Ihnen in dieser Minute eröffnete, daß die gesamte Angelegenheit eine vollkommen harmonische Lösung gefunden hätte und der Fall damit abgeschlossen sei?«
Er antwortete: »Ich wäre natürlich entzückt und aufs höchste erfreut und dankbar. Ich würde mich großartig fühlen, wenn ich wüßte, daß die Angelegenheit erledigt wäre.«
Von diesem Moment an erklärte er sich bereit, darauf zu achten, daß seine innere Rede – wie Ouspensky es ausdrückte – mit seinem Ziel übereinstimmte. Ich gab ihm das folgende Gebet, das er regelmäßig und systematisch anwandte: »Ich sage Dank für die vollkommene, harmonische Lösung, die durch die Weisheit des Allweisen Einen zustande gekommen ist.« Mehrmals während des Tages und besonders, wenn sich Schwierigkeiten, Verzögerungen, Rückschritte, Streit, Zweifel und Furcht in seinem Gemüt breitmachten, bejahte er die obige Wahrheit. Er vermied jetzt bewußt alle negativen Äußerungen und wachte auch über seine inneren Reden, in dem Wissen, daß seine innere Rede sich immer auch im Äußeren manifestieren würde. Alles, was wir innerlich fühlen, findet seinen äußeren Ausdruck. Unser Mund kann zwar das Eine sagen, während wir in unserem Herzen etwas ganz anderes fühlen. Es ist jedoch immer das, was wir fühlen, das seinen Ausdruck auf dem Bildschirm des Raumes findet. Wir dürfen niemals innerlich das bejahen, was wir äußerlich nicht zu erfahren wünschen. Lippen und Herz sollten immer übereinstimmen. Wenn das der Fall ist, ist unser Gebet beantwortet.

Wir müssen auch auf unseren inneren psychologischen Zustand achten. Manche Menschen führen murmelnde Selbstgespräche, sie sind neidisch, eifersüchtig, vor Wut schäumend und legen ganz allgemein eine feindselige Haltung an den Tag. Eine solche mentale Einstellung und ein solches Verhalten sind höchst destruktiv und bringen in ihrem Gefolge Chaos, Krankheit, Mangel und Begrenzung. Es ist ein uns durchaus vertrauter Menschentyp, der da meint, es sei sein gutes Recht, zornig und rachsüchtig zu sein und alles daran zu setzen, quitt zu werden. Er legt die alte, unterbewußte Platte auf, die all seine Alibis, Ausreden und Rechtfertigungen endlos wiederholt – vermeintliche Rechtfertigungen für seinen innerlich kochenden Zustand. Aller Wahrscheinlichkeit nach weiß er überhaupt nicht, daß ein solcher Mentalzustand ihn eine beträchtliche Menge psychischer Energie kostet und darüber hinaus auf ihn selbst zurückfällt. Die negative innere Rede des Menschen richtet sich üblicherweise gegen eine andere Person.

Kürzlich hatte ich es mit einem Mann zu tun, der mir berichtete, schäbig behandelt worden zu sein. Er war voller Rachsucht und hatte nur den einen Gedanken, quitt zu werden und es seinem Arbeitgeber mal so richtig zu zeigen. Dieser Mann litt unter Magengeschwüren, die das natürliche Resultat seines inneren Aufruhrs und seiner Irritationen waren. Ich erklärte ihm, daß er seinem Unterbewußtsein sehr destruktive Merkmale aufgeprägt hatte, nämlich Ärger und Groll, und daß sein Unterbewußtsein immer das ausdrückte, was ihm aufgeprägt wurde. Diese destruktiven Gefühle mußten einen Auslaß finden. In diesem Fall als Magengeschwüre und Neurosen.

Er kehrte seine mentalen Denkprozesse um, indem er seinen früheren Arbeitgeber in den grenzenlosen Ozean der Liebe Gottes entließ und ihm alle Segnungen des Himmels wünschte. Zugleich erfüllte er sein Gemüt mit den Wahrheiten Gottes, indem er sich mit der unendlichen heilenden Gegenwart identifizierte, in der Erkenntnis, daß die Harmonie, der Frieden und die Vollkommenheit des Unendlichen Einen sein Gemüt und seinen Körper durchtränkte und in jeder Weise heilte. Diese, sein Gemüt durchdringenden spirituellen Schwingungen übertrugen sich auf sein gesamtes System, und die Zellen seines Körpers nahmen einen neuen spirituellen Ton an. Das Resultat war eine Heilung dieses mißklingenden Zustands.

Die Bibel sagt: »*Wenn zwei von euch auf Erden darin übereinstimmen werden, irgendeine Sache zu erbitten, so wird sie ihnen zuteil werden von meinem Vater in den Himmeln.*« (Matthäus 18:19) Wer sind diese zwei? Sie sind du und dein Begehren, d.h., wenn du dein Begehren mental akzeptierst, wird das Unterbewußtsein es zur Erfüllung bringen, weil dein wachbewußter Verstand und dein Unterbewußtsein miteinander übereinstimmen oder synchron laufen. Die *zwei, die miteinander übereinstimmen,* repräsentieren dein Denken und Fühlen, deine Idee und deine Emotion. Wenn du dein Konzept erfolgreich emotionalisierst, dann stimmen der männliche und weibliche Aspekt deines Gemüts miteinander überein und erzeugen einen Sprößling, nämlich das beantwortete Gebet.

Ich möchte ausdrücklich daran erinnern: Was immer wir im Denken und Fühlen als wahr annehmen, das prägt sich unserem Unterbewußtsein auf. Das Unterbewußtsein ist das schöpferische Medium. Seine Tendenz ist, wie Troward ganz richtig feststellte, immer dem Leben entgegenstrebend. Das Unterbewußtsein beherrscht alle lebenswichtigen Organe. Es ist der Sitz des Gedächtnisses und der Heiler des Körpers. Das Unterbewußtsein wird aus verborgenen Quellen gespeist und ist eins mit der unendlichen Intelligenz und der unendlichen Macht.

Richtiges Programmieren des Unterbewußtseins

Es ist daher sehr wichtig, dem Unterbewußtsein die richtigen Instruktionen zu erteilen. Wenn ein Mensch beispielsweise über Hindernisse, Verzögerungen, Schwierigkeiten und Obstruktionen in seinem Programm nachdenkt, faßt das Unterbewußtsein das als einen klaren Befehl auf, ein Problem zu produzieren und macht sich sofort daran, Schwierigkeiten und Enttäuschungen in den Erfahrungsbereich des Menschen zu bringen. Wir sollten daher darauf bedacht sein, dem Unterbewußtsein nur wahre Prämissen zuzuführen.

Welche Art innerer Rede, die du nicht auch laut zum Ausdruck bringst, hörst du die ganze Zeit in dir? Es ist nämlich diese innere Rede, auf die dein Unterbewußtsein hört und der es gehorcht. Dein Unterbewußtsein nimmt deine stillen Gedanken und Gefühle auf, und es ist ein sehr genaues Aufnahmegerät. Es nimmt alles auf und spielt dir seine Aufnahme zurück in Form von Erfahrungen, Zuständen und Begebenheiten. Du mußt dich aber keineswegs mit Reisegefährten wie Furcht, Zweifel, Anspannung und Zorn abgeben. Es gibt ja auch kein Gesetz, das da sagt, daß du dir als Reisegefährten Gangster, Attentäter, Mörder, Eindringlinge und Diebe auswählen sollst. Wenn du allerdings fortfährst, solche Diebe und Räuber in dein Gemüt einzuladen, dann berauben sie dich deiner Gesundheit, deines Glücks, deines Friedens und deines Wohlstands und machen dich zu einem physischen und mentalen Wrack.

Eine Frau litt unter extrem hohem Blutdruck, begleitet von schweren Migräneanfällen. Die Ursache davon war destruktives inneres Reden. Sie fühlte sich von jemandem ungerecht behandelt und hegte sehr negative Gefühle gegenüber dieser Person und betrachtete sie als durchaus gerechtfertigt. Sie war überzeugt, ein Recht auf ihren Zorn und ihre feindseligen Gefühle zu haben. Da sie diesen Gefühlen schon seit Wochen nachgegeben hatte, befand sie sich in einem tiefen emotionalen Aufruhr. Diese negative Haltung zehrte an ihrer Kraft und brachte eine psychologische Veränderung ihres Blutstroms mit sich. Sie war, wie sie sagte, bereit, vor Zorn zu explodieren. Dieser innere Druck, die sich steigernde Anspannung und schäumende Feindseligkeit war die Ursache ihres hohen Blutdrucks, ihrer Hypertension und Migräne.

Diese Frau begann nun auf meinen Rat hin die *Wunder der spirituellen inneren Rede* zu praktizieren. Sie erkannte, daß sie sich selbst vergiftet hatte und daß die andere Frau in keiner Weise für die Gefühle, die sie gegen sie hegte, verantwortlich war. Sie war der einzige Denker in ihrem Universum, und sie hatte boshafte und aufs höchste destruktive Gedanken unterhalten, die ihr gesamtes System vergifteten. Sie begann zu begreifen und einzusehen, daß nichts und niemand sie anrühren konnte, wenn ihr Denken und Fühlen nicht damit übereinstimmte. Um die Wunder der spirituellen inneren Rede zu praktizieren, brauchte sie sich nur mit ihrem Ziel zu identifizieren, und das war Frieden, Gesundheit, Glück, Freude, Serenität (innere Heiterkeit) und Gelassenheit. Sie identifizierte sich jetzt mit Gottes Fluß des Friedens und stellte sich vor, daß Gottes Liebe sie wie ein goldgelber Fluß durchströmte, lindernd, heilend und Geist und Körper wiederherstellend.

Drei- oder viermal am Tag betete sie still, und ihre inneren Gedanken und Gefühle waren die folgenden: »Gott ist Liebe, und seine Liebe erfüllt meine Seele. Gott ist Frieden, und sein Frieden erfüllt mein Gemüt und meinen Körper. Gott ist vollkommene Gesundheit, und seine Gesundheit ist meine Gesundheit. Gott ist Freude, und seine Freude ist meine Freude, und ich fühle mich wunderbar.« Diese innere Rede, die ihre inneren Gedanken über Gott und seine Eigenschaften darstellte, brachte ihr Gleichgewicht, Haltung und Harmonie in Geist und Körper. Immer wenn ihr Gedanken über die andere Frau kamen, identifizierte sie sich sofort mit ihrem Ziel – Gottes Frieden. Sie entdeckte die Wunder der wahren inneren Rede, wo Lippen und Herz sich vereinen und mit den ewigen Wahrheiten Gottes identifizieren und gegen die Wirkung negativer Gedanken undurchdringlich machen.

Ein wirksamer Test

Wie gehst du innerlich mit anderen Menschen um? Das ist nämlich der Säuretest für die Wahrheit, die dich frei macht. Wenn du ihnen begegnest und den Gott in ihnen erblickst, das ist wundervoll. Dann praktizierst du die Wunder der inneren Rede auf konstruktive Weise, denn du identifizierst dich mit deinem Ziel, nämlich Gott oder dem Guten. Ouspensky wies darauf hin, daß deine innere Rede immer mit deinem Ziel übereinstimmen muß.
Ein junger Mann hatte ein Ziel: Vollkommene Gesundheit. Sein wachbewußter Verstand erinnerte ihn jedoch ständig daran, daß er bereits seit Jahren unter einer Blutkrankheit litt. Er war voller Anspannung, Furcht und Zweifel. Zu allem Überfluß erinnerten auch seine Angehörigen ihn ständig daran, daß er wohl noch lange unter diesem Zustand zu leiden hätte und eine Heilung so gut wie unmöglich war. Sein Unterbewußtsein nahm selbstverständlich all diese negativen Eindrücke auf. Deshalb war eine Heilung nicht in Sicht. Seine innere Rede mußte mit seinem Ziel übereinstimmen. In anderen Worten: Die zwei Phasen seines Gemüts mußten synchron laufen oder miteinander übereinstimmen.

Dieser junge Mann begann nun in einem anderen Ton mit seinem Unterbewußtsein zu reden. Er hörte mir sehr genau zu, als ich ihm bedeutete, langsam, still, liebevoll und mit Gefühl mehrmals täglich zu bejahen: »Die schöpferische Intelligenz hat meinen Körper geschaffen, und sie erschafft jetzt mein Blut. Die heilende Gegenwart weiß, wie sie heilen muß und transformiert jede Zelle meines Körpers den Mustern Gottes entsprechend. Ich sehe den Arzt vor mir und höre ihn sagen, daß ich geheilt bin. Dieses Bild habe ich nun in meinem Bewußtsein. Ich sehe ihn deutlich vor mir, höre seine Stimme, und er sagt zu mir: ›John, du bist geheilt. Es ist ein Wunder.‹ Ich weiß, daß diese konstruktive Vorstellung tief in mein Unterbewußtsein sinkt, wo es entwickelt und hervorgebracht wird. Ich weiß, daß mein Unterbewußtsein in Kontakt mit dem Unendlichen Einen ist und daß seine Weisheit und Macht mein Verlangen Wirklichkeit werden läßt, allen sichtbaren Beweisen zum Trotz. Ich fühle das, ich glaube es und ich identifiziere mich jetzt mit meinem Ziel – vollkommene Gesundheit. Das ist meine innere Rede morgens, mittags und nachts.«
Dieses Gebet wiederholte er vier- oder fünfmal täglich, jeweils zehn oder fünfzehn Minuten lang, besonders vor dem Schlafengehen. Er fand, daß seine Gedanken sich zuweilen aus Gewohnheit wild überschlugen und Sorge brüteten. Er dachte an das Urteil anderer und seine vorangegangenen Fehlschläge, den Heilungsprozeß betreffend. Wenn ihm diese Gedanken kamen, gab er den Befehl: »Stop. Ich bin der Herrscher. Alle Gedanken, Vorstellungen und Reaktionen müssen mir gehorchen. Von jetzt an sind alle meine Gedanken auf Gott und seine wunderbare Heilkraft gerichtet. Auf diese Weise versorge ich mein Unterbewußtsein. Ich identifiziere mich ständig mit Gott, und mein inneres Denken und Fühlen ist ein ›Danke, Vater‹. Dies tue ich hundertmal am Tag, und wenn nötig, auch tausendmal.«

Nach nur drei Monaten erfuhr der junge Mann eine völlige Heilung seiner Blutkrankheit. Das ist das Wunder der wirklichen und wahren, mit dem Ziel übereinstimmenden inneren Rede. Das heißt, die innere Rede ist so, als sei das Gebet bereits beantwortet. *»Bei allem, worum ihr in eurem Gebet bittet, glaubt nur, daß ihr's schon empfangen habt, so wird's euch zuteil werden.«* (Markus 11:24) Durch Repetition, Gebet und Meditation brachte er sein Unterbewußtsein zum Übereinstimmen mit seinem Begehren. Dann reagierte die schöpferische Kraft Gottes entsprechend und konnte tätig werden. *»Dein Glaube hat dir geholfen.«* (Matthäus 10:22)

Eine 67jährige Frau zählte mir einmal all die Gründe auf, weshalb sie nicht wieder heiraten könnte, aber dann begann sie im stillen auf ihre korrekte innere Rede zu achten. Sie betete wie folgt: »Ich danke dir, Vater, für meinen perfekten, idealen, göttlichen Gefährten.« Das wiederholte sie des öfteren am Tag. Nach einer Weile war dieses Konzept ihrem Unterbewußtsein aufgeprägt, und sie lernte einen Apotheker im Ruhestand kennen, den sie heiratete. Sie führen eine glückliche Ehe. Ihre innere Rede hatte mit ihrem Ziel übereingestimmt. Sie sprach innerlich so, als sei der erwünschte Zustand bereits Wirklichkeit. Und er wurde Wirklichkeit, nämlich an dem einzigen Ort, wo er Wirklichkeit werden kann, in ihrem Bewußtsein.

Hier ist ein Beispiel für eine falsche innere Rede. Ein Mitglied unserer Organisation hatte bereits seit drei Jahren versucht, ihr Haus zu verkaufen. Sie hatte erklärt: »Ich übergebe dieses wunderschöne Haus dem unendlichen Bewußtsein. Ich weiß, daß es in göttlicher Ordnung an den rechten Menschen zum rechten Preis verkauft ist, und ich sage Dank, daß es so ist.« Dies war ihr Gebet, und das wäre selbstverständlich völlig in Ordnung gewesen, wenn sie es nicht immer wieder neutralisiert hätte, indem sie sich im stillen sagte: »Die Zeiten sind schlecht, der Preis ist zu hoch, so viel Geld haben die Leute heutzutage nicht. Was ist denn los mit mir? Warum kann ich es nicht verkaufen?« Du kannst sehen, daß sie ihr Gebet damit null und nichtig machte.

Wie der Mensch in seinem Herzen (Unterbewußtsein) denkt, so ist er. Ihre innere Rede war sehr negativ und enthüllte, wie sie in Wirklichkeit über die Angelegenheit dachte. Deshalb hatte sich dieser Mentalzustand drei Jahre lang manifestiert. Auf meinen Rat hin kehrte sie die Prozedur um und stellte sich abends und morgens mit geschlossenen Augen fünf oder sechs Minuten lang vor, wie ich ihr zum Verkauf ihres Hauses gratulierte. Während des Tages war ihre innere Rede: »Ich sage Dank für den Verkauf meines Hauses. Der Käufer ist bereichert und gesegnet aufgrund dieser Transaktion.« Die ständige Wiederholung dieses Satzes prägte sich ihrem Unterbewußtsein auf und manifestierte sich im Äußeren. Eine Woche später kaufte ein Sitznachbar in der Kirche ihr Haus und war sehr zufrieden mit dem Handel. Sie hatte eingesehen, daß man nicht zu gleicher Zeit in zwei Richtungen gehen kann. *»Laß dir wohlgefallen die Rede meines Mundes und das Gespräch meines Herzens vor dir, Herr, mein Fels und mein Erlöser.«* (Psalm 19:14)

Veränderung des »Ich-Gefühls«

Wenn du zu allem, was du denkst, fühlst, sagst oder dir vorstellst, »ich« sagst, kannst du dein Gefühlsleben nicht verändern. Bedenke: Alle Arten von Gedanken können in dein Gemüt dringen; alle Arten von Emotionen in dein Herz. Wenn du zu allen negativen Gedanken »ich« sagst, dann identifizierst du dich mit ihnen. Du kannst dich jedoch weigern, das »Ich« negativen Emotionen und Gedanken anzugliedern.

Wenn du die Straße entlanggehst, dann umgehst du auf natürliche Weise morastige Stellen; ebenso mußt du die morastigen Stellen in deinem Gemüt meiden, wo Furcht, Groll, Feindseligkeit und böser Wille lauern und sich bewegen. Weigere dich, auf negative Bemerkungen zu hören. Vermeide die Berührung mit dem negativ Gestimmten und laß das negativ Gestimmte dich nicht berühren. Praktiziere die innere Trennung, indem du ein neues Gefühl über dich bekommst und über das, was du wirklich bist. Erkenne, daß das wirkliche »Ich« in dir der unendliche Geist ist, der Unendliche Eine. Identifiziere dich mit den Eigenschaften und Merkmalen dieses Unendlichen Einen; dann wird dein gesamtes Leben transformiert.

Das ganze Geheimnis, deine negative emotionale Natur zu transformieren, liegt im Praktizieren gründlicher Selbstbeobachtung. Etwas zu beobachten und *sich selbst zu beobachten*, sind zwei verschiedene Dinge. Wenn du sagst: »Ich beobachte«, dann meinst du damit, daß du deine Aufmerksamkeit äußeren Dingen zugewandt hast. Bei der Selbstbe-

obachtung ist die Aufmerksamkeit jedoch nach innen gerichtet.
Ein Mensch kann sein ganzes Leben damit verbringen, das Atom zu studieren, die Sterne, den Körper und die phänomenalistische, äußere Welt. All dieses Wissen kann jedoch keine innere Veränderung herbeiführen – die Veränderung des Herzens.
Du mußt lernen zu differenzieren, zu sortieren, die Spreu vom Weizen zu trennen. Du praktizierst die Kunst der Selbstbeobachtung, wenn du dich selbst fragst: »Ist diese Idee wahr? Wird sie mich segnen, heilen und inspirieren? Bereitet sie mir Gemütsfrieden und trägt sie auch zum allgemeinen Wohlergehen der Menschheit bei?«

Deine zwei Welten

Du lebst in zwei Welten: Der äußeren und der inneren; und doch sind beide eins. Die eine ist sichtbar und die andere unsichtbar (objektiv und subjektiv). Deine äußere Welt erreicht dich durch deine fünf Sinne und wird von jedermann geteilt. Deine innere Welt der Gedanken, Gefühle, Empfindungen, Überzeugungen und Reaktionen ist unsichtbar und gehört zu dir.
Frage dich selbst: »In welcher Welt lebe ich? Lebe ich nur in der mir durch meine fünf Sinne offenbarten oder in dieser inneren Welt?« Es ist die innere Welt, in der du zu jeder Zeit lebst; hier fühlst und leidest du.
Angenommen, du bist zu einem Bankett eingeladen. Alles, was du dort siehst, hörst, schmeckst, riechst und berührst, ist Bestandteil der äußeren Welt. Alles, was du denkst, fühlst, gern oder nicht gern hast, gehört zur inneren Welt. Du nimmst also nicht nur an einem, sondern an zwei Fest-

essen teil, die du verschieden aufnimmst, eines als äußeres und das andere im Innern. Diese innere Welt deines Denkens, Fühlens und Empfindens ist es, in der du steigst und fällst und hin- und herschwingst. Um dich zu verändern, mußt du damit anfangen, deine innere Welt zu verändern, durch die Reinigung der Gefühle und die Instandsetzung des Gemüts durch rechtes Denken. Wenn du spirituell wachsen willst, mußt du dich selbst transformieren.

Transformation bedeutet, eine Sache in eine andere zu verwandeln. Viele Transformationen der Materie sind uns hinreichend bekannt. Zucker kann durch Destillation in Alkohol verwandelt werden; Radium verwandelt sich langsam in Blei usw. Die Nahrung, die du zu dir nimmst, wird von Stadium zu Stadium in all die Substanzen transformiert, die für deine Existenz erforderlich sind.

Deine Erfahrungen, die dich zunächst als Eindrücke erreichen, müssen auf ähnliche Weise transformiert werden. Nehmen wir einmal an, du siehst einen Menschen, den du liebst und verehrst; dann empfängst du Eindrücke von ihm. Wenn du andererseits einem Menschen begegnest, den du nicht magst, empfängst du ebenfalls Eindrücke von ihm.

Dein Ehemann oder deine Tochter, die vielleicht gerade auf der Couch sitzen, wenn du das hier liest, sind für dich das, was du von ihnen wahrnimmst. In anderen Worten, Eindrücke werden von deinem Bewußtsein aufgenommen. Wenn du taub wärst, könntest du ihre Stimmen nicht hören. Deine Eindrücke kannst du jederzeit verändern. Deine Eindrücke zu verändern heißt, dich selbst zu verändern. Um dein Leben zu ändern, ändere deine Reaktionen auf das Leben. Findest du, daß du auf stereotype Weise reagierst? Wenn deine Reaktionen negativer Art sind, dann ist das dein Leben. Laß es niemals zu, daß dein Leben eine Serie negativer Reaktionen auf die Eindrücke ist, die Tag für Tag an dich herangetragen werden.

Um dich wahrhaft zu beobachten, mußt du zusehen, daß ungeachtet aller Geschehnisse dein Denken und Fühlen auf die große Wahrheit fixiert ist, die sich in der Frage ausdrückt: *»Wie ist das im Licht Gottes und des Himmels?«* Das wird dich erheben und all deine negativen Gedanken und Emotionen transformieren. Du könntest geneigt sein zu sagen, daß andere Menschen aufgrund ihrer Reden und Handlungen schuld seien; wenn das, was sie sagen oder tun, dich jedoch negativ stimmt, dann bist du innerlich gestört. Dieser negative Zustand ist es nämlich, in dem du lebst, dich bewegst und dein Sein hast.

Du kannst es dir nicht leisten, negativ zu sein; dieser Gemütszustand vermindert deine Vitalität, beraubt dich deiner Begeisterungsfähigkeit und macht dich sowohl physisch als auch mental krank. Lebst du tatsächlich in dem Zimmer, in dem du dich im Moment befindest, oder lebst du in deinen Gedanken, Gefühlen, Emotionen, Hoffnungen und Gefühlen der Verzweiflung? Ist nicht das, was du im Moment über deine Umgebung fühlst, Wirklichkeit für dich? Wenn du sagst: »Mein Name ist John Jones«, was meinst du dann damit? Ist es nicht eine Tatsache, daß du ein Produkt deines Denkens bist, plus der Sitten und Gebräuche und Traditionen? Dazu kommt der Einfluß, den deine Angehörigen und andere Menschen auf dein jugendliches Gemüt während deines Wachstums ausgeübt haben. Du bist in Wirklichkeit die Totalsumme deiner Überzeugungen und Meinungen, zuzüglich dessen, was dir deine Erziehung und tägliche Begegnungen vermittelt haben und die zahllosen anderen Einflüsse, die von der äußeren Welt her auf dich eingewirkt haben und durch deine äußeren Sinne aufgenommen worden sind.

Vielleicht vergleichst du dich jetzt mit anderen. Fühlst du dich in Gegenwart einer besonders vornehm erscheinenden Person unterlegen? Angenommen, du spielst sehr gut Kla-

vier – wenn dann jemand einen anderen Pianisten lobt, fühlst du dich dann unterlegen? Wenn du das wahre »Ich-Gefühl« hast, wäre das nicht möglich; denn das wahre Gefühl des »Ich« ist das Gefühl der Gegenwart des Unendlichen Einen in dir, für den es keine Vergleiche gibt.
Ouspensky pflegte darauf hinzuweisen, daß Menschen leicht zu verärgern sind, weil ihr Gefühl des »Ich« von negativen Bewußtseinszuständen herrührte. »Das Ich-Gefühl« war einer seiner bevorzugten Ausdrücke, und einige seiner Ideen habe ich in diesem Kapitel verarbeitet.

Agieren oder reagieren?

Kürzlich bemerkte ich zu einem Mann in unserer Bibelklasse: »Haben Sie Ihre typische Reaktion auf Menschen, Zeitungsartikel sowie Radio- und Fernsehkommentatoren beobachtet? Haben Sie von Ihrem üblichen stereotypen Verhalten Notiz genommen?«
Er antwortete: »Nein, diese Dinge habe ich nicht bemerkt.« Er betrachtete seine Reaktionen als selbstverständlich und machte daher spirituell keine Fortschritte. Nunmehr begann er jedoch, über seine Reaktionen nachzudenken; er räumte ein, daß er sich über viele Artikel und Kommentare beträchtlich geärgert hatte. Er hatte geradezu maschinengleich reagiert und sich in keiner Weise diszipliniert. Selbst wenn alle Journalisten und Kommentatoren im Unrecht wären und er allein im Recht, so hätte das nicht das Geringste zu bedeuten; das Wesentliche war die in ihm aufwallende negative Reaktion, deren Wirkung aufs höchste destruktiv ist und auf einen Mangel an mentaler und spiritueller Disziplin schließen läßt.
Wenn du sagst: »Ich denke dies...«, »Ich denke das...«, »Ich

nehme das übel...« oder »Das mag ich nicht...«, welches »Ich« spricht dann? Ist es nicht ein anderes »Ich«, das sich da jeden Moment bemerkbar macht? Jedes »Ich« ist vollkommen anders. Ein »Ich« in dir kritisiert etwas, und schon ein paar Minuten später spricht ein anderes »Ich« recht zärtlich. Betrachte deine verschiedenen »Ichs« und lerne von ihnen und sei tief in deinem Innern überzeugt, daß bestimmte »Ichs« niemals dein Denken dominieren, beherrschen oder lenken werden.

Sieh dir die »Ichs« sehr genau an, mit denen du verkehrst. Mit welcher Sorte Menschen umgibst du dich? Ich beziehe mich auf die Menschen, die dein Bewußtsein bevölkern. Bedenke, dein Gemüt ist eine Stadt; Gedanken, Ideen, Meinungen, Gefühle, Empfindungen und Überzeugungen – sie alle wohnen dort. Einige Winkel in deinem Gemüt sind ausgesprochene Slums und gefährliche Straßen; dennoch geht Jesus (dein Begehren) immer diese Straßen in deinem Gemüt entlang, in Form deines Ideals, deines Begehrens und deines Lebensziels.

Eine Bedeutung von Jesus ist dein Begehren; denn dein Begehren ist – sobald es realisiert ist – dein Erlöser. Deine Ziele und Vorhaben im Leben spornen dich jetzt an, damit du ihnen zustrebst. Widme deine Aufmerksamkeit deinem Begehren; in anderen Worten, lege ein lebendiges Interesse für sie an den Tag. Wandle in deinem Gemüt die Straßen der Liebe, des Friedens, der Freude und des guten Willens; auf diesem Weg werden dir wunderbare Menschen begegnen. Du wirst herrlich erleuchtete Straßen finden und wunderbare Einwohner auf den besseren Straßen deines Gemüts.

Lasse es niemals zu, daß sich in deinem Haus (deinem Bewußtsein) Bedienstete tummeln, die du nicht unter Kontrolle hast. In deiner Jugend hatte man dich angehalten, dich nicht mit dem, was deine Mutter »schlechten Umgang«

nannte, abzugeben. Jetzt, da du anfängst, dir deiner inneren Kräfte bewußt zu werden, mußt du besonders darauf achten, daß du nicht mit den falschen »Ichs« (Gedanken) in deinem Innern umgehst.

Die zweite Geburt

Jedesmal, wenn du dazu neigst, zornig, kritisch, deprimiert oder gereizt zu sein, denke an Gott und den Himmel und frage dich: »Wie ist es mit Gott und dem Himmel?« Hier bekommst du die Antwort, um zu einem neuen Menschen zu werden; so wirst du spirituell neu geboren oder erfährst das, was als zweite Geburt bezeichnet wird. Die *zweite Geburt* ist innere Disziplin und spirituelles Verständnis.
Der Heilige und der Sünder stecken in uns allen; ebenso wie der Mörder und der Geweihte – das Gottes- und das Weltbewußtsein. Jeder Mensch hat das Bestreben, im Grunde seines Herzens gut zu sein, Gutes auszudrücken und Gutes zu tun. Das ist »das Positive« in dir. Hast du jedoch destruktive Handlungen begangen, vielleicht jemanden beraubt, bemogelt oder hintergangen, dann werden die Betreffenden nicht sonderlich gut auf dich zu sprechen sein. Vielmehr verurteilen sie dich und halten dich in einem schlechten Licht. Du kannst dich jedoch jederzeit aus dem Slum deines Gemüts zu dem erhöhten Ort in deinem Bewußtsein erheben, wo du aufhörst, dich selbst zu verurteilen; dann werden auch alle deine Ankläger schweigen. Wenn du aufhörst, dich selbst anzuklagen, wird auch die Welt dich nicht länger anklagen; das ist die Macht deines Bewußtseins; das ist der Gott in dir.
Es ist töricht, sich selbst zu verurteilen; dazu hast du keinen Anlaß. Es ist müßig, sich mit Gedanken der Selbstanklage

abzugeben. Angenommen, du hast eine unrechte Handlung begangen, etwas Kriminelles oder eine andere Gemeinheit. Das war nicht der Gott in dir, der das tat; es war nicht das wahre »Ich« oder der Unendliche Eine, es war das andere Selbst (das Weltbewußtsein) in dir. Das enthebt dich selbstverständlich nicht deiner Verantwortung. Wenn du deine Hand ins Feuer legst, dann verbrennst du dich; oder wenn du bei Rot über die Kreuzung fährst, wirst du für eine Verkehrswidrigkeit bestraft.

Das andere Selbst repräsentiert die vielen »Ichs« in dir, zum Beispiel die vielen negativen Ideen, die Annahme, daß es andere Mächte außerhalb deines eigenen Bewußtseins gibt; die Annahme, daß andere imstande sind, dich zu verletzen; daß vielleicht die Elemente unfreundlich sind, zuzüglich der Befürchtungen, des Aberglaubens und der Ignoranz jeglicher Art. Schließlich kommt es dazu, daß dich Vorurteile, Ängste und Haßgefühle zu Handlungen antreiben, die du im anderen Fall nicht begehen würdest. Die ideale Weise, das Gefühl des »Ichs« zu verändern, besteht darin, dem wirklichen »Ich« in deinem Innern alles das anzuheften, was nobel, wundervoll und gottgleich ist.

Bejahe: »Ich bin stark. Ich bin glücklich. Ich bin inspiriert. Ich bin erleuchtet. Ich bin liebevoll. Ich bin freundlich. Ich bin harmonisch.« Fühle diese Bewußtseinszustände; bejahe sie und glaube an sie; dann beginnst du wahrhaft im Garten Gottes zu leben. Was immer du dem *»Ich bin«* im Glauben und Vertrauen anheftest, zu dem wirst du. Das »Ich bin« in dir ist Gott, und außer ihm ist kein anderer. »Ich bin« oder Leben, Gewahrsein, reines Sein, Existenz oder dein wirkliches Selbst ist Gott. Er ist die einzige Ursache. Er ist die einzige Macht, die irgend etwas auf der Welt zuwegebringt. Ehre ihn; lebe den ganzen Tag mit dem Gefühl *»Ich bin* erleuchtet«, und Wunder werden in deinem Leben geschehen. Fühle dich vom Höchsten inspiriert; lebe fortgesetzt in

dieser mentalen Atmosphäre; dann ziehst du aus deinem tieferen Bewußtsein die Weisheit, Wahrheit und Schönheit Gottes, und deine ganze Welt wird sich verändern durch deine innere Kontemplation der Wahrheiten Gottes.
Wenn du dich fortgesetzt damit beschäftigst, das Gefühl des »Ich«, wie oben erklärt, zu verändern, dann bevölkerst und erleuchtest du all die Tiefen und Winkel deines Gemüts mit Gottes ewigen Wahrheiten. *»Fürchte dich nicht, denn ich habe dich erlöst... wenn du durch Wasser gehst, will ich bei dir sein, daß dich die Ströme nicht ersäufen sollen; und wenn du ins Feuer gehst, sollst du nicht brennen, und die Flamme soll dich nicht versengen.«* (Jesaja 43:1,2) Das ist die Gottesgegenwart, die immer vor dir hergeht, auf welchen Pfaden du auch wandelst. Deine dominierende Geisteshaltung der Atmosphäre geht jederzeit vor dir her. Sie schafft die Erfahrungen, denen du ausgesetzt bist.
Behalte das Folgende immer im Sinn: Wenn du um etwas ganz Bestimmtes betest, ist es unerläßlich, dein Gemüt mit dem Bewußtsein oder Gefühl des *Seins oder Habens* zu erfüllen. Jedes gegenteilige Argument, das in deinem Bewußtsein auftaucht, mußt du sofort und entschlossen zurückweisen; das ist Gebet. Durchtränke dein Bewußtsein mit dem, um das du betest, indem du intensiv und mit Interesse daran denkst. Tue das still und regelmäßig, bis dein Bewußtsein mit einer Überzeugung angefüllt ist. Wenn du das tust, wird das Problem dich nicht länger belästigen. Dann wirst du deine mentale Haltung bewahren und zusätzlich das Gefühl haben: »Ich fühle, daß ich jetzt das bin, was ich sein will«, und wenn du mit diesem Fühlen fortfährst, dann wirst du auch zu dem werden, was du sein willst.
Hier ist das Gesetz: »Ich bin das, was ich meinem Gefühl nach bin.« Praktiziere die Veränderung des »Ich-Gefühls« täglich, indem du bejahst: »Ich bin Geist; ich denke, sehe, fühle und lebe als Geist, als Gegenwart Gottes.« (Das ande-

re Selbst in dir denkt, fühlt und handelt wie das Massengemüt denkt, fühlt und handelt.) Wenn du damit fortfährst, beginnst du zu fühlen, daß du eins mit Gott bist. So wie die Sonne am Himmel die Erde von Dunkelheit und Düsternis erlöst, so wird die Erkenntnis der Gegenwart Gottes den Menschen in dir zum Vorschein bringen, der du immer sein wolltest – den freudigen, strahlenden, friedlichen, wohlhabenden und erfolgreichen Menschen, dessen Intellekt vom Licht, das von oben scheint, erleuchtet wird.

Gott veranlaßt die Sonne, überall und auf alle Menschen zu scheinen. Kein Mensch kann dir den Sonnenschein der Liebe Gottes nehmen. Niemand kann dich in das Gefängnis der Furcht oder Ignoranz sperren, wenn du die Wahrheit Gottes kennst, die dich frei macht.

Das Gefühl, daß das »Ich bin« in dir Gott ist, macht dir klar, daß es nichts gibt, wovor du dich fürchten müßtest, und daß du eins bist mit der Allmacht, der Allwissenheit und der Allgegenwart. Niemand kann dir deine Gesundheit, deinen Frieden, deine Freude oder dein Glück stehlen. Du lebst jetzt nicht mehr mit den vielen »Ichs« der Furcht, des Zweifels und des Aberglaubens. Du lebst jetzt in der göttlichen Gegenwart und im Bewußtsein der Freiheit.

Frag dich selbst: »Wer ist es, der zu jeder Zeit in mir das Kommando übernimmt und in Seinem Namen spricht, der sich selbst ›Ich‹ nennt?« Identifiziere dich niemals mit Negativitäten wie Furcht, Vorurteilen, Stolz, Arroganz usw.

Werde zum Beobachter, indem du deine Augen auf Gott heftest – dem wirklichen »Ich« –, dem Unendlichen Einen in dir. Bekomme das Gefühl des »Ich« auf der beobachtenden Seite und nicht in dem, was du beobachtest. Fühle, daß du mit den Augen Gottes siehst; und deshalb: *»Deine Augen sind zu rein, als daß du Böses ansehen könntest, und dem Argen vermagst du nicht zuzuschauen.«* (Habakuk 1:13)

Bleib ewig jung!

Vor einigen Monaten machte ich in London einen Krankenbesuch bei einem alten Freund. Sein Zustand war besorgniserregend. Er sagte mir: »Wir werden geboren, wachsen heran, werden alt, sind zu nichts mehr zu gebrauchen, und das war's dann.« Diese Geisteshaltung der Sinn- und Nutzlosigkeit war im wesentlichen der Grund für seine Krankheit. Er war frustriert, schwach und fast leblos. Er hatte das Gefühl, daß seine fortgeschrittenen Jahre (über achtzig) ihm keine Hoffnung mehr ließen. Er behauptete unentwegt, nutzlos und von niemandem erwünscht zu sein. Voller Erwartung sah er seiner Vergreisung entgegen und danach – dem Nichts.

Unglücklicherweise trifft man bei vielen Menschen auf die gleiche Einstellung wie bei diesem Mann. Sie fürchten sich vor dem, was sie als Alter bezeichnen, dem Ende und vermeintlichen Ausgelöschtsein. In Wirklichkeit fürchten sie sich vor dem Leben; das Leben ist jedoch endlos. Die Weisheit lehrt uns, daß das Alter nicht aus der Flucht der Jahre besteht, sondern aus dem Heraufdämmern der Weisheit. Der Geist im Menschen wurde nie geboren und kann niemals sterben. Der Geist ist Gott, und Gott hat weder Anfang noch Ende. Der Körper des Menschen ist in Wahrheit das Gewand, das Gott trägt, wenn er die Form des Menschen annimmt. Um sich zu manifestieren, braucht der Geist eine Form.

Der Körper des Menschen ist das Instrument, durch das der Geist auf dieser Ebene wirkt. Geist und Körper sind nicht getrennt; der Körper des Menschen ist Geist oder Leben, reduziert auf die Ebene der Sichtbarkeit. Geist und Materie sind nicht unterschiedlich – sie sind gleich. Geist ist der höchste Grad der Materie, und Materie ist der niedrigste Grad des Geistes. Der Mensch wird immer über einen Körper verfügen. Wenn er diese Ebene verläßt, wird er einen vierdimensionalen Körper anlegen, und so geht es weiter bis in die Unendlichkeit; denn der Herrlichkeit des Menschen ist kein Ende.

Das Leben ist eine ständige Aufwärtsentwicklung; die Reise geht ewig vorwärts, aufwärts und gottwärts. Alle Formen im Universum kehren nach und nach ins Formlose zurück, und das formlose Leben nimmt ewig wieder Form an. Jeder Anfang hat auch ein Ende. Unser Körper hat einen Anfang; er wird zu seiner ursprünglichen formlosen Substanz zurückkehren, und wir werden einen neuen Körper anlegen, denn jedes Ende ist ein Anfang.

Innere Reife

Das Alter ist keine tragische Angelegenheit. Das, was wir allgemein als Alterungsprozeß bezeichnen, ist lediglich eine Veränderung. Sie sollte willkommen geheißen werden, da jede Phase des menschlichen Lebens ein Aufwärtsschritt auf dem Pfad ist – dem Pfad, der kein Ende hat. Der Mensch verfügt über Kräfte, die seinen Körper transzendieren – über ihn hinausgehen; er verfügt über Sinne, die seine fünf Sinne übersteigen. Die heutige Wissenschaft verfügt über unwiderlegbare Beweise, daß der Mensch imstande ist, seinen gegenwärtigen Körper zu verlassen, um an Orten, die Tausende von Meilen entfernt sind, Kontakt mit Menschen aufzunehmen – sie zu sehen, zu hören, zu

berühren und zu ihnen zu sprechen, obgleich sein physischer Körper sich Tausende von Meilen entfernt auf einer Couch befindet. Das Leben des Menschen ist spirituell und ewig; er kann niemals altern, denn der Geist des Lebens kann nicht altern. Das Leben ist selbsterneuernd, ewig und unzerstörbar. Gott ist Leben, und Leben ist die Realität für alle Menschen. Der Beweis für die Unsterblichkeit des Menschen ist überwältigend. Der Wissenschaftler kann ein Elektron nicht mit bloßem Auge wahrnehmen; dennoch akzeptiert er es als wissenschaftliche Tatsache. Denn es ist die einzig einleuchtende Schlußfolgerung, die mit anderen festgestellten Phänomenen übereinstimmt. Wir können Gott oder das Leben nicht sehen; wir wissen jedoch, daß wir lebendig sind. Das Leben ist, und wir sind hier, ihm in all seiner Schönheit und Herrlichkeit Ausdruck zu geben.
Die Bibel sagt: »*Das aber ist das ewige Leben, daß sie Dich erkennen, der Du allein wahrer Gott bist.*« (Johannes 17:3)
Der Mensch, der da meint, daß der irdische Zyklus von Geburt, Jugendzeit, Volljährigkeit und Alter alles ist, was das Leben ausmacht, ist in der Tat zu bedauern; solch ein Mensch verfügt über keinen Anker, keine Hoffnung, keine Vision, und das Leben hat keine Bedeutung für ihn. Eine solche Überzeugung bringt Frustration, Stillstand, Zynismus und ein Gefühl der Hoffnungslosigkeit, das zu Neurosen und mentalen Abirrungen aller Art führen kann. Wenn du nicht so rasant Tennis spielen oder so schnell schwimmen kannst wie dein Sohn, wenn deine Körperfunktionen sich verändert haben oder du dich langsamer bewegst, dann bedenke, daß der Geist sich immer wieder neu kleidet. Was die Menschen als den Tod bezeichnen, ist doch nur eine Reise zu einer anderen Stadt, in eine andere Wohnung, in unseres Vaters Haus.
Ich sage den Zuhörern meiner Vorträge, daß sie das, was wir als Alter bezeichnen, mit Würde akzeptieren sollten.

Das Alter hat seine eigenen Reize und Schönheiten, die nur ihm zugeordnet werden können. Liebe, Schönheit, Frieden, Freude, Glück, Weisheit, guter Wille und Verständnis – diese Qualitäten können niemals altern und niemals sterben. Emerson sagte: »Wir zählen nicht die Jahre eines Menschen, bis er nichts anderes mehr zu zählen hat.« Dein Charakter, die Qualitäten deines Verstands, dein Glaube und deine Überzeugung unterliegen nicht dem Verfall.
In England begegnete ich einem Chirurgen, der im Alter von 84 Jahren noch jeden Vormittag operierte, am Nachmittag seine Patienten besuchte und am Abend an einem Buch schrieb. Mit 84 ist dieser Mann jung, voller Leben, Eifer, Enthusiasmus, Liebe und gutem Willen. Er hat vor seinen fortgeschrittenen Jahren nicht kapituliert; er weiß, daß er unsterblich ist. Er sagte mir: »Wenn ich morgen meinen Übergang vollziehen sollte, dann würde ich in der nächsten Dimension operieren, nicht mit dem Skalpell des Chirurgen, sondern mit mentaler und spiritueller Chirurgie.«
John Wesley war noch im Alter von fast 90 Jahren sehr aktiv und wunderbar imstande, seine Überzeugungen von Gott und seinen Gesetzen den Menschen nahezubringen.
Präsident Herbert Hoover war auch im sogenannten Ruhestand noch sehr aktiv. In seinen Achtzigern hat er noch Gewaltiges für unser Land und seine Regierung geleistet. Er war gesund, glücklich, kraftvoll, enthusiastisch und voller Leben. Ich habe seine Reden am Radio gehört; seine Ausführungen waren klar und bestimmt. Ich bin überzeugt, daß sein Scharfsinn und seine Weisheit ausgeprägter waren als im Alter von Vierzig. Er fand das Leben interessant und faszinierend. Er verbrachte alle verfügbare Zeit damit, ein Buch über das Leben des früheren Präsidenten Woodrow Wilson zu schreiben. Mr. Hoover war ein sehr religiöser Mann, voller Vertrauen in Gott, in das Leben und das Universum. In den Depressionsjahren war er einem Sperrfeuer

von Kritik ausgesetzt, aber er hatte den Stürmen standgehalten und ließ sich nicht von Grollgefühlen und Bitterkeit überwältigen, um damit dem Alterungsprozeß Vorschub zu leisten. Er begab sich vielmehr in die Stille und stellte Verbindung mit dem ihm innewohnenden Gott her. So fand er den Frieden, der als Kraft aus dem Herzen Gottes kommt.

Die beste Vorbeugung

Der größte und wirksamste aller »Stoßdämpfer« und das beste Vorbeugungsmittel gegen Altersschwäche und Klapprigkeit sowie gegen mentale und physische Störungen ist Frieden im göttlichen Zentrum unseres Innern. Stimme dich darauf ein und fühle es jetzt. Alle auf dich gerichteten Stachel, wie Kritik, Zorn und Haß, werden im großen Meer der Liebe Gottes absorbiert, neutralisiert und aufgelöst. Dieser Frieden in deinem Innern ist das Geheimnis, das es dir ermöglicht, immer jung zu bleiben.
Mein Vater begann im Alter von 65 Jahren die französische Sprache zu erlernen; mit 70 sprach er sie bereits fließend; daneben studierte er Gälisch und wurde zu einem bekannten Lehrer dieser Sprache. Des weiteren assistierte er meiner Schwester bei ihrer Lehrtätigkeit in einer höheren Schule, eine Tätigkeit, die er bis zu seinem Übergang mit 99 beibehielt. Sein Verstand war mit 99 ebenso klar wie mit 50; mehr noch, seine Handschrift und seine Verstandeskräfte haben sich im Laufe der Jahre noch verbessert. Cato begann mit 80 Griechisch zu lernen, und Madame Schumann-Heink hatte den Höhepunkt ihrer musikalischen Karriere erreicht, als sie bereits Großmutter war. Es gibt eine alte Redensart, der eine große Wahrheit zugrunde liegt: »Der Mensch ist so alt, wie er sich fühlt.« Du bist so alt oder so

jung wie dein Denken. Überleg doch mal selbst. Frag dich einmal: »Wann wurde mein Geist geboren? Wann wird er sterben? Haben Geist, Gemüt und Verstand einen Anfang? Wie könnte es ein Ende geben für etwas, das weder Anfang noch Ende hat?«

Das Leben wurde niemals geboren und wird niemals sterben. Wasser näßt es nicht, Feuer brennt es nicht, der Wind bläst es nicht hinweg. Du weißt, daß es sich hier um alte Wahrheiten handelt. Wie könntest du dann sagen: »Ich bin alt, ich bin nutzlos, niemand will mich«? Niemals in aller Ewigkeit könntest du die Herrlichkeiten und Schönheiten erschöpfen, die in dir sind, denn die Ewigkeit ist in dir. Für den Menschen gibt es kein Ende, weil es für Gott kein Ende gibt. Dieses Konzept, verfolgt und aufrechterhalten, hält dich jung, vital, interessiert, wachsam und voller Licht, das sich niemals verdunkelt. Dein graues Haar ist ein großer Gewinn für dich; es symbolisiert Weisheit, Verständnis, gütige Nachsicht und Charakterstärke. Es gibt viele Geistliche und Lehrbeauftragte, denen attraktive Angebote gemacht werden, wenn sie über 60 sind; viele Menschen glauben ganz einfach, daß sie dann etwas wissen und zu sagen haben. Neulich sagte jemand zu mir: »Ich kam nur deshalb zu Ihnen, weil Sie graue Haare haben; ich glaube, Sie sind bereits durch die Mangel gedreht und sprechen aus Erfahrung.« Für Geistliche und Lehrbeauftragte ist es ein Leichtes, eine gute Position zu erlangen, wenn sie 45, 60 und darüber sind. Ein Priester im Ruhestand erzählte mir kürzlich, daß er von allen Seiten attraktive Angebote bekäme – er ist 70; Wahrheit, Liebe und Weisheit haben kein Alter. Ein zwölfjähriger Junge, der die geistigen Gesetze studiert, kann möglicherweise bereits über bessere Kenntnisse von der Wirkungsweise des Universums verfügen als sein Großvater, dessen Verstand sich den Wahrheiten Gottes nicht öffnen will.

Gib niemals eine Tätigkeit auf, weil du meinst, mit allem fertig zu sein. Sag niemals: »Ich bin jetzt Rentner, ich bin alt, ich bin fertig.« Das ist Stillstand, Stagnation, Tod, und wenn du so sprichst, dann bist du allerdings fertig. Manche Menschen sind mit 30 bereits alt, andere mit 80 noch jung. Der Geist ist der Meisterweber, der Architekt, der Designer und der Bildhauer. George Bernard Shaw war bekanntlich noch mit 90 sehr aktiv. Die architektonische Qualität seines Geistes hatte in keiner Weise nachgelassen und sich nicht von aktiver Tätigkeit zurückgezogen.
Viele Männer und Frauen haben mir berichtet, daß einige Arbeitgeber ihnen die Tür vor der Nase zugeschlagen haben, als sich herausstellte, daß sie über 40 waren. Eine Einstellung, die bei vielen Arbeitgebern anzutreffen ist. Sie ist kalt, herzlos, böse und offenbart nur einen Mangel an Einfühlungsvermögen. Man scheint hundertprozentig auf Jugend zu setzen, d.h., für diese Leute sollte man möglichst unter 35 sein.
Die Begründung dafür erscheint mir doch recht oberflächlich. Wenn so ein Arbeitgeber nur ein bißchen nachdenken würde, dann würde ihm klar werden, daß der Bewerber ihm nicht sein Alter oder sein graues Haar anbietet, sondern seine Talente, seine Erfahrungen und seine im Lauf der Jahre auf dem Marktplatz des Lebens erworbene Weisheit. Die Konsequenz aus dieser Erkenntnis: Das Alter eines Menschen sollte von der betreffenden Firma oder Organisation als ausgesprochener Gewinn betrachtet werden. Sein graues Haar – sofern vorhanden – sollte als Zeichen von Erfahrung, Können und Verständnis gewertet werden. Ein emotional und spirituell ausgereifter Mensch kann jeder Organisation nur zum Segen gereichen. Kein Mensch sollte jemals veranlaßt werden, mit 65 in den Ruhestand zu treten; das ist die Zeit im Leben, in der er am nützlichsten sein könnte, beispielsweise in der Bewältigung von Personalpro-

blemen, bei Planungen für die Zukunft, dem Treffen von Entscheidungen und im Bereich schöpferischer Ideen, aufgrund seiner Erfahrung und seines Einblicks in die geschäftlichen Gegebenheiten.

Ein Drehbuchautor in Hollywood erzählte mir einmal, daß er Manuskripte liefern müsse, die auf die Mentalität von Zwölfjährigen abgestimmt sind. Ein tragischer Zustand, der aufzeigt, daß die großen Massen emotional und spirituell unreif sind. Es bedeutet, daß hier Jung-sein und Jugendlichkeit geradezu überbetont werden. Denn Jugend bedeutet auch Unerfahrenheit, Mangel an Unterscheidungsvermögen und vorschnelles Urteilen. In dem Zusammenhang fällt mir gerade ein sechzigjähriger Mann ein, der mit allen Mitteln versucht, jung zu erscheinen. Er geht jeden Sonntag mit jungen Leuten schwimmen, macht lange Wanderungen, spielt Tennis und prahlt mit seinem Stehvermögen und physischen Kräften. Er sagt bei jeder Gelegenheit: »Da seht ihr's, ich kann noch mit den Besten mithalten.« Die große Wahrheit, *wie der Mensch in seinem Herzen denkt, so ist er,* scheint er nicht mehr zu kennen. Weder Diäten noch Übungen oder irgendwelche Sportarten werden imstande sein, diesen Mann jung zu erhalten. Altern oder jung bleiben kann er allein durch die Art seines Denkens. Der Geist wird durch das Denken geformt; wenn seine Gedanken auf das Schöne, das Edle und Gute gerichtet sind, dann wird er jung bleiben, ohne Rücksicht auf seine Jahre.

Hiob sagt: *»Was ich gefürchtet habe, ist über mich gekommen.«* Nur zu viele Menschen fürchten das Alter und eine ungewisse Zukunft. Mit den fortschreitenden Jahren erwarten sie einen geistigen und körperlichen Verfall, und was sie denken und fühlen, verwirklicht sich selbstverständlich. Wenn wir das Interesse am Leben verlieren, dann werden wir alt. Wir werden alt, wenn wir aufhören zu träumen, nach neuen Wahrheiten zu lechzen und nach Welten, die

es zu erobern gilt. Wenn der Geist für neue Ideen offen ist, für neue Interessen, und wenn wir den Vorhang heben und den Sonnenschein der Inspiration und die neuen Wahrheiten von Gott und seinem Universum einlassen, werden wir immer jung und vital sein. Ganz gleich, ob dein Körper 90 oder 99 Jahre zählt, sei dir klar darüber, daß du viel zu geben hast. Du kannst der jüngeren Generation helfen, sich zu stabilisieren, du kannst sie führen und leiten; sie an deinem Wissen, deiner Erfahrung und deiner Weisheit teilhaben lassen; du kannst immer vorwärts sehen, denn du blickst in die Unendlichkeit. Du wirst niemals aufhören können, die Wunder und Herrlichkeiten des Unendlichen Einen zu enthüllen. Schleier für Schleier wird sich lüften, und Sein Antlitz wird immer erhabener. Versuche in jedem Moment des Tages, etwas Neues zu lernen, und du wirst entdecken, daß dein Geist immer jung und beweglich ist.
In Bombay wurde ich mit einem Mann bekannt gemacht, von dem es hieß, er sei 110 Jahre alt. Er hatte die schönsten Gesichtszüge, die ich je gesehen habe. Das Strahlen eines inneren Lichtes schien sie verklärt zu haben. Seine Augen drückten eine seltene Schönheit aus, ein Zeichen dafür, daß er mit Freude alt geworden ist.

Der »Fünfunddreißiger-Kult«

Ich bekomme viele Briefe von Männern und Frauen, in denen es heißt: »Ich wurde abgelehnt, weil ich über 40 bin.« Eine stupide Indifferenz diesen Menschen gegenüber und ihrem Wunsch, ihren Talenten und Fähigkeiten Ausdruck zu geben. Offenbar haben wir einen neuen Kult geschaffen, nämlich den »Fünfunddreißiger-Kult«. Ein Mann berichtet mir, daß er nicht angenommen wurde, weil er 36 Jahre alt war und die Firma ein paar Dollar an Versicherungsprämie bezahlen müßte. Wie engstirnig, kurzsichtig und abstoßend. Das Gegenteil sollte wahr sein, nämlich Respekt für die Erfahrungen und Fähigkeiten eines Menschen.

Immerhin nehmen unsere Zeitungen jetzt zur Kenntnis, daß das Wählerpotential der Älteren in Kalifornien sprunghaft angestiegen ist; das bedeutet, daß ihre Stimme Gewicht bekommt und sowohl in unserem Bundesstaat als auch im Kongreß in Washington Gehör finden wird. Ich finde, es sollte ein Gesetz eingebracht werden, das Arbeitgebern jede Diskriminierung von Männern und Frauen aufgrund ihres Alters verbietet. Ein fünfundsechzigjähriger Mensch kann nämlich mental, psychologisch und physisch jünger sein als ein Dreißigjähriger. Es ist einfach lächerlich, einen Menschen abzulehnen, nur weil er über 40 ist. Ebensogut könnte man ihm zu verstehen geben, daß er eigentlich auf den Schrotthaufen gehört. Was sollen denn Vierzigjährige tun? Ihre Talente begraben und ihr Licht unter den Scheffel stellen? Menschen, denen die Möglichkeit zu arbeiten aufgrund ihres Alters verweigert wird, leben von der Arbeitslosenunterstützung, die wiederum von der Kommune oder dem Staat, also der Gemeinschaft, aufgebracht werden muß; und jene Firmen, die sie nicht einstellen und von ihren Kenntnissen und Erfahrungen profitieren wollen, müssen Steuern aufbringen, um sie zu erhalten; eine Art finanziellen Selbstmords.

Der Mensch ist hier, um die Früchte seiner Arbeit zu genießen. Er ist hier, um für die Gesellschaft zu produzieren und nicht ihr Gefangener zu sein. Der Gefangene einer Gesellschaft, die ihn zur Untätigkeit zwingt. Die Körperfunktionen des Menschen verlangsamen sich im Lauf der Jahre, dafür kann der Geist viel aktiver sein, wachsamer, lebendiger und vom Heiligen Geist belebt. Der Geist des Menschen muß nicht altern. Hiob sagte: *»Oh, daß ich wäre wie*

in früheren Monaten, in den Tagen, da Gott mich behütete, da Seine Leuchte über meinem Haupt schien und ich bei Seinem Licht durch die Finsternis ging! Wie war ich in der Blüte meines Lebens, als das Geheimnis Gottes über meiner Hütte war.« (Hiob 19:2-4)
Das Geheimnis, von dem Hiob spricht, ist Freude. Wir alle können unsere Jugend wiedererlangen, indem wir die Gabe Gottes in uns anfachen. Jedesmal, wenn wir den Geist als den allmächtigen Herrscher anerkennen und die Macht der falschen Annahmen der Welt (unseres Wahrnehmungsbereichs) zurückweisen, fachen wir die Gabe Gottes in uns an. (Psalm 16:11) – *»In ihm ist Freude die Fülle... Die Freude am Herrn ist unsere Stärke.«* (Jeremia 8:10)
Fühle, wie der wunderwirkende, heilende, selbst-erneuernde, ewig-lebende Gott durch dein Gemüt und deinen Körper wirkt. Sei dir bewußt, daß du inspiriert, erhoben, verjüngt und gestärkt wirst; dann fühlst du einen tiefen Widerhall und wirst verjüngt, revitalisiert und spirituell aufgeladen. Du kannst überschäumen vor Begeisterung und Freude, wie in den Tagen deiner Jugend, weil du nämlich ganz einfach diesen freudvollen Zustand mental und emotional wieder einfangen kannst. Das Licht, das auf dein Haupt scheint, ist göttliche Intelligenz, die dir alles Wissenswerte enthüllt und dich befähigt, die Gegenwart deines Guten zu bejahen, ungeachtet aller Erscheinungen. Du wandelst in Seinem Licht, denn du weißt, die Morgendämmerung muß erscheinen, und alle Schatten werden fliehen.

Die Suggestion des Massengemüts

Statt zu sagen: »Ich bin alt«, sage: »Ich bin auf göttliche Art weise.« Du bist kein Versager, denn du weißt: »Er versagt niemals.« In Gedanken kannst du dich immer auf Reisen begeben und neue Felder erschließen. Laß dir von niemandem, weder vom Massengemüt noch von Firmen, Zeitungen, Statistiken usw. ein Bild fortgeschrittenen Alters, fliehender Jahre, Altersschwäche, Klapprigkeit, Senilität und Nutzlosigkeit suggerieren. Weise es zurück, denn dieses Bild ist eine Lüge. Du kannst dich über das Massengemüt erheben und es ablehnen, dich von solcher Propaganda hypnotisieren zu lassen. Bejahe das Leben – nicht den Tod. Bedenke, du lebst ewig, und der Geist ist deine Realität. Visualisiere dich als glücklich, strahlend, erfolgreich, fröhlich und vom Licht Gottes erfüllt.

Wenn du im Ruhestand bist, interessiere dich für die Bibel, für ihre innere Bedeutung. Schaff dir ein Hobby an, tue etwas, das du schon immer tun wolltest. Schreib dich bei der Universität ein und befaße dich mit Themen, die du schon immer studieren wolltest. Reise, erforsche, untersuche und bete wie folgt: »*Wie der Hirsch nach frischem Wasser lechzt, so lechzt meine Seele nach Dir, o Gott.*« (Psalm 42:1)

Sei sicher, daß dein Geist sich niemals zurückzieht. Dein Geist muß wie ein Fallschirm sein, der ja nichts nützt, wenn er sich nicht öffnet. Deshalb sei offen und empfänglich für neue Eindrücke und Ideen. Ich habe Männer mit 65 und 70 in den Ruhestand gehen sehen; sie schienen zu verrotten, und wenige Monate später waren sie schon nicht mehr; sie fühlten, daß ihr Leben zu Ende war. Betrachte den Ruhestand als ein neues Unternehmen, eine neue Herausforderung, einen neuen Weg, den Beginn der Erfüllung eines langgehegten Traums.

Es ist unaussprechlich deprimierend, Menschen sagen zu hören: »Was soll ich tun? Ich bin im Ruhestand!« Solch ein Mensch sagt in Wirklichkeit: »Ich bin mental und physisch tot. Mein Geist ist aller Ideen ledig.« All dies ist ein falsches

Bild. Die Wahrheit ist, daß man mit 90 mehr erreichen kann als mit 60, denn jeden Tag wachsen wir in Weisheit und dem Verständnis Gottes und Seines Universums. Und all das durch unsere neuen Studien und Interessen.

»So schwillt sein Fleisch von Jugendkraft, er kehrt zurück zu den Tagen der Jugend.« (Hiob 33:25) Sei dir bewußt, daß Geist und Gemüt niemals altern, es sei denn, du redest dir das ein. Geh dazu über, dem innewohnenden Gott, der einzigen überragenden Ursache und Macht, alle Anerkennung und Hochachtung zu geben. Du spaltest deine Treue zu Gott, wenn du Ereignissen, Begebenheiten, Menschen, Zuständen, kurz dem Massengemüt, Macht über dich gibst. Ein solcher Treuebruch verursacht Konflikt und Furcht. Du magst 80 Jahre an Lebensjahren alt sein, wenn du jedoch griesgrämig, reizbar, jähzornig oder bockig bist, dann bist du tatsächlich alt, ungeachtet der Jahre, die du angehäuft hast. Alter bedeutet, die Wahrheiten Gottes vom höchsten Standpunkt zu kontemplieren. Das bringt dich an den Ursprung, an die Quelle Gottes, wo du das Wasser des Lebens trinkst, das dich für ewig erfrischt.

Schau nach vorne und erwarte größeres spirituelles Gewahrsein, und erkenne, daß du dich auf einer endlosen Reise befindest, daß du Schritte in die Unendlichkeit unternimmst. Daß du dich vorwärts bewegst im unaufhörlichen, endlosen Meer der Liebe Gottes; dann wirst du mit dem Psalmisten sagen: *»Noch im Alter tragen sie Frucht, sind saftvoll und frisch.«* (Psalm 92:15) – *»Die Frucht des Geistes aber ist Liebe, Freude, Friede, Langmut, Freundlichkeit, Güte, Treue, Sanftmut, Mäßigung. Wider solche Dinge ist das Gesetz nicht.«* (Galater 5:22-23) Du bist der Sohn des Unendlichen und ein Kind der Ewigkeit.

Die heilende Kraft der Liebe

Eines der schönsten und bewegendsten Kapitel in der Bibel ist die Geschichte von Ruth und Boas. *Ruth* bedeutet, das, was liebevoll anhaftet. *Boas* steht für die Wahrheiten Gottes. Dies sind die zwei Säulen, die zum Heiligsten der Heiligtümer in deinem Inneren hinführen.

Wir lieben Gott, wenn wir uns standhaft weigern, Irrtümern und Falschglauben irgendeine Macht einzuräumen, vielmehr müssen wir unsere Anerkennung, Treue und Hingabe allein dem spirituellen Prinzip im Innern widmen, dem Prinzip der Harmonie, damit es sich in unserem Leben manifestiert. Wenn du die Macht der äußeren Erscheinungswelt zurückweist und den Geist im Innern als allmächtig anerkennst, im Wissen, daß er auf jeden unserer Gedanken reagiert, dann hast du den Herrn des Lebens zu deinem Hirten gemacht. Dann liebst du Gott, weil du deine Loyalität einzig und allein der einen Macht – der einen ursprünglichen Ursache – erweist.

Ruth sagte zu ihrer Schwiegermutter Naemi: *»Dringe nicht in mich, daß ich dich verlasse und von dir weg heimkehre. Denn wo du hingehst, da will auch ich hingehen, und wo du bleibst, da bleibe auch ich; dein Volk ist mein Volk, und dein Gott ist mein Gott.«* (Ruth 1:16)

Naemi ist das emotionale Selbst. Ihre zwei Söhne sind tot, das bedeutet, daß Körper und Wahrnehmungsbereich Mangel und Begrenzung ausdrücken. Wenn du deine Herzenswünsche nicht manifestierst oder zum Ausdruck bringst, bist du enttäuscht und frustriert. Es ist also eine Geschichte, die auf uns alle zutrifft. Biblisch gesprochen ist der Mann, der Gemahl, der Gatte einer Frau tot, wenn Gottes Wirken durch sie keinen Ausdruck mehr findet. Sie ist dann nicht länger von göttlichen Ideen geschwängert, wie Güte, Wahrheit und Schönheit. Oder in einfacher psychologischer Sprache ausgedrückt, die Emotionen der Niederlage und Verzweiflung beherrschen das Bewußtsein. Wenn es einem Menschen an Vertrauen mangelt, wenn Initiative und Vorwärtsdrang aufgehört haben, ist der Gemahl tot. Das »Weib« in uns allen ist das Gefühl – unsere emotionale oder subjektive Natur. Der Gedanke ist der Gemahl, und das Gefühl ist das Weib.

Die wahre Bedeutung von »Er soll dein Herr sein«

»Er soll dein Herr sein.« Die männliche Eigenschaft unseres Gemüts ist unser Gemahl – Denken, Handeln, Wünschen oder Vorstellungskraft. Wenn du spirituell wirkst, dann hast du den Wunsch zu wachsen, dich auszudehnen und voranzuschreiten. Das Leben ist Fortschritt. Wenn das Gemüt verwirrt und krank ist, die Emotionen gestört sind, neigt man dazu, sich in sein Inneres zurückzuziehen und zu grübeln; das bedeutet aber auch, daß deine Ideen, Träume und Aspirationen dahinsiechen und sterben und du frustriert bist. Dein gegenwärtiger Bewußtseinszustand und dein Wunsch sind deine zwei Söhne. Bist du gesund, glücklich, fröhlich und wohlhabend, dann sind deine zwei Söhne lebendig. Bist du dagegen voller Furcht und unguter Vorahnungen, wälzt du dich im Schlamm der Verzweiflung und Mutlosigkeit, dann sind deine zwei Söhne tot. Naemi (Schwiegermutter, die emotionale Seite unseres Wesens) mag voller Verzweiflung sein; dennoch drängt uns der spirituelle An-

trieb in uns vorwärts und höher. Er ist die Stimme Gottes, die in der Wildnis allen Menschen zuruft: *»In der Wüste bereitet dem Herrn den Weg.«* (Jesaja 40:3) *Ruth* repräsentiert das, was uns liebevoll anhaftet. Es ist der kosmische Drang, der göttliche Impuls in uns allen. Er haftet uns an und läßt unser Gemüt nicht mehr los. Es ist die innere Stimme, die nachhaltig nach unserer Aufmerksamkeit verlangt. Das Leben sucht immer seinen Selbstausdruck.

»Wohin soll ich gehen vor Deinem Geiste? Wohin soll ich fliehen vor Deinem Angesicht?« (Anm.d.Übers.: In der amerikanischen Standardversion »...vor Deiner Gegenwart?«) (Psalm 139:7) Die uns allen innewohnende Gegenwart Gottes ist auch im kranken, dem von Schmerzen geplagten Menschen. »Siehe, ich bin da.« Im Innern des Menschen befindet sich etwas, das ihn an seinen Ursprung gemahnt und zu ihm zurückdrängt. Seine Aufgabe ist es, diese Erinnerung zu pflegen, zu vergrößern und zu befreien, damit sie von einem Funken zu einer Flamme wird und sein ganzes Sein erfüllt.

Ruth ist das Weibliche in uns, die Gefährtin. Sie repräsentiert den unbewußten Wunsch des Lebens, sich auf jede Weise auszudrücken und zu erhalten. Diese innere Gefährtin, oder Gott in dir, handelt immer als ein Ansporn, dich aus deinem depressiven Zustand zu erheben und einen Ausweg aus deinem Dilemma zu finden. Ruth ist die Mutter in dir, oder der intuitive Sinn. Alle Menschen wollen gut sein, Gutes tun, und Gutes ausdrücken, denn ihre Natur ist göttlich. Gott ist in allen Menschen. Sein Bestreben ist es, sich durch jeden Menschen auszudrücken. Jeder Mensch ist eine Inkarnation Gottes, und wenn du den Wunsch hast, größer zu sein als du bist, dann ist es Gott, der dieses Konzept oder diesen Drang durch dich zum Ausdruck bringt. Entspanne dich, lasse los, nimm die Stimmung der Empfänglichkeit an und laß dich von Gott in seiner ganzen Fülle durchströmen. Emerson sagt: »Es ist die Göttlichkeit, die unsere Enden formt, das Rohmaterial behaut, wie wir es wollen.«

Beachte genau, was Ruth in dir sagt: »Denn wo du hingehst, da will auch ich hingehen, und wo du bleibst, da bleibe auch ich; dein Volk ist mein Volk, und dein Gott ist mein Gott.« Diese Aussage ist in ihrer zarten Schönheit unübertroffen. Hier ist Liebe, Glaube und Hingabe treffend porträtiert. »Wo du stirbst, dort werde ich sterben, und dort werde ich begraben sein.« Dein Glaube an dein Ideal oder Ziel muß bis zum Ende aufrechterhalten werden; dann stirbt der alte Zustand, und der neue, erwünschte Zustand (die Gebetsbeantwortung) ist auferstanden. Ruth ist in Wirklichkeit der Drang des Lebens, durch dich Ausdruck zu finden. Die Reise im Bewußtsein geht immer aufwärts. Ruths Bestreben in dir ist deine Liebe zu Gott und allem Spirituellen. Verliebe dich in Weisheit, Wahrheit und Schönheit, und Wunder werden in deinem Leben geschehen.

Erhebe dein Ideal im Bewußtsein

Boas ist das Ziel, das Ideal, dem du nachstrebst. Du mußt ein Ziel im Leben haben, einen klaren Vorsatz, andernfalls treibst zu ziellos dahin. Höre auf Ruth, deine innere Eingebung, das Murmeln deines Herzens. Wenn du deinen wahren Platz im Leben noch nicht kennst, dann bete um Führung. Diese kommt dann als ein starkes, beharrliches Gefühl oder als eine Tendenz, die in eine ganz bestimmte Richtung weist. Wie der Toast aus einem Toaster, so springt dir plötzlich eine Idee ins Bewußtsein. Der Wunsch, der tagaus tagein und Woche für Woche dein Bewußtsein beschäftigt, ist dein wahrer Herzenswunsch.

Ein sechzehnjähriger Junge, der um göttliche Führung für wahren Selbstausdruck im Leben gebetet hatte, entdeckte ein plötzliches Interesse für die Bibel, fing an, religiöse Bücher zu studieren, trat verschiedenen religiösen Gruppierungen bei und fühlt sich glücklich und erfüllt. Er besucht Seminare und studiert, damit er später den Menschen die Gesetze des Lebens vermitteln kann. Er hatte um Führung gebetet, und sein tieferes Bewußtsein hatte entsprechend reagiert. Mit einer bestimmten Prämisse im Gemüt errichtet, muß eine Antwort kommen, die zu dieser Prämisse in Beziehung steht. Prämisse und Schlußfolgerung sind eins; Anfang und Ende sind gleich; die Saat und das Gewächs sind eins. Dieser Junge hatte den innewohnenden Geist um Führung gebeten, und da er ihm vertraute, kam er automatisch zum rechten Handeln.
Ein Mann, dem eine Position in Europa angeboten worden war, kam zu mir zur Beratung. Er wollte diese Position nicht annehmen, da er einen ausgesprochenen Horror vor Wasser- und Flugreisen hatte. Der Gedanke an eine Seereise löste bei ihm geradezu eine Panik aus. Ohne Zweifel war hier ein unterbewußtes Denkmuster vorhanden, ein furchterregendes Kindheitserlebnis, möglicherweise eine frühe Erfahrung mit einem Rüpel im Schwimmbad. Er hatte um wahren Selbstausdruck gebetet, sein Gebet wurde beantwortet, aber er sagte, daß er das Angebot dennoch nicht annehmen könne.
Es gibt einen Weg, solche Ängste zu überwinden. Ruth ist der vorherrschende Teil in der Menschenseele, die ihm bedeutet, daß es immer einen Ausweg, immer eine Lösung gibt. Die bloße Tatsache, daß er meinen Rat für die Lösung seines Problems suchte, beweist, daß dieser Mann instinktiv wußte, daß er seine Furcht überwinden könne.
Er erkannte, daß es eine Kraft gab, die größer war als sein Intellekt. Er fing an, seine Imagination konstruktiv einzuset-

zen. In seiner Vorstellung sah er sich in einem Pool schwimmen. Er spürte die Kühle des Wassers. Dieses innere Schauspiel erlebte er lebhaft, real und spürbar. Mit seinem inneren Ohr hörte er, wie seine Freunde ihm zu seinem Fortschritt gratulierten. Er war sozusagen mental in das Wasser eingetaucht; es war eine siegreiche, liebevolle, mit Interesse aufgeladene Bewegung des Geistes.

Er hatte sich eine Zeitlang mental ins Wasser begeben, bis er sich veranlaßt sah, das auch physisch zu tun. Er nahm Unterricht bei einem Schwimmlehrer und lernte, das Wasser zu beherrschen. Das war das Werk der spirituellen Macht, die er beschworen hatte. Die spirituelle Macht hatte der Natur seiner Bejahung gemäß reagiert und ihn zum entsprechenden Verhalten veranlaßt; das ist das Gesetz.

Was wir im Innern tun, das erfahren wir im Äußeren. Die Bibel sagt: *»Befreunde dich nun mit Ihm, und sei im Frieden, daraus wird dir viel Gutes kommen.«* (Hiob 22:21) Befreunde dich jetzt mit der mentalen und emotionalen Tätigkeit deines Gemüts. Wende die Prinzipien des Geistes an, verwirkliche dein Begehren, und Frieden wird dich überkommen.

Boas steht für die Macht und Weisheit Gottes. Boas ist das, was segnet, heilt und dich glücklich macht; Ruth (die innere Führung) wird dich dorthin geleiten. Vielleicht willst du eine Erfindung anerkannt sehen, oder du hast den Wunsch, in einem bestimmten Bereich Großes zu leisten, möchtest vielleicht Sänger, Komponist, ein großer Maler oder Musiker sein. Boas ist das, mit dem du dich im Bewußtsein vereinigen mußt. Du mußt dich mit Boas vermählen. Wie vermählt man sich oder wird eins mit seinem Ideal (Boas)? *»So wasche dich denn und salbe dich und lege deine Kleider an.«* (Ruth 3:3)

Dein Gutes ist dein Gott. *Wasche dich* bedeutet, dein Gemüt zu reinigen, indem du dich weigerst, irgend etwas anderes im Bewußtsein zu halten als die regierende Macht deines Denkens. Weigere dich entschlossen und hartnäckig, gedanklich bei irgendeinem negativen Zustand zu verweilen. *Salbe dich* bedeutet, dein Ideal im Bewußtsein zu erheben. Blick auf zu deinem Ideal, laß das Licht darauf scheinen, ehre es, erachte es als wert, lobe es, erhebe es, mach dir bewußt, wie wunderbar dein Ideal ist und nimm es geistig als vollendete Tatsache an. Laß dich von ihm fesseln und begeistern (die Kleider anlegen und tragen). Du wirst einen göttlichen Widerhall in deinem Innern wahrnehmen. Die Kraft oder das Prinzip im Innern reagiert auf deine vorherrschenden Gedanken und Stimmungen. Für die moderne Wissenschaft ist dies das Gesetz von Aktion und Reaktion. Du mußt bestimmte Bedingungen erfüllen. Du mußt etwas tun, bevor es einen göttlichen Widerhall geben kann. Jesaja sagt: *»Stellt mich zur Rede wegen meiner Söhne. Und gebt mir Befehl wegen des Werkes meiner Hände.«* (Jesaja 45:11)

Gott wirkt durch dich, bewegt von deinen Gedanken und deinem Glauben. Um vorwärtszukommen und spirituell zu wachsen, mußt du den Anfang machen; dann wird auch Gott anfangen. Gott tut nur das für dich, was er durch dich tun kann. Gott wirkt selbstverständlich in einem kosmischen, universellen Rahmen und beherrscht alle deine vitalen Funktionen und anderen Vorgänge des Körpers; darüber hinaus mußt du jedoch weiteres Wachstum und spirituelle Entfaltung initiieren. Du mußt den Geist in dir individualisieren und personalisieren.

Das größte Studium des Menschen ist der Mensch. Diese Tatsache scheint in der heutigen Welt völlig vergessen zu sein – in einer Welt, in der man sich stattdessen fieberhaft mit dem Bau der Wasserstoffbombe beschäftigt. Wir müssen zurück zu Gott, von dem wir gekommen sind. *»So nahm Boas die Ruth, und sie wurde sein Weib. Und als er* *ihr beiwohnte, beschied ihr der Herr, daß sie Mutter ward, und sie gebar einen Sohn.«* (Ruth 4:13) Dieser Sohn sollte der Vater von Jesse und Großvater von David werden. Wenn du dich an Gott, die Wahrheit und ewige Quelle wendest und erkennst, daß diese Quelle Liebe ist, dann gibt es keine Furcht – nur Frieden.

Dann wirst du Ruth sein, vermählt mit Boas, und du wirst ein mentales und spirituelles Kind gebären. Dieses Kind wird der Vater auf der Ahnenreihe von Jesse und David sein, was bedeutet, daß du die Freude des beantworteten Gebets erlebst – Frieden, Gesundheit und Glück.

Jesse bedeutet »Ich bin« oder Gott, und *David* bedeutet Liebe. Dein Gefühl des Einsseins mit Gott wird der Vorfahre der Ahnenreihe sein oder Vater aller guten Dinge in deiner Welt. Jesse (»Ich bin«), das Gewahrsein der Gegenwart Gottes, ist in deinem Gemüt geboren, und David, die Liebe Gottes, regiert dein Herz. Dann hast du ihn gefunden: deinen Erlöser, deinen Gefährten, deinen Führer, deinen liebevollen Freund, der immer bei dir sein wird. Du wirst den Bewußtseinszustand – Ruth genannt – erreicht haben, wenn du deine menschliche Liebe in die göttliche Liebe erhoben hast, indem du dich von dem Falschglauben der Welt gelöst hast und all deine Aufmerksamkeit und Hingabe den spirituellen Werten des Lebens widmest. In anderen Worten, du wirst als Ruth und Boas wirken, wenn du der Führung der göttlichen Liebe folgst und im treuen Glauben an die Eine Macht standhaft bleibst.

Drücke Liebe aus. Liebe im höchsten und besten Grad, und anerkenne den Gott der Liebe als den Herrn deines Lebens. Diese Loyalität und Hingabe werden immer belohnt, und du findest dich als Herrscher deiner Welt, angefüllt mit Freude, Glück und Frieden. Dann gehst du von Herrlichkeit zu Herrlichkeit, ewig vorwärts, aufwärts und gottwärts.

Warum mußte mir das widerfahren?

»Gedenkt nicht mehr der früheren Dinge, und des Vergangenen achtet nicht.« (Jesaja 43:18) – *»Eins jedoch tue ich: Ich vergesse, was hinter mir ist, strecke mich aber nach dem aus, was vor mir liegt und jage auf das Ziel zu, den Siegespreis.«* (Philipper 3:13,14)

»Denn was der Mensch sät, das wird er auch ernten.« (Galater 6:7) Die Bedeutung ist klar: Wenn wir Gedanken des Friedens, der Harmonie, der Gesundheit und des Wohlstands pflanzen, werden wir entsprechend ernten; pflanzen wir dagegen Gedanken an Krankheit, Mangel, Zwietracht und Streitigkeiten, dann wird unsere Ernte dieser Gedankensaat entsprechen. Wir müssen bedenken, daß unser Unterbewußtsein wie ein fruchtbarer Boden ist; es wird alles das zum Wachstum bringen, was wir im Garten unseres Gemüts gepflanzt haben. Wir säen, biblisch gesprochen, wenn wir an diese Gedankensaat von ganzem Herzen glauben, denn was wir wirklich tief in unserem Herzen glauben, das demonstrieren (verwirklichen) wir.

Vor einiger Zeit besuchte ich eine Bekannte, die in einer Klinik lag. Das erste, was sie mir sagte, war: »Warum mußte mir das geschehen? Womit habe ich das verdient? Warum ist Gott zornig auf mich? Warum werde ich so von Gott gestraft?« Gemeinsame Freunde hatten immer wieder darauf hingewiesen, wie warmherzig und spirituell gesinnt sie sei, daß sie praktisch eine Säule ihrer Kirche sei.

Selbstverständlich war sie ein großartiger Mensch, und das auf viele Arten, aber andererseits glaubte sie an die Wirklichkeit ihrer Krankheit und daran, daß dieser Zustand unheilbar war. Sie glaubte eben, daß ihr Herz von eigenen Gesetzen beherrscht würde, unabhängig von ihrem Denken. Da dies ihre Überzeugung war, war ihre Verwirklichung auch eine entsprechende. Auf meinen Rat hin änderte sie ihre Auffassung. Sie begann jetzt, ihren Körper als etwas Spirituelles zu erkennen, und da sie ihr Denken änderte, veränderte sich auch ihr Körper. Sie hörte auf, der Krankheit in ihrem Denken Macht zu verleihen, und betete folgendermaßen: »Die unendliche heilende Gegenwart durchströmt mich als Harmonie, Gesundheit, Frieden und Vollkommenheit. Die heilende Liebe Gottes hat von jeder Zelle Besitz ergriffen.« Dieses Gebet wiederholte sie mehrmals am Tag, und sie erfuhr schließlich aufgrund dieser Glaubens- und Denkumkehr eine wunderbare Heilung. Diese Frau hatte sich jahrelang vor einem Herzanfall gefürchtet. Sie wußte nicht, daß sich ein intensiver Furchtgedanke sehr schnell verwirklicht.

Das Gesetz von Ursache und Wirkung ist unentwegt tätig

Das Gesetz des Lebens ist das Gesetz des Glaubens. Schwierigkeiten jeglicher Art sind das Alarmsignal der Natur, daß wir in falscher Richtung denken, und deshalb kann uns auch nur eine Veränderung des Denkens befreien. »Der Mensch ist zum Ausdruck gebrachter Glaube«, sagte Quimby, und wir verwirklichen das, woran wir auch tatsächlich glauben. Das Gesetz von Ursache und Wirkung ist pausenlos tätig – ununterbrochen, deshalb kann dem Menschen

auch nichts widerfahren ohne seine mentale Zustimmung und Beteiligung. Du mußt nicht unbedingt an einen Unfall denken, um in ihn verwickelt zu werden.
Dr. Paul Tournier, der berühmte französische Psychiater, berichtete von einem Mann, der sich bei Sägearbeiten die Hand verletzt hatte und diesen sogenannten Unfall der Tatsache zuschrieb, daß das Holz, das er durchsägen wollte, sehr naß war. Dr. Tournier wußte jedoch, daß diese ziemlich schlimme Schnittverletzung auf eine mentale und emotionale Ursache zurückzuführen war. Es stellte sich heraus, daß dieser Mann mit seinem Arbeitgeber nicht auf gutem Fuß stand, und daß er früheren Chefs gegenüber, die ihn entlassen hatten, bittere und feindselige Gefühle hegte. Dr. Tournier erklärte diesem Mann, daß seine Leistungen in einem Zustand der Verärgerung und Bitterkeit unkoordiniert und sprunghaft sind und dann zu solcher Art von Unfällen führen.
Im 13. Kapitel des Lukas-Evangeliums lesen wir: »*Zu dieser Zeit kamen einige Leute und berichteten ihm von den Galiläern, deren Blut Pilatus mit ihren Opfern vermischt hatte. Und Jesus sagte zu ihnen: Meint ihr, daß diese Galiläer schwerer gesündigt haben als alle andern Galiläer, weil sie das erlitten haben? Ich sage euch: nein; sondern wenn ihr nicht umkehrt, werdet ihr alle auch so umkommen. Oder meint ihr, daß die achtzehn, auf die der Turm von Siloah fiel und sie erschlug, schuldiger gewesen sind als alle andern Menschen, die in Jerusalem wohnen? Ich sage euch: nein; sondern wenn ihr nicht umkehrt, werdet ihr alle auch so umkommen.*«
Jesus bestreitet kategorisch, daß die Opfer solcher Kalamitäten schlimmere Sünder seien als andere Menschen, und er fügt hinzu, *wenn ihr nicht umkehrt, werdet ihr auch so umkommen.* Mißgeschick, Unfälle und Tragödien jeder Art sind Anzeichen mentaler und emotionaler Störungen,

die in die Manifestation gekommen sind, d.h., sich verwirklicht haben. *Umkehren* bedeutet, auf neue Art zu denken, zurück zu Gott zu finden und unser Denken und unsere mentalen Vorstellungen mit dem unendlichen Leben Gottes, mit seiner Liebe, Wahrheit und Schönheit gleichzuschalten. Dann werden wir zu Kanälen des Göttlichen. (Anm.d.Übers.: In einigen Bibelfassungen heißt es statt »umkehren« »Buße tun«. Die Bedeutung ist die gleiche: Denkumkehr. Es handelt sich hier also keineswegs um ein reuiges Schwelgen in Negativitäten, die damit immer wieder aufs neue erzeugt würden.)
Bring dein Gemüt mehrmals am Tag zur Ruhe und bejahe langsam, still und liebevoll: »Gott durchströmt mich als Harmonie, Gesundheit, Frieden, Freude, Heilsein und Vollkommenheit. Gott geht neben mir her und Er spricht in mir. Ich bin immer vom Zauber Gottes umgeben, und seine Weisheit beherrscht mich auf allen meinen Wegen. Göttliches, rechtes Handeln ist vorherrschend. All meine Wege sind Wege der Freude, und all meine Pfade sind Pfade des Friedens.«
Wenn du über diese ewigen Wahrheiten nachsinnst, wirst du in deinem Unterbewußtsein Denkmuster von göttlicher Ordnung erzeugen; und da alles, was wir unserem Unterbewußtsein aufprägen, schließlich seinen Ausdruck finden muß, wirst du dich von der göttlichen Gegenwart immer behütet finden – dein himmlischer Vater wird dir immer antworten, wenn du ihn anrufst.

Erhebe dich über das Massenbewußtsein

Wir alle sind in das Massengemüt eingetaucht, in dieses große psychische Meer des Lebens. Das Massenbewußtsein glaubt an Krankheit, Unfälle, Tod, Mißgeschick und Tragödien aller Art. Und wenn wir nicht umkehren, d.h., wenn wir nicht selbst denken, dann wird das Massenbewußtsein dieses Denken für uns übernehmen. Die Gedanken des Massenbewußtseins, die sich auf unser individuelles Bewußtsein auswirken, es beeinflussen, können einen gewissen Sättigungsgrad erreichen und einen Unfall, eine plötzliche Krankheit oder andere Kalamitäten erschaffen. Die Mehrheit der Menschen denkt nicht; sie sind nur der Meinung, daß sie selbst denken. Du denkst nur dann, wenn du zwischen dem Falschen und dem Wahren zu unterscheiden vermagst. Denken heißt wählen. Du hast die Möglichkeit, ja oder nein zu sagen. Sag ja zur Wahrheit und weise alles, was nicht Gott oder der Wahrheit gleich ist, zurück. Wenn unser mentales Instrument nicht wählen könnte, wären wir kein Individuum. Du verfügst über die Fähigkeit, anzunehmen oder abzulehnen. *»Allem, was wahr, was ehrbar, was gerecht, was rein, was liebenswert, was wohllautend ist,... dem denkt nach.«* (Philipper 4:8)

Du denkst dann, wenn du dir bewußt bist, daß eine unendliche Intelligenz auf dein Denken reagiert. Ganz gleich, um welches Problem es sich handelt, wenn du an eine göttliche Lösung und ein glückliches Ende denkst, wirst du finden, daß eine subjektive Weisheit in deinem Innern dir den vollkommenen Plan enthüllt und dir den Weg zeigt, den du gehen mußt.

Vor einigen Monaten kam eine Frau zu mir in die Beratung, weil sie eine Verletzung hatte, die nicht heilen wollte. Sie hatte Röntgenaufnahmen machen lassen und sich allen möglichen Therapien unterzogen. Sie hatte gebetet und Gebetsbehandlung auch von anderen gesucht, ohne Erfolg. Sie sagte mir: »Gott hat es auf mich abgesehen. Ich bin eine Sünderin, und deshalb werde ich bestraft.« Zugleich erzählte sie mir, daß sie einen Hypnotiseur aufgesucht hatte, der ihre Vergangenheit erforscht und ihr mit unverfrorener Dreistigkeit bedeutet hatte, sie sei ein Opfer ihres Karma, da sie in einem früheren Leben andere Menschen ungerecht behandelt und sie verletzt hatte und nunmehr die Früchte ihrer gerechten Strafe ernte. Völlig verstört, fragte sie mich: »Meinen Sie, daß ich deshalb nicht geheilt werde?«

Laß dir keine Schuldgefühle einreden

All dies ist ein solch entsetzlicher Unsinn, eine solch monströse Absurdität. Die obige Erklärung oder Deutung hielt diese Frau in ihrer Misere und in ihren Schmerzen fest, sie bot weder Heilung noch Trost. Ich konfrontierte sie mit der uralten Wahrheit: Es gibt nur eine einzige Macht und die ist Gott. Diese Macht ist die schöpferische Intelligenz in uns allen, die uns geschaffen hat. Diese Macht ist unserem Glauben gemäß in uns tätig. Oder anders ausgedrückt: Diese Macht ist das für uns, was sie unserem Glauben nach ist. Wer da meint, von Gott gestraft zu werden und deshalb leidet, dem geschieht nach seinem Glauben. *»Wie der Mensch in seinem Herzen denkt, so ist er.«* Das bedeutet, daß die Gedanken und Gefühle des Menschen sein Schicksal formen. Der Mensch ist das, was er den ganzen Tag lang denkt. Ist er nicht imstande, konstruktiv, klug und gerecht zu denken, dann wird ein anderer oder das Massengemüt das Denken für ihn übernehmen und sein Leben möglicherweise völlig durcheinanderbringen.
Wenn du überzeugt bist, daß Gott unendliche Güte, grenzenlose Liebe, vollkommene Harmonie und unendliche Weisheit ist, dann wird die Gottgegenwart entsprechend reagieren, dem Gesetz der Wechselbeziehung gemäß, und du wirst dich auf vielfältige Weise gesegnet finden. Die

Mächte des Lebens sind weder böse noch übel; es hängt allein davon ab, welchen Gebrauch wir von ihnen machen. Die Atomenergie ist nichts Übles; sie ist sowohl gut als auch schlecht, je nachdem, wie wir sie anwenden. Die Elektrizität kann vom Menschen benutzt werden, um einen anderen umzubringen oder den Teppich zu saugen. Wasser können wir benutzen, um den Durst eines Kindes zu löschen oder es zu ertränken. Der Wind, der ein Schiff auf die Klippen wirft, kann es auch in den sicheren Hafen tragen. Der Gebrauch, der von allen Dingen oder Objekten auf der Welt gemacht werden kann, wird vom Denken des Menschen bestimmt. Es ist das Bewußtsein des Menschen, das bestimmt, welchen Gebrauch er von den Kräften und Objekten auf der Welt macht. Gut und Böse sind Bewegungen im Gemüt des Menschen in Beziehung bzw. unter Anwendung der Einen Macht, die heil, rein und vollkommen ist. Die schöpferische Kraft ist im Menschen. Es gibt keine Kraft im manifestierten Universum, es sei denn wir geben äußeren Erscheinungen Macht. Diese Frau suchte Rechtfertigungen und Alibis für ihr Leiden. Sie suchte danach im äußeren Bereich, statt sich darüber klar zu sein, daß die Ursache immer im Unterbewußtsein zu suchen ist.

Ich bat sie, mir Näheres über ihre Beziehung zu Männern im allgemeinen zu erzählen. Sie bekannte, daß sie fünf Jahre zuvor ein »illegales« Verhältnis gehabt hatte und Schuld- und Reuegefühle ihr seither schwer zu schaffen machten. Diese ungelöste, nach wie vor vorhandene Reue war die psychische Wunde hinter ihrem organischen Leiden. Nunmehr erkannte sie jedoch, daß sie keineswegs von Gott gestraft wurde, sondern daß sie vielmehr sich selbst mit ihren eigenen Gedanken bestrafte. Das Leiden war sozusagen hart gewordenes Denken, das sich jedoch lösen ließ. Das Leben oder Gott straft nicht. Wenn du dir den Finger verbrannt hast, macht sich das Leben sogleich daran, das

Ödem zu reduzieren, es versorgt dich mit neuem Gewebe und führt eine vollständige Heilung herbei. Hast du verdorbene Nahrung zu dir genommen, setzt das Leben sogleich einen Ausscheidungsprozeß in Gang und schließlich die Herstellung völliger Gesundheit. Eine alte Redensart besagt, daß der Arzt die Wunde verbindet und Gott sie heilt.

Das Leiden und die morbiden Symptome, die weder durch ärztliche Therapien noch durch eine Gebetsbehandlung zu heilen waren, verschwanden nach einer Woche vollständig. Es gibt kein schlimmeres Leiden als ein Schuldbewußtsein und ganz gewiß keines, das destruktiver ist. Diese Frau hatte sich mit ihrem destruktiven Denken fünf Jahre lang selbst bestraft. Als sie jedoch aufhörte, sich selbst zu verurteilen und bejahte, daß die unendliche heilende Gegenwart ihr ganzes Wesen durchdrang, daß Gott in jeder Zelle ihres Körpers wohnte, verschwand das Leiden. Wenn du die Prinzipien der Elektrizität oder der Chemie 50 Jahre lang mißbrauchst – sie falsch angewandt hast – und du urplötzlich richtigen Gebrauch von ihnen machst, dann würdest du doch gewiß nicht behaupten wollen, daß das Prinzip der Elektrizität Grollgefühle gegen dich hegt, weil du es so lange mißbraucht hast. Genauso verhält es sich im spirituellen Bereich: Es ist völlig gleichgültig, wie lange du dein Gemüt – das denkende Prinzip – auf negative und destruktive Weise benutzt hast, im Augenblick, da du mit der richtigen Anwendung beginnst, folgen richtige Resultate. *»Gedenkt nicht mehr der früheren Dinge, und des Vergangenen achtet nicht.«* (Jesaja 43:18)

Vor einigen Monaten kam ein Mann zu mir in die Beratung, dessen Sehkraft rapide nachzulassen begann. Er schrieb diesen Zustand einem Vitaminmangel und gewissen Vererbungsfaktoren zu. Er wies darauf hin, daß sein Großvater mit 80 Jahren erblindet war. Er war Mitglied einer seltsamen Kultsekte, deren Führer sein Horoskop gelesen und ihm bedeutet hatte, daß die Gestirne für ihn in einem schädlichen Aspekt stünden und dies die Ursache für seine nachlassende Sehkraft sei. Es ist eine in psychosomatischen Kreisen bekannte Tatsache, daß psychische Faktoren bei allen körperlichen Leiden eine entscheidende Rolle spielen. Kurzsichtigkeit kann durch die Tätigkeit des Gemüts hervorgerufen werden. Eine Behandlung der mentalen und emotionalen Faktoren des Individuums anstelle einer medizinischen Behandlung der Augen könnte die emotionalen Faktoren enthüllen, den Grund, weshalb das Unterbewußtsein sich ein Leiden sucht, das dazu neigt, alles außerhalb der unmittelbaren Umgebung Sichtbare auszugrenzen.

Dr. Flanders Dunbar stellte fest, daß gewisse emotionale Reaktionen unwillkürliche Muskelbewegungen bewirken können, die den Augapfel außer Fassung bringen. In unserem Gespräch eröffnete mir dieser Mann, daß er den Anblick seiner Schwiegermutter, die mit ihm in seinem Haus lebte, nicht ertragen konnte – ihn geradezu haßte. Er war voll unterdrückten Zorns, und da sein emotionales System diesem Druck nicht länger standhalten konnte, suchte es sich seine Augen als Sündenbock aus. In diesem Fall brachte die Erklärung zugleich die Heilung. Er war überrascht zu erfahren, daß negative Emotionen, sofern man in ihnen verharrt, im Unterbewußtsein einen Aufruhr veranstalten, und, da sie negativ sind, auch nach einem negativen Ausdruck suchen. Der negative Befehl an sein Unterbewußtsein: »Ich hasse ihren Anblick«, »Ich will sie nicht mehr sehen« – wurde von diesem als ein klares Ersuchen aufgefaßt und entsprechend verwirklicht.

Nunmehr traf er Vorkehrungen, daß seine Schwiegermutter eine eigene Wohnung bekam, und betete für sie. Er gab sie in die Obhut Gottes und wünschte ihr alle Segnungen des Himmels. Fast unmittelbar darauf begann sich seine Sehkraft zu verbessern und war in zwei Wochen völlig wiederhergestellt. Er hatte einen vollkommenen Akt der Vergebung vollzogen. Er wußte, daß er seiner Schwiegermutter vergeben hatte, denn er vermochte jetzt ohne ein Gefühl der Bitterkeit, ohne jeglichen Stachel an sie zu denken. Vorher neigte er dazu, seine nachlassende Sehkraft äußeren Ursachen zuzuschreiben und nicht seiner inneren Gemütstätigkeit.

Ein Mangel an Vitamin A kann eine Ophtalmie verursachen, eine Entzündung des Augapfels; nichtsdestoweniger kann dieses Leiden auch auf Ignoranz oder Nachlässigkeit zurückgeführt werden. Und dies ist ein Bewußtseinszustand oder ganz einfach ein Mangel an Wissen. Vitamin A ist überall verfügbar, und wir sollten soviel Intelligenz besitzen, davon Gebrauch zu machen.

Wir können dem Gesetz des Geistes nicht ausweichen oder es umgehen. Uns geschieht nach unserem Glauben, und Glaube ist ein Gedanke im Bewußtsein. Keine äußere Macht, keine böse Wesenheit versucht dir etwas anzutun. Die Menschen schreiben ihre Leiden unentwegt der Atmosphäre, dem Wetter, falscher Behandlung, bösen Wesenheiten, Bazillen, Viren und Diäten zu. Der Mensch verschmutzt die Luft mit seinen seltsamen Vorstellungen und falschen Doktrinen. Wenn der Mensch überzeugt ist, sich in der Nähe eines Ventilators zu erkälten oder ein steifes Genick zu holen, dann wird diese Überzeugung zu seinem Meister und Herrscher und er wird eine Erkältung bekommen. Deshalb sagt die Bibel: *»Dir geschehe nach deinem Glauben.«* Der Ventilator verfügt über keinerlei Macht, irgend jemanden mit einem steifen Genick zu versorgen; er ist harmlos. Du kannst deinen Glauben auf zweierlei Arten anwenden. Du kannst an einen unsichtbaren Virus glauben, von dem du dir eine Grippe holst, oder du kannst dem unsichtbaren Geist in deinem Innern vertrauen, der dich durchströmt, als Harmonie, Gesundheit und Frieden.

Mach dir bewußt, daß Gott nicht krank sein kann, und daß der Geist in dir Gott ist; was von Gott wahr ist, das ist auch wahr von dir – das trifft auch auf dich zu. Glaube daran, und du wirst niemals krank sein, denn *dir geschieht nach deinem Glauben* (an Gesundheit und Glück). Emerson sagte: »Was ein Mensch tut, das hat er. Was hat er mit Hoffnung oder Furcht zu schaffen? In ihm selbst liegt seine Macht. Er möge kein Gut als beständig ansehen, außer dem, das in seiner Natur liegt und was aus ihm herauswachsen muß, solange er existiert.« (Aus Emersons Essay »Geistige Gesetze«.)

Der Teufel in der Bibel steht für Unwissenheit und Mißverständnis. Wenn wir das englische Wort *live* (leben) rückwärts buchstabieren, dann wird daraus *evil* (Übel). Dein Übel ist eine Umkehrung des Lebensprinzips, das Gott ist. Gott bewegt sich als eine Einheit und ist bestrebt, durch dich seinen Ausdruck zu finden als Schönheit, Liebe, Freude, Frieden und göttliche Ordnung. Die falsche Idee in deinem Bewußtsein ist der Widersacher, Teufel, Satan usw. Die Teufel, die das Leben des Menschen »verteufeln«, sind Haß, Zwietracht, Vergeltungssucht, Feindseligkeit, Selbstverurteilung und andere negative Emotionen. Wenn der Mensch an die Güte Gottes und an einen Gott der Liebe nicht zu glauben vermag, dann kann das Ausmaß dieses Unglaubens durchaus sein sogenannter Teufel sein, nämlich die Quelle seiner Leiden, seiner Schmerzen und seines Mißgeschicks.

Eine Frau schrieb mir, daß ihre Tochter als unschuldige Passantin bei einer Schießerei in den Straßen New Yorks von einem Geschoß getroffen worden war, was die Amputation zweier Finger erforderlich machte. Sie wollte wissen, was die Ursache war. War es Gottes Wille? War dieser Vorfall eine Bestrafung für ihre Sünden? Selbstverständlich ist die Antwort auf diese Fragen ein klares Nein. Gott richtet und straft nicht; Gut und Böse sind Bewegungen in des Menschen eigenem Bewußtsein. Es ist einfach primitiv zu denken, daß Gott uns straft oder ein Teufel uns versucht. Unser jeweiliger Bewußtseinszustand manifestiert sich immer. Unser Bewußtseinszustand ist immer die Ursache.

Was nun die Tochter dieser Frau betrifft, wir kennen den Inhalt ihres Bewußtseins nicht. Sollte sie voller Haß- und Grollgefühle, voller Feindseligkeit und Selbstverurteilung sein, dann hat sie sich einen solchen Zustand selbst zugezogen. Wir müssen bedenken, daß die meisten Menschen ihr Denken nicht unter Kontrolle haben. Sie richten ihr Denken und ihre mentalen Vorstellungen nicht auf gottgleiche Kanäle aus; und da sie es versäumen, konstruktiv und harmonisch vom Standpunkt des Unendlichen Einen aus zu denken, haben sie ihr Bewußtsein dem irrationalen Massengemüt weit geöffnet – diesem Massengemüt, das unentwegt Furcht, Haß, Neid, Eifersucht und weitere Negativitäten aller Art zum Ausdruck bringt.

Menschliches Unvermögen, richtig zu denken, ist ebenso nachteilig wie bewußtes negatives und destruktives Denken. Ich erinnere mich an ein Jugenderlebnis in Irland. Dort gab es einen Farmer, der eine Woche lang Tag für Tag darauf wartete, daß sein Pachtherr des Weges kommen würde, damit er ihn niederschießen konnte. Eines Tages, als er sich wieder an die Stelle hinter dem Zaun begab, stolperte er, ein Schuß löste sich aus dem Gewehr und er wurde tödlich getroffen. Damals begriff ich die Zusammenhänge noch nicht. Wie viele andere glaubte auch ich an einen Unfall. Es gibt jedoch weder einen Unfall noch einen Zufall; es gibt einen Geist, eine Stimmung, ein Gefühl hinter jedem Automobil, Zug, Fahrrad und ebenso hinter jeder Schußwaffe. Dieser Mann hegte Mord in seinem Herzen, und das über einen langen Zeitraum hinweg, und sein Unterbewußtsein reagierte entsprechend.

Keine Manifestation kommt über mich, es sei denn, sie kommt vom Vater. Der Vater ist dein Bewußtseinszustand, die schöpferische Kraft in deinem Innern, und es gibt keine Erfahrung für dich, die nicht ihren Widerpart in deinem Bewußtsein hat. Ungleiches stößt einander ab. Wenn du mit Gott gehst und sprichst, in dem Glauben, daß dir göttliche Führung zuteil wird und du immer vom Gesetz der Harmonie beherrscht wirst, dann kannst du niemals in ein Zugunglück verwickelt werden, denn Mißklang und Harmonie können nicht zusammengehen. In ihrem Brief hatte die Mutter noch ein Postscriptum angefügt: »Durch Gebet kann meine Tochter ihre Finger nicht wiedererlangen.« Ich weiß nicht, weshalb die Menschen mit solch einer kategorischen Bestimmtheit darauf bestehen, daß dem Menschen kein fehlendes Glied nachwachsen kann.
Ich zitiere aus »He Heals Today« (Er heilt heute) von Elsie Salmon: »Mildred war drei Jahre alt, als sie zu mir gebracht wurde. Sie ist ohne eine linke Hand geboren worden. Der Arm endete an einem Punkt von der Größe eines Zeigefingers, gerade oberhalb des Handgelenks. Innerhalb eines Monats hatte sich der Punkt am Ende des deformierten Arms in seiner Größe verdoppelt und sah ziemlich plump aus, worauf der Vater angesichts dieser bemerkenswerten Entwicklung sagte: ›Alles ist möglich.‹ Im folgenden Monat bildete sich eine Formation, die wie ein Daumen aussah und von uns zu der Zeit auch als solcher betrachtet wurde. Nach drei Monaten fanden wir, daß es sich keineswegs um einen Daumen handelte, sondern dieses Gewächs die ganze Hand am Ende des Armes war und sich vor unseren Augen wie eine Blume entfaltete.«
Abschließend fügte sie hinzu, daß auch die größten Skeptiker diese Heilung als begründete Tatsache anerkennen. Hier kann uns vielleicht das Rhinozeros eine Lehre erteilen. Wenn man ihm die Hörner mitsamt den Wurzeln abnimmt,

wachsen ihm jederzeit neue nach. Wenn man einem Krebs die Füße abschneidet, wachsen auch ihm neue nach. Wenn der Mensch glauben kann, daß ihm neue Finger, Beine oder andere Organe wachsen können, dann kann sein Glaube sich verwirklichen.

Hören wir auf, anderen die Schuld zu geben; suchen wir die Ursache von allem in unserem Innern. Glaube an Gott, an die Güte Gottes, an seine Liebe und Führung, und du wirst finden, daß all deine Wege solche der Freude sind, und all deine Pfade Pfade des Friedens. Du bist zum Ausdruck gebrachter Glaube.

Die Magie des Glaubens

Der Zweck dieses Kapitels ist es, dir eine spirituelle Wahrheit zu offenbaren, nämlich die Tatsache deiner Herrschaft und Freiheit. *»Denke an Ihn auf allen deinen Wegen, so wird Er deine Pfade ebnen.«* (Sprüche 3:6) – *»Ich erhebe meine Augen zu den Bergen, von wo mir Hilfe kommt.«* (Psalm 121:1)

In dem obigen Vers aus dem Buch der Sprüche wird dir bedeutet, die unendliche Intelligenz in deinem Innern zu erkennen, die dich auf all deinen Wegen führen wird. Die Antwort auf dein Problem wird erscheinen, wenn du dich vertrauensvoll an das göttliche Prinzip in deinem Innern wendest.

Es war Shakespeare, der sagte: »Unsere Zweifel sind Verräter, die oft ein Gut entziehen, das wir erreichten, wenn den Versuch wir wagten.« (William Shakespeare: »Maß für Maß«.) Furchtgefühle halten uns zurück. Furcht ist ein Mangel an Vertrauen in Gott oder das Gute.

Selbstverurteilung als Erfolgshindernis

Ich hatte es einmal mit einem Mann zu tun, der Mitglied eines 200 Mann starken Vertreterstabs von einem Chemiegiganten war. Als der Verkaufsdirektor plötzlich starb, offerierte ihm der Vizepräsident diese Position; er lehnte sie jedoch ab. Später wurde ihm bewußt, daß der einzige Grund für seine Ablehnung plötzliche Furcht war. Er hatte Angst vor der Verantwortung. Diesem Mann mangelte es an Vertrauen, sowohl an Selbstvertrauen, als auch an Vertrauen in seine innere Kraft. Sein Zögern und seine Unschlüssigkeit waren es, die ihn diese wunderbare Gelegenheit verpassen ließen.

Als dieser Vertreter bei mir Rat suchte, stellte ich fest, daß er sich selbst verurteilte, und das wirkte selbstverständlich wie ein destruktives mentales Gift. Das machte ich ihm bewußt, und anstelle seiner Selbstverurteilung begann er sich darüber klar zu werden, daß es auch noch andere Gelegenheiten gab. Ich erklärte ihm, daß Glauben und Vertrauen eine Denkweise sind, eine positive mentale Einstellung, ein Gefühl des festen Vertrauens, daß sich das im Gebet Bejahte verwirklichen wird. Daraufhin begann er kühn zu bejahen: »Gott führt mich und enthüllt mir jetzt meinen wahren Platz.« Bald darauf wurde er zu einer neuen und wunderbaren Position geführt. Nunmehr hat er sich eine konstruktive Denkweise angeeignet und erhöht Gott in seiner Mitte.

Du hast doch gewiß Vertrauen, daß morgen früh die Sonne aufgeht. Du hast Vertrauen, daß die Saat, die du in den Boden gesenkt hast, ein Gewächs hervorbringt. Der Elektriker hat Vertrauen, daß die Elektrizität auf seine richtige Anwendung reagiert. Ein Wissenschaftler hat eine Idee für einen Computer; er macht sich an ihre Verwirklichung im Vertrauen darauf, daß er seine unsichtbare Idee richtig zur Ausführung bringt.

Wir müssen »auf dem Wasser gehen«

Gelegenheiten klopfen ständig an deine Tür. Der Wunsch nach Gesundheit, Harmonie, Frieden und Wohlstand klopft jetzt an deine Tür. Vielleicht wird dir eine Beförderung angeboten; wirst du dich dann so verhalten wie Petrus auf dem Wasser? *»Und Petrus stieg aus dem Boot und ging auf dem Wasser und kam auf Jesus zu. Doch als er den tosenden Wind bemerkte, fürchtete er sich, und da er anfing zu sinken, schrie er: Herr, rette mich!«* (Matthäus 14:29,30)

Neben seiner historischen Wahrheit spielt sich dieses Drama von Petrus und Jesus in deinem eigenen Bewußtsein ab. *Petrus* bedeutet Glauben, Beständigkeit und Entschlossenheit. *Jesus* steht für dein Begehren, das, wenn realisiert, dein Erlöser sein würde. Jesus gelangt in dein Bewußtsein als eine Idee, ein Wunsch, ein Plan, ein Vorhaben, eine Vision, oder als ein neues Vorhaben. Die Realisation deiner Träume, Pläne oder Vorhaben bringt dir und anderen große Befriedigung und innere Freude; dies ist dein Jesus. Nun mußt du Petrus herbeirufen, deinen Glauben an die Gottesmacht, um all das hervorzubringen. Wir müssen Petrus und Jesus als Darstellung der Wahrheitskräfte in uns ansehen.

Wenn du ein neues Vorhaben angreifst – zum Beispiel eine neue Position anstrebst –, dann wirst du oftmals von Zweifel befallen; das ist *Petrus* in dir, der *zu versinken fürchtet,* weil er *den tosenden Wind erblickt.* Dies repräsentiert den Einfluß des Massengemüts auf dein Bewußtsein – des Massengemüts mit seinem Glauben an Fehlschlag, Mangel und Begrenzung.

Diese negativen Gedanken mußt du sofort verbrennen oder auf andere Weise zerstören. Du brauchst sie auf keinen Fall zu ertragen. Du mußt sie sofort durch positive Gedanken des Erfolgs, des Friedens und des Wohlstands ersetzen und diese Konzepte mit einem Gefühl der Liebe aufladen. Wenn du dieses Gefühl des Vertrauens aufrechterhältst, wirst du zum Sieger.

Furcht und Zweifel halten den Menschen in der Gebundenheit von Krankheit und Fehlschlag. Diese falschen Konzepte lassen dich schwanken, wanken, ausweichen, lassen dich zögern und hindern dich daran, vorwärtszugehen. Diese negative Haltung läßt sich nur überwinden durch eine Stärkung deines Vertrauens und deines Gewahrseins der dich durchströmenden spirituellen Macht. Sei wie Petrus; er war erfolgreich, weil er sich vorwärtsbewegte; er hatte Glauben und Vertrauen, er wußte, daß er Erfolg haben würde.

Ein kommandierender General trägt Verantwortung für seine Truppe. Er könnte es sich nicht leisten, auf dem Schlachtfeld zu zögern und zu wanken. Er muß eine Entscheidung fällen, andernfalls ist die Niederlage unvermeidlich. Das Unvermögen, zu einer Entscheidung zu kommen, dazu ein ständiges Schwanken im Gemüt, kann zu einem Nervenzusammenbruch und mentaler Verwirrtheit im Alltagsleben führen. Wenn du dich zwischen zwei Seiten hin- und hergerissen fühlst, ist das ein Zeichen von Zweifel und Furcht.

Dein Gutes kommt zu dir in der Form deines Begehrens. Bist du krank, wünschst du dir Gesundheit. Bist du arm, dann begehrst du Wohlstand. Bist du voller Furcht, dann hast du den Wunsch nach Glauben und Vertrauen. Jesus kommt zu dir als dein Begehren, das »die Straßen deines Gemüts hinuntergeht«.

Es gibt noch einen anderen Teil deines Bewußtseins, das da sagt: »Nein, das kann nicht sein.« – »Jetzt ist es zu spät.« – »Es ist unmöglich.« Das ist die Zeit, um deine Augen zu dem zu erheben, von wo dir Hilfe kommt, d.h., du »erhebst deine Augen«, wenn du deine Aufmerksamkeit auf dein Gutes richtest. Bedenke, der Glaube vermag alles. *»Dein Glaube hat dich gerettet.«* (Matthäus 9:22) – *»Dir geschehe nach deinem Glauben.«* (Matthäus 9:29) Du mußt dir die Tatsache klarmachen, daß dein Begehren, deine Idee oder dein Traum wirklich ist, obgleich noch unsichtbar. Das Wissen, daß die Idee Wirklichkeit ist, daß sie eine Angelegenheit des Bewußtseins ist, gibt dir Vertrauen und befähigt dich, auf den Wassern der Verwirrung, der Zwietracht und der Furcht zu wandeln zu einem Ort der Überzeugung, tief in deinem Herzen. Petrus sagte: *»Herr, bist du es, so laß mich auf dem Wasser zu dir kommen.«* (Matthäus 14:28)

Ideen sind unsere Herren und Meister. Wir werden von unseren Ideen beherrscht. Die dominierende – die vorherrschende – Idee, die du in deinem Bewußtsein unterhältst, ist dein Herr; sie erzeugt ihr eigenes Gefühl. Und Gefühle zwingen uns, ihnen Ausdruck zu geben. Die vorherrschende Idee des Erfolgs, in deinem Gemüt inthronisiert, erzeugt die ihr gemäße Stimmung oder das ihr zugehörige Gefühl. Dieses Gefühl zwingt dich zum rechten Handeln, daher werden alle deine Unternehmungen unter Aufrechterhaltung dieser vertrauensvollen Stimmung erfolgreich sein. Das Begehren oder die Idee ist jetzt dein Herr. *»Herr, bist du es, so laß mich auf dem Wasser zu dir kommen.«* (Matthäus 14:28) Nimm dein erfülltes Begehren in Gedanken in Besitz, hege und pflege es, küsse es, liebe es, laß dein Gemüt von ihm beherrscht sein; spüre die Realität des erwünschten Zustands als vollendete Tatsache.

Ist dein Begehren erhaben, inspirierend und wunderbar genug, um dich vorwärts zu führen? Dein Ideal ist ebenso wirklich, wie die Idee von einem Radio im Gemüt seines Erfinders; oder die Idee eines Automobils im Bewußtsein von Henry Ford; oder wie die Idee eines Hauses im Bewußtsein des Architekten. Es ist kein müßiges »Wunschdenken« oder Tagträumen.

Petrus ist in deinem Innern, d.h., *Petrus* ist Glaube, Ausdauer, Beharrlichkeit und ein unerschütterliches Vertrauen in eine allmächtige Kraft, die auf die Gedanken und Überzeugungen des Menschen reagiert. Dieses formlose Gewahrsein in deinem Innern nimmt die Gestalt deines Glaubens und deiner Überzeugungen an. Diese allmächtige Kraft ist

des Menschen ein und alles. Sie ist deine Stärke, wenn du der Stärke bedarfst; sie ist deine Führung, wenn du Führung brauchst; sie ist ebenso Nahrung und Gesundheit.
Jedermann glaubt an irgend etwas. Woran glaubst du? Worauf richtet sich dein Vertrauen? Richte es auf alles Gute, erwarte freudig das Beste, dann wird das feste Vertrauen, daß die unendliche Intelligenz dich aus deiner Schwierigkeit herausführen und dir den Weg zeigen wird, in dein Herz eingraviert. Jetzt hast du die feste Überzeugung, daß die Macht Gottes deine Probleme löst und dich heilt. Dieses Gottvertrauen befähigt dich, unerschrocken über die Wasser der Furcht, des Zweifels, der Sorge und der eingebildeten Gefahren aller Art zu wandeln. Jetzt weißt du: Furcht und Irrtümer sind falsche Annahmen ohne jede Macht. Du weißt, daß diese negativen Zustände falsch und grundlos sind. Paulus sagt: *»Der Glaube ist eine feste Zuversicht auf das, was man hofft, und ein Nichtzweifeln an dem, was man nicht sieht.«* (Hebräer 11:1) Es ist der Glaube oder das Gefühl, von dem alle Dinge ausgehen.

Schau aufwärts!

Wenn du nach unten blickst, siehst du Morast, wenn du jedoch aufschaust, siehst du die Sterne! Wenn du also sagst: »Es gibt keinen Ausweg, ich hab keine Chance«, dann blickst du wie Petrus auf die tosenden Winde der Verwirrung, der Furcht und menschlicher Ansichten; wenn der Mensch sich jedoch wie Petrus der Tatsache bewußt wird, wo seine Macht ist, dann *blickt er auf Jesus,* d.h., er blickt auf die Lösung, den Ausweg, das glückliche Ende und ignoriert die widrigen Winde des menschlichen Intellekts und die Wellen des Massengemüts.

Der Mensch des Glaubens setzt sein Vertrauen in die unsichtbare Macht in seinem Innern. Er weiß, dies ist das Reich der Wirklichkeit. Er weiß, daß sein Ideal oder sein Begehren in diesem inneren Reich bereits Wirklichkeit ist und daß sein Vertrauen oder Gefühl das Formlose oder Unsichtbare veranlaßt, Gestalt anzunehmen, als Zustand, Begebenheit oder Erfahrung. Das ist der Grund, weshalb der Mensch des Glaubens sich auf dem Wasser bewegt und mit Vertrauen und Verständnis auf das gelobte Land zugeht – auf das von ihm erwünschte Ziel. Glaube heißt, das als wahr zu akzeptieren, was dein wachbewußter Verstand und dein Intellekt leugnen oder bestreiten.
Alle große Wissenschaftler, Mystiker, Maler, Dichter und Erfinder sind mit einem festgefügten Glauben und Vertrauen in die unsichtbaren Kräfte im Innern begabt.
Glaube ist Vertrauen. Du hattest deiner Mutter vertraut, als du in ihren Armen lagst; du sahst ihr in die Augen, und dort erblicktest du nichts als Liebe. Dein *Petrus* ist dein Vertrauen in Gott, und das sollte sogar größer sein als dein Vertrauen in deine Mutter.
Jetzt, beim Lesen dieser Zeilen, solltest du deinen Wunsch oder dein Begehren dem subjektiven Bewußtsein in dir übergeben, im Wissen und Vertrauen, daß es die Antwort und das »Know-how« des Vollbringens besitzt und daß seine Wege unerforschlich sind. Wenn du entspannt und im Frieden bist, dann weißt du, daß die Imprägnierung deines tieferen Bewußtseins erfolgreich war. Es folgen die Anzeichen dafür; diese Welle des Friedens ist das Anzeichen; das ist die innere Überzeugung. Jetzt wandelst du oberhalb all der Wasser von Verwirrung, Chaos und Falschglauben, denn nach kurzer Zeit wirst du das, was du jetzt als wahr empfunden hast, auf sehr konkrete Weise erfahren.
Troward sagt: »Wenn etwas wahr ist, dann gibt es eine Weise, auf die es wahr ist.« Betrachte doch die wunderwirken-

de Macht des Glaubens in deinem eigenen Leben. Sieh dir das Wunder an, das Platz greift, wenn du ein Glas Milch trinkst; sie verwandelt sich in Gewebe, Muskeln, Knochen, Haar und Blutkörperchen in deinem Körper. All das wird von dem Meisterchemiker in deinem Innern bewirkt. Deinen Erlöser mußt du in deinem Innern suchen. Dein wahrer Erlöser ist die Verwirklichung deines Herzenswunsches. Füge sie zusammen, und du hast einen heiligen Bund, eine Ehe, die mystische Vermählung. Jede Idee, jeder Gedanke, jedes Begehren, das mit Liebe durchtränkt ist, ist unbesiegbar; das ist tätiger Glaube. Füge Petrus (Glaube) und Jesus (Begehren) zusammen – und das Wunder wird geschehen.

Das Kartenspiel als Gebetshilfe

Der eigentliche Ursprung der mysteriösen und faszinierenden Spielkarten ist niemandem bekannt. Es gibt jedoch eine Legende über den Ursprung der Karten, die auf die chinesischen Weisen vor Tausenden von Jahren zurückgeht. Wie diese Legende zu erzählen weiß, versammelten sich die chinesischen Weisen damals und berieten darüber, wie man die uralten Weisheiten vor der Zerstörung durch die raubenden und plündernden Horden der damaligen Invasoren retten konnte.

Es wurden viele Vorschläge gemacht, brauchbare und unbrauchbare. Einige meinten, daß die alten Schriftrollen und Symbole in den Bergen des Himalaya vergraben werden sollten. Andere empfahlen, die Weisheiten in tibetanischen Klöstern zu verstecken. Wieder andere neigten zu der Ansicht, daß die heiligen Tempel in Indien die idealen Aufbewahrungsorte für die Weisheiten Gottes seien.

Der Oberste der Weisen jedoch verhielt sich still, so als berührte ihn das Ganze überhaupt nicht. Er brachte es sogar fertig, sich inmitten der erregten Diskussion schlafen zu legen und sehr zum Befremden der übrigen Versammlungsteilnehmer laut zu schnarchen. Nach kurzer Zeit jedoch erwachte er und sagte: »Tao (Gott) gab mir die Antwort. Sie lautet wie folgt: Wir beordern die größten Kunstmaler Chinas zu uns – Männer mit göttlicher Imagination begabt – und sagen ihnen, was wir erreichen wollen. Wir werden sie dann in die Mysterien der Wahrheit einweihen. Dann werden sie die ewigen Wahrheiten in Form von Bildern

wiedergeben und für alle Zeiten bewahren, zum Nutzen noch ungeborener Generationen.
Wenn sie dann die großen Wahrheiten, Kräfte und Eigenschaften Gottes als Symbole auf ihre Bildkarten übertragen haben, werden wir der Welt von einem neuen Kartenspiel berichten, das gerade entstand. Dann werden die Menschen überall auf der Welt für alle Zeiten diese Karten als Glücksspiel nehmen und dabei nicht wissen, daß sie die heiligen Lehren enthalten – aufbewahrt für alle Generationen.« Das ist die Entstehungsgeschichte unseres Kartenspiels.

Der Symbolismus der Karten

Viele Gelehrte sind der Meinung, daß die Karten aus Ägypten stammen, von wo der Name Gypsies abgeleitet ist (Anm.d.Übers.: Gypsies = Zigeuner bzw. Sinti und Roma), ein Nomadenstamm, der über die ganze Welt wandert und u.a. anhand der Spielkarten Wahrsagerei betreibt. Es ist im Grunde unerheblich, ob die Karten aus China, Indien oder Ägypten stammen; das Wesentliche ist, daß sie tiefe und profunde psychologische und spirituelle Wahrheiten enthalten. Es ist allgemein anerkannt, daß unsere Karten, in Entwurf und Symbolik, von den alten Tarot-Karten abstammen, die uns von den hebräischen Mystikern hinterlassen wurden als symbolische Schilderung, auf welche Weise die Gesetze Gottes im Kosmos und im Menschen wirken. Sie enthalten Zauberstäbe, Gefäße, Schwerter und Drudenfüße, und 72 der 78 Tarot-Karten werden als »Trumpf«-Karten bezeichnet. Jeder Karte ist ein hebräischer Buchstabe zugeordnet, der eine ganz bestimmte Bedeutung hat.
Die innere Bedeutung der Bibel wird verständlich, wenn

man mit dem hebräischen Alphabet und der Wissenschaft des Symbolismus vertraut ist. Die Weisen des Altertums sagten, selbst wenn alle Bibeln der Welt vernichtet würden, könnten die ewigen Wahrheiten und Gesetze des Lebens jederzeit wiederbelebt werden, und das allein durch die bildhaften Vorstellungen und den Symbolismus der Tarot-Karten, aus denen unser Kartenspiel hervorgegangen ist. Aber die Karten sind seit altersher für alles mögliche mißbraucht worden, beispielsweise für Weissagungen aller Art. Der eigentliche Zweck der Karten war es jedoch, dem Menschen tiefe und profunde mystische Wahrheiten zu vermitteln. Weissagungen aller Art gab es zu allen Zeitaltern. Moses vertrieb die Zauberinnen, die Reinigungs-Auguren und jene, die ihr Vertrauen in Töne und Stimmen setzten. Wenn wir irgendwelchen Unheil-Prophezeiungen unsere Aufmerksamkeit widmen und sie gar noch beherzigen, dann ist das eine regelrechte Ablehnung der ersten Ursache – Gottes –, des Geistes in uns.

Wir müssen der Gottgegenwart in unserem Innern die höchste Anerkennung zollen, ihr die höchste Autorität zugestehen und somit zum wahren Propheten werden, d.h., nur das Gute prophezeien. Unsere Stimmung, unser inneres Gefühl und die Überzeugung von der Gegenwart Gottes und seiner ewigen Güte wird sich in unserer Welt manifestieren. Unsere Stimmungen und Überzeugungen sind unsere Propheten. Was wir im Innern als wahr empfinden, wird zu unserer Erfahrung im Äußeren. Wenn wir mit Gott beginnen, wenn wir ihn an die erste Stelle setzen und bejahen, daß er in unserem Bewußtsein die Oberherrschaft hat, kann es nur ein Resultat geben – Gutes –, denn Gott und das Gute sind synonym. Der Anfang und das Ende immer gleich. Stelle Gott an den Anfang als beherrschende Macht grenzenloser Liebe, und du kannst dir deiner Zukunft immer sicher sein. Die Zukunft ist immer die herangewach-

sene Gegenwart. Sie besteht aus deinen sichtbar gemachten Gedanken. Du kannst deiner Zukunft absolut sicher sein, wenn du heute, jetzt, in diesem Moment, dem Garten Gottes – deinem Bewußtsein – die richtige Saat eingibst, nämlich alles, was wahr, lieblich, edel und gottgleich ist.
Du bist es, der deinem Schicksal Form, Gestalt und Richtung gibt. Deine Zukunft besteht bereits in deinem Gemüt und kann durch Gebet, Meditation und mystisches Sehen verändert werden. Man kann von anderen einer Gehirnwäsche unterzogen und hypnotisiert werden und so auf ihre Schreckensvoraussagen des Unglücks und Verlustes hereinfallen. Dann jedoch – das mußt du bedenken – hast du auf deine Autorität verzichtet und deinen Gedanken gestattet, sich im Negativen zu bewegen und das von dir Gefürchtete zu erschaffen. *»Was ich gefürchtet habe, ist über mich gekommen.«* (Hiob 3:25)
Sobald du in deinem Bewußtsein einen Rivalen für Gott erschaffst, hältst du nach Schwierigkeiten Ausschau und wirst sie natürlich auch bekommen. Dein Vertrauen in Gott und seine Liebe ist dein gütiges Geschick. Daran glaubst du von jetzt an und lebst in ständiger Erwartung des Besten. Was von Gott wahr ist, ist wahr von dir. Es ist wundervoll.
Es gibt 52 Spielkarten und zwei Extrakarten, »Joker« genannt. Sie befinden sich in einer geschlossenen Packung und sind versiegelt. Um das Kartenspiel benutzen zu können, muß das Siegel gebrochen werden. Das ist symbolisch für den Menschen, denn jeder Mensch ist ein versiegeltes Buch. Der Mensch beherbergt Gott – er ist der Tempel des lebendigen Gottes, denn Gottes Tempel ist im Menschen. Innerhalb des Menschen ist die Gottesgegenwart. Alle Intelligenz, Weisheit und Macht des Unendlichen Einen sind in den Tiefen des Menschen angelegt und warten auf ihre Wiederbelebung – ihre Auferstehung. Der Mensch muß das Siegel brechen, um der gefangenen Herrlichkeit in seinem

Innern gewahr zu werden. Wenn der Mensch der Kräfte seines wachbewußten Verstandes und seines Unterbewußtseins gewahr wird sowie des Gesetzes von Aktion und Reaktion, dann hat er das Siegel gebrochen und beginnt zu erkennen, daß Gedanken Dinge sind – daß er das, was er denkt und fühlt, zu sich heranzieht, und daß er das, was er glaubt, als Wirklichkeit erfahren wird. Wenn du wiederholt in einer bestimmten Richtung denkst, dann bildet das einen Eindruck oder ein Konzept im unterbewußten Bereich deines Gemüts. Und das wird zu einer unterbewußten Kraft, die deine äußeren Handlungen beherrscht.

Der entschleierte Mensch ist Geist, Bewußtsein. Wenn du dir ein Bild von dir selbst machst, das dich völlig unabhängig darstellt: unabhängig von deinem Körper, deinem Namen, deiner Nationalität, deinem Zuhause und deiner Umgebung, was bist du dann? Wenn du dich als deines Körpers ledig betrachtest, wirst du sagen: »Ich bin Geist, ich bin Bewußtsein.« Dann entkleidest du dich im Geiste oder du brichst das Siegel und du entdeckst, daß sich das Reich Gottes in deinem Innern befindet.

Das falsche Gotteskonzept

Der Joker ist eine vereinzelte Karte und wird üblicherweise abgelehnt. Im Spiel wird ihm jedoch größerer Wert zugestanden. Der Joker ist Gott, der vom Menschen normalerweise abgelehnt wird, weil er Gott außerhalb seiner selbst wähnt. Er denkt da an eine Art anthropomorphisches Wesen, das in den Wolken thront, als eine strafende, rachsüchtige Gottheit – oder er hat ein vages, völlig konfuses Konzept von Gott, das auf Unwissenheit, Furcht und Aberglauben basiert. Der durchschnittliche Mensch lehnt den Joker

oder den innewohnenden Gott ab; er sucht alle möglichen Einwände gegen die Tatsache, daß sein eigenes Bewußtsein der Gott seiner Welt ist und daß er durch sein Denken und Fühlen seine Zukunft erschafft und formt.
Wenn du von dem Joker oder der verborgenen Kraft im Innern Gebrauch machst, vergrößert und verstärkt er alles in deinem Leben. Nimm die göttliche Kraft in deinem Innern in Anspruch und verstärke deine Gesundheit, deinen Frieden, dein Glück und deine Freude: Das ist der Joker in seiner eigentlichen Bedeutung. Wir können es uns nicht leisten, die spirituelle Kraft in unserem Innern zu mißachten. Wenn wir nicht beten, meditieren und mit Gott kommunizieren, wenn wir nicht seine Wahrheiten aufnehmen, versinken wir in der negativen Atmosphäre der Welt. Wir sind dann den die Atmosphäre durchflutenden Negativitäten ausgesetzt, wie Furcht, Krieg, Kriegsgerüchten, den Unmenschlichkeiten des Menschen anderen gegenüber, Geschäftsproblemen, Zeitungsschlagzeilen usw. Wenn wir unser Gemüt weiterhin mit Schwierigkeiten aller Art füttern, mit Gedanken an Krankheiten, Kalamitäten usw., dann erreichen diese Gedanken, nachdem das Bewußtsein mit ihnen gesättigt ist, einen Punkt der Erfüllung. Das Resultat ist die Präzipitation (Erschaffung) von Krankheit, Leiden und Störungen aller Art in unserem Leben.
Es macht sich nicht bezahlt, den Stein der Wahrheit zurückzuweisen. »Der Stein, den die Erbauer zurückweisen, wird zum Grundstein gemacht.« Setze Gott wieder auf den Thron deines Gemüts, beanspruche Seine Führung und fülle dein Bewußtsein mit den Wahrheiten und Schönheiten Gottes an.
Es gibt 52 Spielkarten, die zusammengefügt die Ziffer sieben ergeben. Das Jahr hat 52 Wochen, die das Ende des Solarzyklus repräsentieren. Dieser Zyklus vollzieht sich auch in unserem Bewußtsein. Wenn du einer Idee nachhängst,

sie mental nährst oder aufládtst und ganz in ihrer Wirklichkeit aufgehst, dann sinkt diese Idee in dein Unterbewußtsein, und der Zyklus ist vollendet, denn du hast deinem Unterbewußtsein etwas aufgeprägt: Dein Konzept, deine Idee, deinen Plan oder dein Vorhaben. Was dem Unterbewußtsein aufgeprägt wurde, wird von ihm ausgedrückt, und dein Zyklus ist vollendet. Wenn die Imprägnierung des Unterbewußtseins stattfindet, ist das der »Sechste Tag«, d.h., deine mentale und emotionale Handlung ist vollendet. Darauf folgt das Ausruhen, »der siebente Tag« genannt, oder der Tag der Ruhe in Gott. Es gibt immer einen Zwischenraum, der die Zeit zwischen der Imprägnierung des Unterbewußtseins und der äußeren Manifestation deines Gebets ausfüllt. Dieser Zeitabschnitt ist der Sabbat oder die innere Gewißheit, die der Freude über die Gebetsbeantwortung folgt. Der Sabbat wird eingehender in meinem Buch »Peace Within Yourself« erklärt.

Das Blatt besteht aus vier Sätzen: Kreuz, Herz, Pik und Karo. Sie symbolisieren die spirituelle, mentale, emotionale und physische Natur des Menschen. Zugleich repräsentieren sie die vier Buchstaben im Namen Jehova, nämlich Yod-He-Vau-He. »Yod« bedeutet »Ich bin« oder Gott, der Geist im Innern. »He« ist dein Begehren oder Mentalbild. »Vau« bedeutet Nagel oder Gefühl; und das »He« am Ende ist die äußere Manifestation deiner Gedankensaat – dessen, was du im Bewußtsein als wahr gesehen und empfunden hast. In einfacher Alltagssprache: Was immer du an Ideen, Konzepten oder mentalen Vorstellungen in deinem Bewußtsein hast, wenn du sie als wahr anerkennst und mit Gefühl aufládtst, wirst du das Resultat erleben, sei es nun negativ oder positiv.

Die vier Farben der Karten sagen dir, wie du bejahen oder beten mußt, denn auf diese Weise bringst du alle Erfahrungen, Zustände und Begebenheiten in dein Leben. Auf diese

Art manifestieren sich alle Dinge in deiner Welt; nichts kann sich in deinem Leben ereignen, das nicht auf diese Weise erschaffen wurde.
Drei im Spiel sind Bildkarten, König, Dame und Bube, und zehn sind Farben vom As (oder der Eins) bis Zehn inklusive. König, Dame und Bube beziehen sich auf die Trinität – Vater, Mutter und Kind – die symbolisch in allen großen Religionen repräsentiert sind. In einfacher Alltagssprache ausgedrückt: Die Idee oder der Gedanke ist der Vater, das Gefühl ist die Mutter, und die Vereinigung der beiden bringt das mentale Kind hervor. Dieses Kind oder Resultat könnte die Heilung des Bewußtseins, des Körpers, der Brieftasche oder geschäftlicher Probleme sein. Die einfache Antwort, ebenso wie das einfache Gebet, ist jeweils das beste.
Eine weitere Erklärung für die Karte des Königs ist dein eigenes Königtum. Du bist dazu geboren, König zu sein, nämlich Herrscher über dein Bewußtsein, deinen Körper und alle Umstände in deinem Wahrnehmungsbereich. Das erleuchtete, seiner selbst bewußte Gemüt ist der König, denn es befiehlt, leitet und erteilt der Dame oder dem Unterbewußtsein, der Gefühlsnatur Instruktionen. Der Bube repräsentiert dein reines Begehren, deine Idee oder deinen Plan, die sich noch nicht manifestiert haben. Daher muß eine synchrone Vereinigung von wachbewußtem Verstand und Unterbewußtsein mit deinem Begehren erfolgen, und wenn beide übereinstimmen, wird es sich verwirklichen, und dir wird nichts unmöglich sein.
Die Farben gliedern sich in zehn Karten. Ich möchte die Ziffer 10 kurz erklären: 1 repräsentiert das Männliche, und 0 repräsentiert das Weibliche. Aus der Vereinigung der beiden resultiert der schöpferische Akt, mental und spirituell ebenso wie physisch. Die zehn Farben repräsentieren die harmonische Wechselbeziehung deines wachbewußten Verstands im Unterbewußtsein in allen vier Phasen deines

Lebens – spirituell, mental, emotional und materiell. Die Tugenden dieser zehn sind unendlich in ihrer Anzahl. Die Ziffer 10 bedeutet Gott in unendlicher Differenzierung, denn man kann der Ziffer 1 unzählige Nullen hinzufügen. Die Bildkarten sind doppelt, was auf unsere duale Natur hinweist; wir leben in einer mentalen und spirituellen Welt, aber ebenso in einer objektiven dreidimensionalen Welt. Wenn unsere äußere Welt uns nicht behagt, können wir uns in den Bereich des Geistes begeben, beten und bejahen und uns mit unserem Ideal identifizieren. Wenn wir es in unserem Bewußtsein festhalten und nähren, werden wir es hervorbringen; dann werden das Äußere und das Innere zu einer Einheit verschmelzen, und wir sind im Frieden. Wir verändern das Äußere, indem wir das Innere verändern. Das Äußere ist immer eine Widerspiegelung des Inneren. »Wie innen, so außen.« Der Stab hat zwei Enden, alles hat ein Inneres und ein Äußeres. Das Leben ist Einssein, das als Dualität wirkt; es gibt Tag und Nacht, Ebbe und Flut, männlich und weiblich, heiß und kalt, Frieden und Schmerz, Gesundheit und Krankheit, Objektives und Subjektives, Unsichtbares und Sichtbares, Positives und Negatives, Materie und Geist, Gut und Böse. Diese Gegensätze sind dualer Ausdruck des gleichen ewigen Prinzips – eines Prinzips, das in sich selbst ewig heil und vollkommen ist.

Die Könige tragen Bärte, sie symbolisieren Weisheit und die Macht Gottes. Die Krone porträtiert Autorität und Herrschaft des Geistes im Bewußtsein des Menschen. Der Karo-König, mit erhobener Hand, dokumentiert seine Treue zu Gott – der Einen Macht –, und hinter ihm sehen wir eine Axt, die verbildlicht, daß das Gesetz des Unterbewußtseins immer exakt, mathematisch und gerecht ist. »Wie wir säen, so werden wir ernten.« Die Axt deutet auch auf die negative Reaktion des Gesetzes hin. Das Gesetz der Harmonie oder göttlichen Ordnung in unserem Leben reagiert immer negativ, wenn wir es verletzen. Denke Übles, und Übles wird folgen; denke Gutes, und Gutes folgt – das ist das Gesetz. Herz-König, mit dem Schwert in der Hand, bezeichnet das Schwert der Wahrheit. *»Ihr sollt nicht meinen, daß ich gekommen bin, Frieden auf die Erde zu bringen. Ich bin nicht gekommen, Frieden zu bringen, sondern das Schwert.«* (Matthäus 10:34)

Die Wahrheit kommt dir ins Bewußtsein, um eine Trennung zu vollziehen. Sie trennt den Schrott von den Wahrheiten Gottes. Die Wahrheit trennt dich vom alten und falschen Menschheitsglauben. Dadurch provoziert sie einen inneren Widerstreit, nach dessen Abebben alle Differenzen geklärt sind und in deinem Herzen Frieden etabliert ist. Der Herz-König hat sein Herz (sein Unterbewußtsein) mit den ewigen Wahrheiten durchstochen. Die drei Schwerter, die jeweils vom Kreuz-König, Pik-König und Herz-König gehalten werden, verfügen über Scheiden, ein Hinweis auf die Fackel der Wahrheit, die in allen Phasen unseres Lebens – mental, emotional und physisch – emporgehalten werden sollte.

Die Kreuze repräsentieren deine Gedanken und Ideen, die Herzen deine fühlende oder emotionale Natur, Pik deine tiefe Überzeugung, mit der du deinem Unterbewußtsein Ideen einpflanzt, und Karo die Welt, die äußere Objektivierung deiner inneren Gedanken, Gefühle und Überzeugungen. In anderen Worten: Die Bedeutung des Gebets wird uns in einem Kartenspiel auf vielfältige Weise nahegebracht. Wenn wir uns die vier Damen in den Karten ansehen, werden wir feststellen, daß sie eine Blume in der Hand halten, das Symbol der Reinheit, Liebe, Schönheit, Ordnung, Symmetrie und Proportion. Das Herz ist der Kelch der Liebe und Schönheit Gottes, eine Mahnung, daß wir unsere Herzen mit der Liebe Gottes anfüllen sollten, damit die Blumen der Schönheit, des Friedens, der Freude und des Glücks in unserer Welt erscheinen.

Die Fackel im Inneren

Pik-Dame (das vorherrschende Gefühl in deinem Unterbewußtsein) hält eine Fackel in der Hand. Dies ist das Licht, das jeden Menschen, der auf die Welt kommt, erleuchtet. Sie soll dich erinnern, daß die unendliche Intelligenz Gottes sich in deinen unterbewußten Tiefen befindet und dieses Licht dich durch die Dunkelheit geleitet. Wenn der sogenannte Beweis der Sinne dir sagt, daß etwas unmöglich sei, dann siehst du mit einem inneren Licht, dann heften deine Augen sich an die Lösung, die dir von der Gottesweisheit präsentiert wird, sofern du dein Vertrauen in Gott hochhältst. Laß dieses Licht eine Fackel sein, die immer auf dein Haupt scheinen wird.

Pik-Bube hält ein Stundenglas, ein Hinweis, daß wir uns auf dieser dreidimensionalen Ebene durch Zeit und Raum bewegen, und daß alle dem Unterbewußtsein übergebenen Ideen sich auf eigene Weise und zu ihrer Zeit verwirklichen werden, denn Seine Wege sind unergründlich. Die Wege des Unterbewußtseins sind nicht deine Wege, du kennst weder die Stunde noch den Tag – das ist das Geheimnis des unterbewußten Selbst. Die Feder, vom Herz-Buben gehalten, und die Axt hinter seinem Kopf erklärt uns symbolisch das Gesetz und das Wort – die Feder ist dein Konzept oder deine Idee, und das Gesetz führt sie aus. Es ist unerläßlich, daß dein Plan allen Beteiligten zum Guten gereicht, daß niemandem Schaden entsteht. Wenn du in Schwierigkeiten bist, denke an Gott und seine Antwort. Er kennt nichts anderes als die Antwort – dies ist das »Gewicht der Feder«, das dich errettet.

Die von den Figuren getragenen Roben und Gewänder sind prächtig, elegant und farbig – sie weisen auf die sieben Farben des solaren Spektrums hin. Weiß ist die Reinheit, Ganzheit und Vollkommenheit Gottes. Weiß wird die Mutter aller Farben genannt. Die Farben der Karten bezeichnen die untadelige und makellose Gegenwart in unserem Innern. Rot steht für reines Begehren und Göttlichkeit. Scharlach für Begeisterung und Gott-Berauschtheit. Purpur steht für Loyalität oder die Weisheit Gottes, die in unserem Bewußtsein vorherrscht. Grün für den Überfluß Gottes und fruchtbare Ideen und Gedanken. Blau steht für den unterbewußten Bereich unseres Gemüts oder das Gesetz Gottes. Gelb bezeichnet die Macht, Kraft und Herrlichkeit des Unendlichen Einen.

Die zwölf Kräfte des Menschen

Dreizehn Karten in jedem Spiel erinnern uns an unsere zwölf Kräfte, zwölf Befähigungen. Du und deine zwölf Kräfte werden von der Nummer 13 symbolisiert. Es geziemt uns allen, diese Kräfte zu entwickeln und zu disziplinieren, damit der gottgleiche Mensch auf der Erde erscheinen kann. Er wird die Ohren der Tauben und die Augen der Blinden öffnen und alles das tun, was ein Sohn Gottes tun sollte.

Außer den Bildkarten haben wir 40 andere Karten. Noah befand sich 40 Tage in der Arche, Jesus fastete 40 Tage lang – all das symbolisiert ein Fasten vom vergifteten Schmaus des Menschheitsdenkens und der falschen Konzepte, aber ebenso unsere mentale Aufnahme des Guten, dem wir nachstreben, um es zu verwirklichen. Die Zeitspanne, die es erfordert, dich von deinem Problem zu lösen und in deinem Gemüt zu einer Überzeugung zu kommen, wird »vierzig Tage« genannt. Gemeint ist die Erfüllung eines Zyklus im Bewußtsein. Faste von Armutsgedanken und schmause vom Überfluß Gottes – weise die Erscheinungen der Dinge zurück, das Urteil oder die Meinung anderer und widme deine Aufmerksamkeit nur dem Gedanken an den Überfluß Gottes. So wirst du dein Bewußtsein entsprechend qualifizieren. Das wird mit Sicherheit eintreten, egal ob es eine Stunde, eine Woche oder einen Monat erfordert. Früher oder später wirst du dein Unterbewußtsein erfolgreich mit dem Gedanken an Reichtum imprägniert haben. Du hast 40 Tage lang gefastet und wirst jetzt den Reichtum Gottes in deiner Welt erfahren.

Der Stab, den sowohl Kreuz-Bube als auch Karo-Bube halten, steht für einen Meßstab oder eine Elle. In deinem Gemüt mußt du die Güte und Liebe Gottes abmessen und mit Beschlag belegen, denn dein Konzept von Gott ist dein Konzept von dir selbst. Die von mir gehegte Idee ist es, die dich kubieren, d.h., in die dritte Potenz erheben muß, und Kube ist »Mutter« im Hebräischen. Bemuttere deine Idee, liebe sie, laß sie lebendig werden; und du hast einen spirituellen Standard, anhand dessen du alle Dinge abmessen kannst.

Ich möchte noch das hängende Blatt beim Kreuz-Buben erwähnen. Das Kreuz bezieht sich auf die Idee, Pläne und Vorhaben in deinem Gemüt – Schema, Diagramm oder Blaupause. Beim Kreuz-Buben ist zu beobachten, daß er sich nach vorne beugt. Das ist die Demut, die alle Ehre und Herrlichkeit allein Gott zuschreibt. Unsere Einstellung sollte sein: *»Vater, ich danke dir, daß du mich gehört hast; ich wußte ja, daß du mich allezeit hörst.«* (Johannes 11:41)

Es herrscht allgemeine Zustimmung, daß der Zahlenwert, die mathematischen Quantitäten, die Farben und der Symbolismus der Spielkarten eine sehr enge Verbindung mit der großen Pyramide haben. Die alten Mystiker, die vor Tausenden von Jahren die Spielkarten entworfen haben, wußten alles über die Drehung der Erde um ihre Achse und waren imstande, Himmel und Erde abzumessen. Alles das ist in den Karten und der großen Pyramide porträtiert. Männer wie Hiob haben diese in unsere Herzen geschriebenen und in unser Inneres eingemeißelten Gesetze intuitiv erfaßt. *»Wo warst du, als ich die Erde gründete? Sag an, wenn du Bescheid weißt! Wer hat ihre Maße bestimmt – du weißt's ja! – Oder wer die Meßschnur über sie ausgespannt? Worauf sind ihre Pfeiler eingesenkt, oder wer hat ihren Eckstein gelegt?«* (Hiob 38:4-6)

Überlegene Bemeisterung der Furcht

»Der Herr ist mein Licht und mein Heil, vor wem sollte ich mich fürchten? Der Herr ist meines Lebens Zuflucht, vor wem sollte ich erschrecken?« (Psalm 27:1)
»Denn er birgt mich in seiner Hütte am Tage des Unglücks, er birgt mich im Schutz seines Zeltes, auf einen Felsen hebt er mich.« (Psalm 27:5)

Wer ist dein Herr und Meister, jetzt in diesem Moment? Dein Herr ist deine vorherrschende Gemütsverfassung; deine Überzeugung, deine Einstellung über dich selbst, über Menschen, Situationen und Gegebenheiten. Dieser Herr kann ein Tyrann sein. Bist du beispielsweise in einer negativen Stimmung und gibst dich Grollgefühlen hin, dann ist das dein Herr oder Tyrann, der dein Handeln und alle Phasen deines Lebens bestimmt. Wenn du in dieser Gemütsverfassung eine geschäftliche Transaktion abschließen willst, vielleicht den Kauf eines Hauses oder Grundstücks, oder irgendeine andere Investition, dann wirst du mit Sicherheit das Falsche tun und das Falsche sagen, denn deine vorherrschende Stimmung ist negativ. Das Gesetz lautet: »Wie innen, so außen.« Du fürchtest dein Gutes und reagierst negativ. Furcht ist jedoch Mangel an Gottvertrauen und ein Verleugnen seiner Allmacht.

»Der Herr ist mein Licht und mein Heil.« Der Herr, auf den der Psalmist Bezug nimmt, ist Gott, oder das Gesetz Gottes oder des Guten. Um das Gesetz des Guten in Anwendung

zu bringen – und damit die Furcht ein für alle Mal zu vertreiben –, mußt du in dein Gemüt Gedanken der Kraft, des Mutes und des Vertrauens einpflanzen. Diese Gedanken werden die entsprechende Stimmung oder Gefühlslage erzeugen, die alles auflöst, was deinem Erfolg oder deiner Gesundheit hinderlich sein könnte.

Furcht – dieser selbstgeschaffene Feind – muß völlig beseitigt werden, bevor das Göttliche zum Vorschein kommen kann. Deine Befürchtungen sind die Wolken, die den Sonnenschein Gottes verdunkeln. Aus der Furcht vor der Vergangenheit, der Gegenwart und der Zukunft hat der Mensch sich persönliche Teufel geschaffen.

Unsere Einstellung dem Leben gegenüber bestimmt die Erfahrungen, die wir machen werden. Wenn wir Ungemach erwarten, werden wir es haben. Der Wahrheitssucher, der das Gesetz Gottes oder des Guten kennt, erwartet nur Gutes. Die Welt ist nicht grausam; wenn sie uns so erscheint, dann nur, weil wir es versäumt haben, die Gegenwart Gottes zu bejahen.

Der Mensch fürchtet die Kritik so sehr, daß viele seiner schönsten Gedanken niemals das Tageslicht erblicken. Für den Menschen, der Gott als die einzige Macht und einzige Gegenwart anerkennt, gibt es keine Vergangenheit. Er weiß, wenn er an die Macht der Vergangenheit glaubt, dann glaubt er nicht an Gott. Gott ist das ewige Jetzt. In Gott gibt es weder Zukunft, noch Vergangenheit.

Das ist das Evangelium – die frohe Botschaft. Und was vergangenes Karma betrifft, es gibt nichts dergleichen, sondern nur den törichten Glauben des Menschen daran. *»Siehe, jetzt ist der Tag des Heils.«* Das Reich Gottes ist nahe. Dein Gutes, deine Gesundheit und dein Erfolg sind jetzt hier. Spüre ihre Realität, erfreue dich daran. Du mußt überzeugt sein, jetzt bereits das zu sein, was du sein möchtest – was du dir gedanklich vorgestellt hast.

Das Ewige Jetzt

Es gibt nur eine Schuld, das Schuldgefühl, das Bewußtsein von Schuld. *»Wenn eure Sünde auch blutrot ist, soll sie doch schneeweiß werden, und wenn sie rot ist wie Scharlach, soll sie doch wie Wolle werden.«* (Jesaja 1:18) Das ist die gute Botschaft. Der einzige Moment, der zählt, ist die Gegenwart. Du kannst nur in der Gegenwart leben, nur die Gegenwart erfahren, nur in der Gegenwart planen und nur in der Gegenwart denken. Was du auch planst oder befürchtest, du planst oder befürchtest es jetzt. Wenn du bedenkst, daß jede Form des Mangels oder der Begrenzung das Resultat deines falschen Denkens und Fühlens ist, dann kennst du auch die Wahrheit, die dich freimacht. Die Berge (des Mangels und der Begrenzung) heben sich hinweg.

Die Ureinwohner im Busch fürchteten die Natur. Der moderne Mensch fürchtet seinen Mitmenschen. Die Gespenster der Frühzeit haben wir größtenteils hinter uns gelassen. Wir haben die Plagen besiegt, und bald werden wir die Elemente beherrschen. Der Mensch ist von der modernen Propaganda gedopt. Viele Menschen werden von der Lebensangst beherrscht. Mütter ängstigen sich um ihre Kinder. Alles dies ist auf den Aberglauben zurückzuführen, daß es eine gegensätzliche Macht gibt, die Gott herausfordert.

Das einzige Übel, das existiert, entspringt aus der Unkenntnis der Gesetze des Lebens. Wenn wir ein entblößtes Kabel berühren, bekommen wir einen elektrischen Schlag. Ist das Kabel jedoch sachgemäß isoliert, kann das nicht passieren. Der elektrische Schlag (das Übel oder das Böse) war nur die Auswirkung unserer Ignoranz. Jeder vernünftige Mensch weiß, daß Elektrizität an sich nichts Böses ist. Sie ist ein Segen für die Menschheit, und das auf vielfältige Weise. Wir brauchen die Elektrizität, um Musik zu spielen, Züge zu bewegen, Eier zu kochen, staubzusaugen und die Welt in

Licht zu tauchen. Das Böse oder die Furcht davor ist unsere Falschanwendung und unsere mangelhafte Wahrnehmung der Allgegenwart Gottes oder des Guten. Wo Furcht ist, kann keine Liebe sein, denn Irrtum und Verständnis können nicht zusammengehen.

Der Wohlhabende fürchtet sich vor Verlust, der Arme fürchtet, niemals gewinnen zu können. Der einzige Reichtum und die einzige Sicherheit finden sich jedoch nur in dem Bewußtsein, in dem wir verweilen. Haben wir ein Wohlstandsbewußtsein, dann kann nichts auf der Welt uns davon abhalten, wohlhabend zu sein. Die Dinge, die der Mensch fürchtet, sind unwirklich. Nur der alleinige Eine ist wirklich, nur der alleinige Eine ist das Gesetz, nur der alleinige Eine ist die Wahrheit.

Viele abergläubische Vorstellungen gehen noch auf die Medizinmänner im Busch zurück. So mancher Kult unserer Tage läßt nichts unversucht, um Furchtgefühle in das Gemüt des Einzelnen zu pflanzen. Und eine Tatsache läßt sich nicht übersehen: Die meisten Furchtgefühle beinhalten die Furcht des Menschen vor seinem Mitmenschen. Viele Menschen beten miteinander am Sonntag, und am Montag fallen sie übereinander her. (Anm.d.Übers.: Dr. Murphy benutzt hier ein Wortspiel: Many men pray together on Sunday, and prey on each other on Monday.)

Die Lösung des Problems liegt im Verständnis. Jegliche Furcht beruht auf Unwissen. Um Harmonie ausdrücken zu können, müssen wir harmonische Gedanken denken. Können wir in uns die Stimmung von Erfolg und Vertrauen erzeugen mit dem dazugehörigen Glücksgefühl, dann rufen wir die entsprechenden Resultate in allen Bereichen unseres äußeren Lebens hervor. Wenn der Mensch sich bewußt wird, daß jeglicher Mißklang, jede Form von Krankheit und Mangel auf falsches Denken zurückzuführen ist, dann kennt er die Wahrheit, die ihn freimacht.

Du mußt lernen, dir das Erwünschte bildhaft vorzustellen – es zu visualisieren – und dann die Wirklichkeit des erwünschten Zustands mit jeder Faser deines Seins zu spüren. Das ist der leichteste und schnellste Weg, um Resultate zu erzielen. Manche Menschen erzielen diese Resultate, indem sie sich von der Wahrheit überzeugen, daß Gott die einzige Gegenwart und einzige Macht ist. Sich dies bewußt zu machen, gehört zu den schönsten Dingen auf der Welt. Ungeachtet der äußeren Ursache, die diesen Furchtgefühlen zugrunde liegen mag, gibt es nur einen, der hier behandelt oder geheilt werden muß, und das bist du selbst. Du mußt dich selbst davon überzeugen, daß du jetzt Leben, Liebe und Wahrheit zum Ausdruck bringst. Fürchten wir daher nichts und niemanden, sondern tun wir alles, um Mut, Vertrauen und Kraft auszustrahlen. Dadurch beseitigen wir alle Hindernisse auf unserem Weg, und *»die Berge erheben sich und werfen sich ins Meer.«* (Matthäus 21:21)

Die falschen Behauptungen

Wir sind eins mit der unendlichen Macht. Wenn wir uns daher als schwach oder unpäßlich ansehen, dann stellen wir eine falsche Behauptung über Gott auf. Mit Furchtgefühlen wenden wir uns von der Liebe Gottes oder des Guten ab. Desgleichen mit einem Armutsbewußtsein. Mit einem Mangelbewußtsein ziehen wir uns den Mangel in jedem Bereich zu. Mangel an Gesundheit, an Geld, im Geschäftsleben und in den zwischenmenschlichen Beziehungen. Dazu ist es allerdings auch erforderlich, daß der Mensch aufhört, seinem Mitmenschen Furchtgefühle einzureden, und ihn statt dessen die Wahrheit lehrt.
Die Wahrheit ist, daß es weder eine Hölle noch eine Vor-

hölle, weder einen Teufel noch ein Fegefeuer oder eine Verdammung irgendwelcher Art gibt. Es gibt auch kein künftiges Übel, das durch ein vergangenes Karma abgetragen werden muß. Gott ist das Ewige Jetzt! Das ist eine der dramatischsten und signifikantesten Feststellungen in der ganzen Bibel: *»Siehe, jetzt ist der Tag des Heils.«* Du brauchst dich nur jetzt, in diesem Moment, an Gott zu wenden, um das zu beanspruchen, was du haben oder sein möchtest. Nimm es an, glaube daran und »gehe in Freuden deines Weges«. *»Wenn eure Sünde auch blutrot ist, soll sie doch schneeweiß werden, und wenn sie rot ist wie Scharlach, soll sie doch wie Wolle werden.«* (Jesaja 1:18) – *»Vergib siebenmal siebzigmal.«* (Matthäus 18:22) – *»Noch heute wirst du mit mir im Paradies sein.«* (Lukas 23:43)

Hören wir doch endlich damit auf, den kindlichen Gemütern Furchtgefühle einzupflanzen. Lehren wir sie die wirklichen Tatsachen. Wenn wir religiöse Toleranz nicht vorleben können, dann sollten wir sie auch nicht predigen. Wir müssen die Wahrheit lehren. Wir sollten die Wahrheit nicht verfälschen, nur um eine Machtposition zu halten, oder weil wir fürchten, daß die Gläubigen uns sonst davonlaufen könnten. Dieser Art von Furcht folgt spirituelle Stagnation und Frustration. Wir müssen unser Auge auf das Reich des Himmels (der Ursachen) gerichtet halten, nicht auf das Reich der Erde (der Wirkungen). Wir müssen die Menschen lehren, die Wahrheit zu erkennen, und die Wahrheit wird sie freimachen. Die Wahrheit ist: Der Mensch ist Ausdruck dessen, was er glaubt.

Wo Gottvertrauen herrscht, gibt es keine Furcht. Wo Integrität im Bewußtsein herrscht, gibt es keine Furcht vor anderen Menschen. Wo das Bewußtsein von Güte und Freundlichkeit herrscht, gibt es keine Furcht vor Kritik. Religion ist guter Wille in Aktion, oder die Anwendung der

Goldenen Regel. Daher sehen wir, daß Furcht die grundlegende Schwäche des Menschen ist und daß sie allein auf Unkenntnis basiert.
»Denn er deckt mich in seiner Hütte am Tag des Unglücks. Er birgt mich im Schutz seines Zeltes und hebt mich auf einen Felsen.« Die Hütte ist ein schützender Zufluchtsort. Dieser Zufluchtsort ist das Gewand Gottes (die Stimmung oder Gewißheit des Guten). Denke an Gott, daran was Gott für dich bedeutet, mach dir bewußt, daß Gott das »Ich bin«, das Leben in dir ist, dein eigenes Bewußtsein, und daß diese Kraft Gottes allmächtig ist.

Zielprojektion ist unabdingbar

Nehmen wir ein Beispiel: Wenn ein Mensch gefangengehalten wird, dann wünscht er sich automatisch seine Freiheit. Da Gott und das Gute gleichbedeutend sind, denkt er an diese unendliche Kraft und Weisheit in seinem Innern. Er weiß, daß diese Kraft ihn befreien kann, auf Wegen, die er nicht kennt. Er stellt sich daher bildhaft das Gegenteil seines augenblicklichen Zustands vor, nämlich die Freiheit. Obgleich er sich hinter Gittern befindet, stellt er sich in seiner Meditation bildhaft vor, daß er zu Hause ist und dort mit seinen Lieben spricht. Er hört ihre vertrauten Stimmen und spürt die Begrüßungsküsse seiner Kinder auf der Wange. Dies ist das *Bergen in der Hütte.* Das Ganze lädt er mit einem Glücksgefühl auf, der Freude darüber, wieder daheim zu sein. Es ist nämlich möglich, sich für fünf oder zehn Minuten oder über einen längeren Zeitraum hinweg, im Bewußtsein hoch genug zu erheben, um innerlich zu einer subjektiven Überzeugung zu kommen. Das ist die Bedeutung von *»Er birgt mich im Schutz seines Zeltes«.* Das

Gesetz lautet: Was (dem Bewußtsein) aufgeprägt wird, das wird ausgedrückt. Daher erlangt er seine Freiheit auf Wegen, die er nicht kennt. *»Meine Wege sind nicht eure Wege.«* (Jesaja 55:8)

Wir lesen in den Schriften: *»Fürchte dich nicht, du kleine Herde, denn es hat eurem Vater gefallen, euch das Reich zu geben.«* Dieses Reich befindet sich, wie Jesus uns sagt, in unserem Innern. – Dieses Reich des Himmels oder der Harmonie ist in jedem von uns. Unendliche Weisheit, göttliche Intelligenz und unendliche Macht sind für jeden Menschen verfügbar, weil Gott in ihnen ist. Er ist ihr eigentliches Leben. Jedermann kann sich selbst beweisen, daß das *Reich des Himmels nahe ist.* (Lukas 21:31) Es ist genau hier und genau jetzt. Jesus war sich dessen bewußt, und er lebte darin. Wir sind farbenblind, deshalb sehen wir es nicht. Diese Blindheit beruht auf Unwissenheit und Furcht. Sie beruht auf einem jahrhundertealten Falschglauben, auf abergläubischen Vorstellungen, Lehrmeinungen und Dogmen. Die Wahrheit ist dermaßen verkleistert durch falsche Dogmen, daß wir völlig falsche Vorstellungen von Gott und einem Himmel haben. Was für Gottesvorstellungen hat man uns da eingeimpft? Wir sollten ihn uns als ein horrendes Geschöpf vorstellen, irgendwo in den Wolken, einen menschengleichen Gott mit entsprechenden Launen und Schwächen. Einen rachsüchtigen Gott oder ein unergründliches Wesen, das uns Kriege und Plagen usw. sendet. Wir selbst sind es jedoch, die sich ihre eigene Hölle und ihren eigenen Himmel schaffen, basierend auf unserem Gotteskonzept. Dabei kann sich jeder hier und jetzt beweisen, daß das Reich Gottes nahe ist.

Ein junges Mädchen hat es sich selbst bewiesen. Sie lebte mit ihrem Vater, der jede Nacht betrunken nach Hause kam und unter dessen Brutalität sie sehr zu leiden hatte. Sie lebte in ständiger Furcht vor ihrem Vater. Sie führte ihm den

Haushalt. Aufgrund ihrer Frustration war ihr ganzes Gesicht übersät mit Akne.

Nun leben wir nicht eigentlich mit anderen, sondern nur mit unserer Vorstellung, unserem Konzept von ihnen. Diese Wahrheit im Sinn, begann das Mädchen zu meditieren. Sie schloß ihre Augen und machte sich die Gotteskraft in ihrem Innern bewußt. Sie kleidete ihren Vater nicht länger in das Gewand oder die Stimmung eines Trunkenbolds. Statt dessen sah sie vor ihrem geistigen Auge einen liebevollen, ausgeglichenen und zuvorkommenden Vater. Sie kleidete ihn in »Gerechtigkeit« (rechtes Denken), und ihr Urteil war *»ein Gewand und ein goldener Gürtel«*. (Offenbarung 1:13) Was bedeutet, daß sie ihren Vater so sah, wie er sein sollte. Der starke Alkoholkonsum ihres Vaters beruhte auf einem Minderwertigkeitskomplex oder einem subjektiven Verlustgefühl. In anderen Worten, er versuchte, vor sich selbst davonzulaufen.

Das Mädchen sprach das Wort, das ihn heilte. Sie entspannte ihren Körper, schloß ihre Augen und sagte zu sich selbst: »Wie würde ich mich fühlen, wenn mein Vater friedlich, freundlich und liebevoll wäre?« Sie konzentrierte sich auf die Lösung und erzeugte damit eine Stimmung des inneren Friedens, des Vertrauens und der Freude. Und hat ihn damit in *»Gerechtigkeit gekleidet«*. Ihr Urteil war *»ein Gewand und ein goldener Gürtel«*.

Wenn du urteilst, kommst du zu einer Entscheidung. Es ist der endgültige Urteilsspruch, und du bist der Richter, der das Urteil fällt. *»Wie ich höre, so richte ich.«* (Johannes 5:30) Ihr Urteil war ein inneres Gefühl, verbunden mit der Vision ihres Vaters als einem rundum glücklichen Menschen. Sie stellte sich vor, wie er ihr sagte, wie gut er sich jetzt fühle, und daß er Frieden, Ausgeglichenheit und Freude empfinde. Auch ihr machte er Komplimente. Sie hörte ihn sagen, daß er stolz darauf sei, eine so wundervolle

Tochter zu haben. Sie war begeistert, daß ihr Vater jetzt geheilt war. *»Er trug ein nahtloses Gewand«* – keine Löcher, keine Flicken, keine Nähte. Das bedeutet, sie meditierte über die Stimmung von Liebe, Frieden und Einssein mit ihrem Ideal. Alle Zweifel und Befürchtungen waren fort. (Das Urteil als »das Gewand«.) *»Urteil als goldener Gürtel«* bedeutet, daß sie *»Schmuck für Asche«* gab. (Jesaja 61:3) Was beinhaltet, daß sie Gutes und Schönes in ihrem Vater sah und fühlte. Diese Schönheit fand Ausdruck auf dem Bildschirm des Raumes.
Nach nur einer Woche dieser geistigen Behandlung war ihr Vater vollkommen geheilt. Mehr noch, er war ein völlig veränderter Mensch, und die beiden sind sich jetzt sehr zugetan. Sie hatte es sich bewiesen: Das Reich des Himmels (Harmonie und Frieden) ist *jetzt.* Was fürchten wir also? *»Wenn Gott für uns ist, wer kann gegen uns sein?«* (Römer 8:31) Das von dir Gefürchtete existiert nicht.

Unbegründete Ängste – ein Übel unserer Zeit

Ein anderes Beispiel. Ein Kaufmann fürchtet geschäftliche Fehlschläge. Seine Auftragslage ist jedoch die übliche, und von einem Bankrott kann schon gar nicht die Rede sein. Die Geschäfte laufen wie gewöhnlich, sie laufen sogar sehr gut. Fehlschläge sind also keineswegs in Sicht, außer in seiner Vorstellung. Hiob sagte: *»Was ich gefürchtet habe, ist über mich gekommen.«* (Hiob 3:25) Hiob versinnbildlicht jeden Menschen auf dieser Erde. Wenn dieser an sich erfolgreiche Geschäftsmann in seiner negativen Vorstellung – in seiner Erwartung von Fehlschlägen – verharrt, dann wird sich diese Stimmung früher oder später zu einer subjektiven Überzeugung und Impression kristallisieren.

Jedes Gefühl, das dem Unterbewußtsein aufgeprägt wird, manifestiert sich. Das ist ein unveränderliches Gesetz des Lebens. Das Unterbewußtsein – unparteiisch und unpersönlich – sagt: »John will geschäftliche Fehlschläge.« Es macht sich also an die Verwirklichung dieser Fehlschläge, auf Wegen, die John nicht kennt. Wir sind uns klar darüber, daß er sich diese Fehlschläge durch Imagination und Gefühl selbst zugezogen hat.

Ich kannte einmal eine Dame, die von einem Flugzeugunglück gelesen hatte. Sie hatte einen Flug nach Los Angeles gebucht, aber nun kam die Furcht vor einer Katastrophe. Ein negativer Gedanke kann dir solange keinen Schaden zufügen, wie er nicht mit einem Furchtgefühl aufgeladen ist. Er muß erst emotionalisiert sein, bevor er subjektive Wirklichkeit werden kann. Diese Dame wußte nicht, was sie tat. Sie war mit den Gesetzen des Lebens nicht vertraut. Diese Ignoranz ist die Ursache aller unserer Unfälle und Mißgeschicke. Da sie sich in ein Flugzeugunglück verwickelt sah und diesen negativen Gedanken mit einem starken Furchtgefühl aufgeladen hatte, wurde das Ganze zu einem subjektiven Zustand. Als sie zwei Monate später die Reise antrat, geschah das Unglück, das sie sich vorgestellt hatte.

Wenn eine Frau befürchtet, von ihrem Ehemann verlassen zu werden, dann gibt es eine Möglichkeit, diese Stimmung zu besiegen. Die Furcht ist ein negatives Gefühl, das sich auf den Ehemann überträgt. Ist er mit den Gesetzen des Lebens nicht vertraut, dann wird sich ihre Überzeugung manifestieren. In anderen Worten, er wird genau das tun, was sie befürchtet, denn das ist ihre Überzeugung. Um das Problem zu lösen, muß sie ihr Denken radikal umkehren. Anstelle der Furchtgedanken muß sie sich ihren Ehemann vorstellen, wie er Frieden, Gesundheit und Glück ausstrahlt. In ihren Meditationen des Morgens und Abends muß sie das

Gefühl der Liebe und des Friedens ausstrahlen und fühlen, daß ihr Gatte der wunderbarste Mann der Welt ist. Sie muß seine Liebe und Zuneigung spüren. Sie stellt sich vor, wie er ihr Komplimente macht und ihr sagt, daß sie die wunderbarste Frau der Welt ist. Und wie glücklich und ausgeglichen er mit ihr ist. Ihre Furchtgefühle haben sich nun in eine Stimmung von Liebe und Frieden verwandelt. Es ist der Geist Gottes, der in ihrem Sinne tätig ist. Jetzt weiß sie: »Er versagt niemals« und daß *»vollkommene Liebe die Furcht austreibt.«* (1. Johannes 4:18)

Erwarte das Beste

Unser tägliches Gebet oder unsere tägliche Stimmung muß eine Stimmung der freudigen Erwartung sein – der vertrauensvollen Erwartung aller guten Dinge. Dies ist unser größtes Gebet. Wenn wir das Beste erwarten, wird auch das Beste zu uns kommen. Unsere Stimmung ist hierbei das Wesentliche.

Der heutige moderne Metaphysiker lehrt, daß Gott das Lebensprinzip im Menschen ist. Wenn du voller Glauben und Vertrauen bist, dann ist das der Geist Gottes, der sich in dir bewegt, und dieser Geist ist allmächtig. Gott ist das Bewußtsein des Menschen. Es gibt keinen anderen Gott. Mit Bewußtsein ist Existenz, Leben und Gewahrsam gemeint.

Du, mein Leser, weißt, daß du existierst. Dieses Wissen, daß du existierst, ist Gott. Dein Gewahrsein ist dein Konzept von Gott. Jeder muß sich selbst fragen, »was ist es, das ich wahrnehme«? Die Antwort auf diese Frage ist das, was er über Gott glaubt. Es ist das, was er von Gott weiß. Sagt er: »Ich nehme Mangel wahr, ich fürchte mich, ich bin krank«, dann sind das Lügen. Sie enthalten keine Wahrheit.

Sagt der Mensch: »Ich fürchte mich«, dann sagt er damit, daß Gott voller Furcht ist, und das ist natürlich Unsinn. Sagt er: »Ich leide Mangel«, dann gibt er damit einer Unwahrheit Ausdruck, und er verneint Gottes Überfluß und unendliche Versorgung. Er vertraut auf Fehlschläge und wird damit erfolgreich Fehlschläge produzieren. Er glaubt an eine Unwahrheit, aber er kann diese Unwahrheit nicht beweisen. Der falsche Zustand scheint real zu sein, und er ist es auch, solange er gedanklich bei ihm verweilt und ihn damit verstärkt. Sobald er jedoch aufhört, an diesen Mangelzustand zu glauben, ist er frei und geheilt.

Ein neuer Name im Buch des Lebens

Das Buch des Lebens ist dein Unterbewußtsein. Es wird von dir ständig beschrieben, basierend auf deinen gewohnheitsmäßigen Gedanken und Vorstellungen. Shakespeare sagte: »Was ist ein Name?« Nun, dein Name beinhaltet dein Geschlecht, deine Nationalität, deinen Background, dein Training, deine Schulbildung, deine Finanzen, deinen sozialen Status und alles, was dich betrifft.

Shakespeare hat viele Dramen und Komödien geschrieben, die einen metaphysischen Tiefsinn aufweisen. »Romeo und Julia« zum Beispiel ist ein Drama, das die Wechselbeziehung zwischen deinem wachbewußten Verstand und deinem Unterbewußtsein zum Inhalt hat. Wenn dein wachbewußter Verstand und dein Unterbewußtsein harmonisch, friedlich und freudig zusammenwirken, dann sind die Kinder aus dieser Verbindung Glück, Frieden, Gesundheit, Überfluß und Sicherheit. Die disharmonische Wechselbeziehung zwischen wachbewußtem Verstand und Unterbewußtsein bringt Verdruß, Leiden, Schmerzen, Krankheit und Elend in dein Leben.

Abram verließ Ur in Chaldäa. Ur steht für Hexerei, Schwarze Magie, Sternenanbetung, Idole und all diese Dinge. Abram änderte seinen Namen in Abraham, das bedeutet »Vater der Scharen« und weist auf Gott hin – die Eine Gegenwart und Macht.

Wir alle sind Kinder des einen Gottes. Das ist die Einheit allen Lebens. Alle Männer und Frauen sind Brüder – gleiches Bewußtsein, gleicher Geist und gleiche Substanz. Einen anderen zu verletzen, bedeutet daher, sich selbst zu verletzen; segne jedoch einen anderen und du segnest dich selbst.

Ein neuer Name – ein neues Konzept

Du kannst einen neuen Namen in das Buch deines Lebens schreiben, eine neue Einschätzung, eine neue Blaupause von dir. Du kannst ein neues Konzept von dir erstellen. Ist es groß genug, edel genug oder umfassend genug, um dich zu erlösen, um eine Veränderung deines Herzens, deines Gemüts und deines ganzen Seins zu bewirken? Auch heute haben die Menschen sich viele Idole geschaffen, ebenso wie seinerzeit in Chaldäa. Aberglaube ist etwas Wildwucherndes. Diese Menschen haben noch immer andere, falsche Götter. Das kommt zum Ausdruck durch Bemerkungen wie: »Bei diesem Wetter hole ich mir eine Erkältung«, oder »Wenn ich nasse Füße kriege, hole ich mir noch eine Lungenentzündung.« Viele fürchten sich vor Bazillen; wenn jemand in ihrer Nähe nur niest, meinen sie schon, einen Schnupfen zu bekommen. Fragt man einen solchen Menschen: »Haben Sie sich dieses Jahr schon einen Bazillus oder Virus eingefangen?«, dann ist die Antwort: »Nein, noch nicht.« Die Infektion wird also erwartet. Aber was wir erwarten, das bekommen wir auch.
Einige sagen: »Ich kenne nicht den richtigen Abgeordneten. Ich habe keinen Schwung. Ich kann diesen Job nicht kriegen.« Sie verleugnen die schöpferische Kraft in ihrem Innern. Sie reden zwar davon, daß sie allmächtig und überragend sei, zugleich verleugnen sie aber diese Kraft. Wenn diese Kraft überragend und allmächtig ist, dann gibt es

nichts, was ihr entgegenstehen oder sie herausfordern kann. Deshalb solltest du sagen: »Der Unendliche Geist öffnet jetzt die Tür für mich, er macht mir meine verborgenen Talente bewußt und zeigt mir den Weg, den ich gehen soll.« Und genau das wird der Unendliche Geist für dich tun.

Es gibt bei uns Kongreßabgeordnete, die während einer Rede auf Holz klopfen, wenn sie etwas Negatives ansprechen, so als ob dieses Holz über Macht verfügte. Gibst du anderen Menschen Macht? Gibst du der Atmosphäre Macht? Oder dem Wetter? All diese Dinge sind kraftlos. Sie verfügen über keine Macht. Die Macht und die Kraft ist in dir.

Der Name des Saulus wurde in Paulus geändert. Die Bedeutung von Paulus ist »Kleiner Christus«, und viele Wunder gehen auf sein Wirken zurück. Paulus erfuhr seine Erleuchtung auf der Straße nach Damaskus. Die Bedeutung von Damaskus ist: »Ein Sack voller Blut« oder »Wiedergeburt«. Diese Wiedergeburt ist eine mystische Erleuchtung, wo das Bewußtsein oder der Intellekt mit dem Licht Gottes übertlutet wird und einen veränderten Menschen hervorbringt. Manchmal geschieht dies in einem einzigen Augenblick; dies erfuhr auch die Heilige Theresa.

Paulus wurde ein neuer Mensch. Er war nicht mehr der Mörder, der andere Menschen in den Tod schickte. Er war transformiert. Er war von oben her erleuchtet. Du kannst zu den entsprechenden Behörden gehen und deinen Namen jedes Jahr ändern, wenn du willst. Das bedeutet nicht das Geringste. Es ist absolut bedeutungslos. Du mußt deine Natur verändern, deine Disposition, deinen Standpunkt, dein Konzept von dir selbst. Es muß sich eine innere Transformation vollziehen. Dann, selbstverständlich, hast du deinen Namen geändert, oder deine Natur.

Vor einiger Zeit hatte ich es mit einem Mann zu tun, einem ausgesprochenen Zyniker und Griesgram. Ein Mensch, der, nachdem er das Büro betreten hatte, erst mal seine Sekretärin und seinen Vertreter anfuhr. Wenn jemand sagte: »Ein schöner Tag heute«, dann kam mit Sicherheit die Antwort: »Was soll daran schon schön sein?« Beim Frühstück vertiefte er sich in die Zeitung, um seine Frau nicht ansehen zu müssen. Das Frühstück, besonders der Speck und die Eier, wurden ständig von ihm kritisiert. Er war ein absoluter Griesgram – häßlich und ekelhaft.

Er suchte bei einem Psychologen Rat, und dieser sagte: »Ich werde Ihnen sagen, was Sie tun. Sie können Ihr ganzes Naturell verändern. Bevor Sie sich des Morgens an den Frühstückstisch setzen, küssen Sie Ihre Frau, sagen Sie ihr, daß sie zauberhaft aussieht und das Frühstück köstlich ist. Dann wird sie wahrscheinlich in Ohnmacht fallen.« Der Mann sagte: »Wenn ich das tun würde, wäre ich ein Heuchler.« Der Psychologe erwiderte: »Das macht nichts, tun Sie es trotzdem. Brechen Sie das Eis in Ihrem Herzen. Wenn Sie Ihr Büro betreten, sagen Sie Ihrer Sekretärin, wie hübsch ihre Frisur ist oder ihre Augen – daß sie das gewisse Etwas hat. Und seien Sie freundlich, höflich und umgänglich mit dem Vertreter.«

Nach einem Monat des Praktizierens sank diese neue Denkweise in sein Unterbewußtsein und er wurde transformiert – er war jetzt freundlich, umgänglich und liebenswürdig. Allgemein hieß es: »Was ist denn mit dem los?« Andere sagten: »Er ist verliebt.« Nun, das war er wahrscheinlich – verliebt in sein höheres Selbst.

»Er hat mich so weit geführt, er wird mir auch den Rest des Weges zeigen.« Das ist eine wunderbare Wahrheit. Ich gab sie einem Lehrer aus Alabama, der mir geschrieben hatte. Er berichtete mir, daß sein Haus fast fertiggestellt, aber jetzt ein Streik der Bauarbeiter im Gang war; er hatte kein Geld mehr, was sollte er tun? »Er hat mich so weit geführt, er wird mir auch den Rest des Weges zeigen.«

Das fand er nicht korrekt. Seiner Meinung nach sollte es

heißen: »Er, der mich geführt hat, wird mir auch den Rest des Weges zeigen.« Ich sagte: »Nein, ich habe das wörtlich gemeint.« Das war kein Versprecher. Es war Absicht, weil wir es mit einem Prinzip zu tun haben, einer unpersönlichen Gegenwart, welche die Person nicht ansieht, eine universelle Gegenwart und Macht, die allen Menschen zur Verfügung steht. Der Halsabschneider, Bettler, Dieb, Heilige, Atheist oder Agnostiker – jeder Mensch kann diese Gegenwart anzapfen, von ihr Gebrauch machen.

Gott ist keine Person, deshalb sollten wir nicht sagen: »Unser Vater, der du bist im Himmel.« Es sollte heißen: »Unser Vater im Himmel« als Hinweis auf eine unpersönliche Gegenwart und Macht – Unendliches Leben und Unendliche Intelligenz. Es war offensichtlich, daß sein Gotteskonzept eines von einem menschengleichen Wesen irgendwo oben in den Wolken war. Nichtsdestoweniger praktizierte er das, was ich ihm empfahl, und er zog die notwendigen Geldmittel zu sich heran, um das Gebäude fertigzustellen.

Die Universelle Gegenwart erschafft aus sich selbst heraus, indem sie zu der erschaffenen Sache wird. In anderen Worten: Gott erschafft aus sich selbst heraus ein Wesen, das imstande ist, Ihm Herrlichkeit, Licht und Liebe zurückzugeben. Abraham kannte die schöpferische Kraft. Er war sich ihrer bewußt und demonstrierte sie in seinem Leben. Er glaubte, daß der Geist ihn führen und leiten würde, und so geschah es selbstverständlich.

Plato, Aristoteles, Plotin u.a., sie alle sprachen von Gott als Unendlichem Geist und Unendlicher Intelligenz. Allerdings sagten sie uns nichts darüber, wie diese Gegenwart und Macht anzuwenden sei, um Harmonie, Wohlstand und Erfolg herbeizuführen, oder wie man sich mit ihr heilt. Es war eine zufriedenstellende intellektuelle Schlußfolgerung – sehr interessant. Aber sie sagten uns nichts über ihre Anwendung in der Praxis des täglichen Lebens.

Du bist kein »Wurm im Staube«

Wenn du dich für einen »Wurm im Staube« hältst, weil man dir das vielleicht einmal eingeredet hat, dann werden die Menschen auf dir herumtrampeln. Sie werden dich so behandeln, wie du dich selbst behandelst. Bist du grausam und ekelhaft zu dir selbst, dann wird die Welt grausam und ekelhaft zu dir sein. Wie innen, so außen. Bedenke, daß du ein Sohn oder eine Tochter des Lebendigen Gottes bist. Du bist der Erbe aller Reichtümer Gottes. Du solltest den mächtigen, heilenden Gott in deiner Mitte erhöhen. Wie kannst du dich unterlegen fühlen, wenn du weißt, daß du ein Sohn oder eine Tochter des Unendlichen bist, Gottes geliebtes Kind, und daß Gott dich liebt und für dich sorgt? Gott ist das Lebensprinzip oder der Lebendige Geist in dir, der dich erschaffen hat und der über dich wacht, wenn du schläfst. »Er, der über dich wacht, ist es, der weder schlummert noch schläft.«

Nur zu viele Menschen arbeiten sehr hart und versagen dennoch im Leben. Der Grund dafür ist, daß sie im Unterbewußtsein Denkmuster für Versagen und Fehlschlag haben. Manchmal meinen sie, zu Fehlschlägen verdammt zu sein, sie halten sich auf irgendeine Weise für verhext. Sie fühlen sich immer unterlegen. Vielleicht hatte man ihnen in ihrer Jugend gesagt: »Du wirst es nie zu etwas bringen. Du wirst immer ein Versager sein. Du bist einfach zu dumm.« Diese Gedanken wurden dann von ihrem empfänglichen Bewußtsein angenommen und führen nun ein eigenes Dasein in ihrem Unterbewußtsein, von wo sie dann zu einer Erfahrungstatsache werden.

Der Mensch kann jedoch sein Leben ändern. Diese unterbewußten oder irrationalen Impulse handeln noch lange, nachdem die Vorkommnisse, die sie verursacht haben, vergessen sind. Der Mensch kann seinem Unterbewußtsein jedoch jederzeit etwas Neues eingeben. Er kann sagen: »Ich bin zum Erfolg geboren; das Unendliche kann nicht versagen.« Er kann seinem Unterbewußtsein lebensspendende Denkmuster eingeben, wie: »Göttliche Ordnung beherrscht mein Leben; göttlicher Frieden erfüllt meine Seele; göttliche Liebe durchdringt mein Gemüt; göttliches rechtes Handeln herrscht vor; Unendliche Intelligenz führt und leitet mich auf all meinen Wegen – sie ist eine Leuchte zu meinen Füßen und ein Licht auf meinem Weg.«

Wenn du zornig, argwöhnisch oder ängstlich bist, dann gibst du negativen und destruktiven Emotionen Ausdruck. Sie bewirken einen Aufruhr im Unterbewußtsein und veranlassen dich, das Falsche zu sagen und zu tun. Wenn du glücklich sein willst, bist du traurig; wenn du das Richtige tun willst, tust du das Falsche. Alles das geschieht, wenn du negativen und destruktiven Emotionen nachgibst, du wirst dann mit Sicherheit das Falsche tun.

Du kannst aber einen neuen Namen in das Buch des Lebens schreiben. Das Buch des Lebens ist, wie ich bereits erklärte, das Gesetz deines Unterbewußtseins. Die Bibel sagt: »*Und ich sah in der rechten Hand dessen, der auf dem Thron saß, ein Buch, innen und außen beschrieben, versiegelt mit sieben Siegeln. Und ich sah einen starken Engel, der rief mit lauter Stimme: Wer ist würdig, das Buch zu öffnen und seine Siegel aufzubrechen? Aber niemand, weder im Himmel noch auf Erden noch unter der Erde, konnte das Buch aufmachen und hineinsehen. Und ich weinte sehr, weil niemand gefunden wurde, der würdig war, das Buch aufzumachen und hineinzusehen.*« (Offenbarung 5:1-4)

Dieses Buch ist im Innern geschrieben, und auf seiner Rückseite befindet sich dein objektives und subjektives Bewußtsein. Du hast einen wachbewußten Verstand und ein Unterbewußtsein. Was immer du an Gedanken, Überzeugungen, Meinungen, Theorien oder Dogmen deinem Unterbewußtsein aufprägst, das wirst du als objektive Verwirklichungen erfahren – als Umstände, Vorkommnisse, Zustände und Begebenheiten. Was immer wir in das Innere schreiben, erfahren wir im Äußeren. Wir haben es mit zwei Seiten unseres Lebens zu tun – der objektiven und subjektiven, der sichtbaren und unsichtbaren, dem Gedanken und seiner Manifestation.

Das Buch mit sieben Siegeln

Die sieben Siegel stehen für die sieben Bewußtseinszustände. Unser Konzept passiert sieben Grade des Gewahrseins, wobei wir unsere fünf Sinne spiritualisieren, indem wir uns nach innen an die spirituelle Macht wenden. Dann veranlassen wir unseren wachbewußten Verstand, mit dem Unterbewußtsein übereinzustimmen und synchron zu laufen. Wenn sich im Wach- wie im Unterbewußtsein kein Zweifel mehr breitmacht, ist das Gebet beantwortet. Du brichst die sieben Siegel, wenn du deine fünf Sinne disziplinierst und diese zwei Phasen deines Geistes in Übereinstimmung bringst.

Nun zu den sieben Siegeln. Das erste ist das Sehen. Das bedeutet, von jeder Situation jeweils nur die Wahrheit zu sehen. Wo Krankheit ist, sehen wir vollkommene Gesundheit; wo Mißklang ist, Harmonie; wir sehen Liebe, wo Haß ist. Dann siehst du die Wahrheit, und du disziplinierst deine Befähigung des Sehens.

Das zweite ist Hören. Du vernimmst die frohe Botschaft, die Wahrheiten Gottes. Du hörst deine Mutter das sagen, was du gern hören möchtest – daß Gott ein Wunder vollbracht hat und sie geheilt ist. In anderen Worten, du siehst sie nicht in der Klinik und im Krankenbett liegen. Du hörst

das genaue Gegenteil. Du hörst sie von ihrer vollkommenen Gesundheit reden. Dann hörst du die Wahrheit.
Das dritte ist das Riechen. Du riechst die Wahrheit, wenn du zu einer definitiven Entscheidung gekommen bist, wenn du erkannt hast, daß Gott, der deinen Körper erschaffen hat, ihn auch heilt. Jede andere »Nahrung« weist du als ungeeignet für mentalen Verzehr zurück. Ein Hund wittert seine Nahrung; ist sie unbekömmlich, weist er sie zurück. Ebenso mußt du alle Gedanken, Ideen und Meinungen zurückweisen, die deine Seele nicht mit Freude erfüllen.
Das vierte ist Geschmack. Du schmeckst das süße Aroma Gottes. Du schmeckst die Wahrheit, indem du die wahren Ideen Gottes in deinem Bewußtsein annimmst. Dies geschieht durch Meditation und wiederholtes Ausmalen der angestrebten, vollkommenen Lösung.
Das fünfte ist die Freude, wenn du die Antwort auf dein Gebet mental und emotional umfaßt – wenn du die Wirklichkeit des erstrebten Zustands fühlst.
Die verbleibenden zwei Siegel sind dein wachbewußter Verstand und dein Unterbewußtsein. Wenn du die fünf Sinne erfolgreich diszipliniert hast, dann beginnen das männliche und weibliche Prinzip in deinem Bewußtsein in harmonische Wechselbeziehung zu treten. Dann vollzieht sich die göttliche Vermählung zwischen deinem Begehren und deinem Gefühl. Aus dieser Verbindung erwächst ein Kind, und das ist die Freude des beantworteten Gebets.
Dies ist das Buch des Lebens, von dem immer die Rede ist. Würde jemand dein Unterbewußtsein fotografieren, dann wäre für ihn deine Zukunft, deine Vergangenheit und dein gegenwärtiges Denken sichtbar. Die Zukunft besteht aus deinem herangewachsenen gegenwärtigen Denken. Du kannst die Zukunft immer verändern, indem du dein gegenwärtiges Denken änderst. Verweile bei dem, was wahr, lieblich, edel und gottgleich ist. Verweile bei diesen Gedan-

ken mit Überzeugung. Die alten Gedanken werden sterben. Sie lösen sich auf. Sie werden in den Tiefen deines Bewußtseins getilgt und ausgelöscht, weil das Niedere sich dem Höheren immer unterordnet.

Denke an gute und erfreuliche Dinge. Befasse dich mit neuen Gedanken, neuen Ideen, die ewige Wahrheiten und Prinzipien betreffen. Denke daran: Flüchtige Wunschgedanken, vage Träume oder Hoffnungen werden von deinem Unterbewußtsein nicht akzeptiert. Es akzeptiert nur deine Überzeugungen – das, was du wirklich tief unten in deinem Herzen glaubst.

Was glaubst du? Woran glaubst du? Glaubst du an die Güte Gottes im Land der Lebenden, an die Führung Gottes, an die Harmonie Gottes und die Liebe Gottes? Glaubst du an den Überfluß Gottes? Wenn ja, werden all diese Dinge sich verwirklichen, denn glauben heißt, in einem Zustand leben, in dem sich das Geglaubte bereits verwirklicht hat, indem es als bereits vorhandener Zustand akzeptiert wird.

Mach dir dein spirituelles Erbteil bewußt. Wir alle sind Kinder des »Ich bin«, wie Moses sagt. In dir ist die wirkliche Natur oder der wahre Name, denn ihn sprichst du den ganzen Tag lang aus. »Ich bin« ist in Indien »Om«. Die Bibel sagt: *»Ich bin der Ich bin.«* (2. Moses 3:14) Moses sagte: *»›Ich bin‹ hat mich zu euch gesandt.«* (2. Moses 3:14)

Wenn du morgen dein Geschäft betrittst, dann bedenke, daß »Ich bin« dich gesandt hat. Möglicherweise um eine schwierige Aufgabe zu lösen, sie zu überwinden. Der Ingenieur, der sich vor ein drängendes Problem gestellt sieht, erkennt, daß »Ich bin« ihn gesandt hat, um dieses Problem zu lösen. Der Ingenieur geht das Problem mutig an und sieht die Lösung.

Wir alle sind Kinder des »Ich bin« (Gott). Was immer du dem »Ich bin« hinzufügst, zu dem wirst du. Wenn du sagst: »Ich bin zu nichts zu gebrauchen, ich bin ein Flop, ich bin ein Versager, ich werde taub, ich werde blind, ich bin ein Niemand«, dann wirst du zu dem. Was immer du dem »Ich bin« hinzufügst, zu dem wirst du. Kehre es ins Gegenteil um und sage: »Ich bin glücklich, ich freue mich und bin frei. Ich bin erleuchtet; ich bin inspiriert; ich bin stark; ich bin kraftvoll.«

»Laß den Schwachen sagen, ich bin stark.« – »Laß die Witwe sagen, alles ist gut.« – »Ich bin ein Sohn oder eine Tochter des Lebendigen Gottes. Ich bin Erbe aller seiner Reichtümer. Ich bin geboren, um zu siegen, Erfolg zu haben, denn das Unendliche kann nicht versagen. Ich bin ein gewaltiger Erfolg. Ich bin absolut außergewöhnlich. Ich bin einzigartig, es gibt niemanden auf der ganzen Welt, der so ist wie ich.«

Diese Wahrheiten solltest du in dein Herz schreiben – sie in dein Inneres einmeißeln. *»Wer überwindet, dem will ich von dem verborgenen Manna geben und einen weißen Stein; auf dem Stein aber steht ein neuer Name geschrieben, den niemand kennt, außer dem, der ihn empfängt.«* (Offenbarung 2:17)

Das lebendige Brot

Manna ist ein Symbol für das Brot des Himmels. *»Ich bin das lebendige Brot, das vom Himmel gekommen ist.«* (Johannes 6:51) Es ist das Brot des Friedens, der Harmonie; es ist das gesegnete Brot Gottes. Iß das Brot der Inspiration und Führung, denn kein Mensch kann in der heutigen Welt ohne spirituelle Nahrung leben. Du kannst an einer reich gedeckten Tafel sitzen und die erlesensten Speisen zu dir nehmen und dennoch hungrig sein – hungrig nach Frieden, Harmonie, Liebe, Inspiration und Führung.

Manna ist ein Symbol für Inspiration, Stärke, Macht und

Weisheit. Es nährt dich in der Wüste der Einsamkeit, des Unglücklichseins, denn die größte Wüste der Welt ist nicht die Sahara; sie befindet sich unter dem Hut des Menschen. Dort wächst nicht allzu viel, außer dem Unkraut der Ignoranz, der Furcht und des Aberglaubens. Buddha fragte Gott nach der Ursache allen Übels, Elends, aller Verbrechen und Leiden der Welt. Die Antwort, die er erhielt, war »Unwissenheit«, denn Unwissenheit ist die einzige Sünde, und alle Bestrafung nur die Konsequenz.

Rufe diese Gegenwart und Macht an. Sie wird dir antworten. Sie wird in Schwierigkeiten bei dir sein. Sie wird dich erhöhen, denn du kennst ihren Namen oder ihr Wesen. Das Wesen der Unendlichen Intelligenz besteht darin, daß sie dir antwortet. Wende dich nach innen an die Quelle des Lebens und laß dich von der Wahrheit erfrischen. Dort kannst du dich aufladen. *»Wohlan, alle, die ihr durstig seid, kommt her zum Wasser! Und die ihr kein Geld habt, kommt her, kauft und eßt! Kommt her und kauft ohne Geld und ohne Preis Wein und Milch!«* (Jesaja 55:1)

Der Preis ist Anerkennung, Akzeptanz, Überzeugung. Der Preis besteht darin, Gott zu ehren und an ihn zu glauben. Das ist der einzige Preis, den du zahlst.

Wenn du Gott nicht ehrst und ihn nicht anerkennst, ist es so, als sei die Gegenwart nicht vorhanden. Du kannst jedoch vom Brot des Friedens, der Freude, des Glaubens und des Vertrauens in die einzige Macht, die es gibt, essen. Deinen Glauben und dein Vertrauen solltest du nicht in Lehrmeinungen, Dogmen und Traditionen setzen. Glaube daran, daß alles, was du deinem Unterbewußtsein aufprägst, sich als Form, Funktion, Erfahrung und Begebenheit ausdrückt. Damit lernst du dich selbst auch ein bißchen besser kennen.

Ein neuer Name ist eine neue Disposition, eine neue Perspektive, eine neue Einsicht. Du kannst bejahen: »Gott liebt

mich und sorgt für mich. Ich bin vom Höchsten erleuchtet.«
Du kannst rechtes Handeln bejahen. Beanspruche für dich: »Die Weisheit Gottes salbt meinen Intellekt, und mit der Feder meines Bewußtseins schreibe ich das in mein Unterbewußtsein. Was ich meinem Unterbewußtsein eingebe, wird wirksam und funktionell.«

Schärfe dein mentales Werkzeug

Du bist hier, um Probleme zu lösen. Der Grund, weshalb du mit Problemen und Herausforderungen konfrontiert bist, ist einleuchtend. Du bist hier, um deine Göttlichkeit zu entdecken und um deine mentalen und spirituellen Werkzeuge zu schärfen; andernfalls würdest du dich niemals selbst entdecken.
Es gibt Fehlschläge im Leben, oh ja! Deshalb hattest du als Schulkind ja auch einen Radiergummi am Ende deines Bleistifts. Jeder war sich klar darüber, daß du Fehler machen würdest. Von diesen Fehlern hast du jedoch gelernt – du hast Addieren und Subtrahieren gelernt, ebenso wie viele, viele andere Dinge.
Du mußt eine Basis für konstruktives Denken haben. Wenn du weißt, daß Gedanken Dinge sind und daß du das, was du fühlst, zu dir heranziehst, daß du zu dem, was du dir vorstellst, wirst, dann beginnst du konstruktiv zu denken, denn du erkennst: »Mein Gedanke ist kreativ – nicht weil es mein Gedanke ist, sondern weil es Gedanke ist.«
»Nichts kann dir Frieden geben, als der Triumph der Prinzipien«, schrieb Emerson. Quimby sagte, daß ein Kind wie eine leere Schiefertafel ist; und daß dann Onkel und Tanten und alle anderen Anverwandten, Lehrer und Geistliche des Weges kommen und etwas draufkritzeln. Und das ist leider

sehr leicht, denn das kleine Gemüt ist selbstverständlich beeindruckbar, manipulierbar und allen Ansichten, Überzeugungen, Lehrmeinungen, Dogmen, Aberglauben, Ignoranz und Befürchtungen der Eltern und anderer weit geöffnet. Das heranwachsende Kind ist dem dominierenden, mentalen, emotionalen und spirituellen Klima seines Elternhauses ausgesetzt.

Wer kritzelt heute etwas in dein Bewußtsein? Ist es vielleicht deine Schwiegermutter, dein Schwiegervater oder irgendein Schwager, der etwas in dein Bewußtsein kritzelt? Stören oder belästigen sie dich? Hat dir jemand eingeredet, daß du versagen wirst? Oder weist du so etwas zurück und sagst: »Du weißt ja nicht, was du sagst. Ich kann nicht versagen. Wie könnte ich wohl versagen? Das Unendliche ist in mir. Ich bin zum Siegen geboren. Ich bin ein Erfolg in meinem Gebetsleben, in meinen Beziehungen zu anderen Menschen und in meinem gewählten Beruf.« In dem Augenblick, in dem du das bejahst, wird die Unendliche Kraft dir antworten.

Wie könnte das Unendliche versagen? Wo ist das Unendliche? In deinem Innern. Und du bist zum Siegen geboren. Deine Aufgabe ist es, zu siegen, zu überwinden, zu triumphieren. Du bist hier, um dich von Herrlichkeit zu Herrlichkeit zu bewegen, von Oktave zu Oktave, denn der Herrlichkeit des Menschen ist kein Ende.

Ist irgendein Leitartikler imstande, dir etwas ins Bewußtsein zu schreiben? Oder schreibst du selber, nämlich die Wahrheiten Gottes, die gestern die gleichen waren wie heute und heute die gleichen sind wie morgen bis in die Ewigkeit? Was schreibst du dir jeden Tag ins Bewußtsein? Einige schreiben Trauer, Verzweiflung, Hoffnungslosigkeit, Einsamkeit usw. in ihr Bewußtsein. Schreib du die Überzeugung, daß du wertvoll bist, jeden Platz ausfüllen kannst, voller Glauben und Vertrauen in die einzige Macht, die es

gibt, und dir bewußt bist, vom Höchsten inspiriert zu sein. Schreib, daß du unerschütterlich glaubst, von Gott auf all deinen Wegen geführt zu sein, daß er eine Leuchte zu deinen Füßen und ein Licht auf deinem Pfad ist.
Dein Unterbewußtsein, das Buch des Lebens, wird diese Eindrücke, Standpunkte, Meinungen und Überzeugungen empfangen, weil du aufrichtig bist und auch das meinst, was du denkst. Was du als wahr anerkennst und empfindest, wird dein Unterbewußtsein hervorbringen – sei es gut oder schlecht.
Schreib in dein Gemüt Harmonie, Gesundheit, Heilsein, Schönheit, Frieden, Vollkommenheit und rechtes Handeln. Das sind Prinzipien. Du erschaffst diese Wahrheiten nicht, aber du aktivierst sie und machst sie durch deine Bejahung wirksam und funktionell. Fache die Gottesgabe in dir an.
Alles, was dich mit Glauben, Vertrauen, Freude und Begeisterung erfüllt, hat Macht über dich. Es beherrscht dein Verhalten. Begeisterung beherrscht all deine Aktivitäten, denn Begeisterung bedeutet, »von Gott besessen zu sein«. Normalerweise wirst du niemals soweit kommen, wie du kommst, wenn du von dem Einen besessen bist – dem Schönen und dem Guten.
Du bist ein mentales und spirituelles Wesen, denn wenn du »Ich bin« sagst, dann kündigst du die Gegenwart des Lebendigen Gottes an. Du hast immer gelebt. Selbst in einer Milliarde von Jahren wirst du noch leben, denn das Leben wurde niemals geboren und wird niemals sterben; Wasser näßt es nicht, Feuer brennt es nicht, der Wind bläst es nicht hinweg. Du bist lebendig, und dieses Leben ist Gottes Leben. Gott ist Leben; daher hast du immer gelebt.
Bist du noch dieselbe Person, die du vor fünf Jahren warst? Vor zehn Jahren? Vor 25 Jahren? Nein, das bist du nicht. Bist du noch die gleiche Person, die du im Alter von drei Monaten oder einem Jahr warst? Seit deiner Geburt in die-

sem Leben hast du Hunderte von Reinkarnationen erlebt. Reinkarnation ist die Manifestation des Geistes auf höheren Ebenen. Daher warst du im Alter von fünf Jahren anders als mit zehn, 20 oder 30. Wenn ich dir Fotos von jedem Monat deines Lebens zeigen würde, dann würdest du dich auf einigen von ihnen kaum wiedererkennen.
Du bist nicht der gleiche Mensch, der du noch vor sechs Monaten warst. Du hast ein neues Konzept von Gott, dem Leben, dem Universum – eine neue Einschätzung, eine neue Blaupause, einen neuen Einblick. Du redest nicht mehr gleich; du gehst nicht mehr gleich, und du denkst nicht mehr gleich. Dein Leben bewegt sich von Herrlichkeit zu Herrlichkeit. Auch in der nächsten Dimension gehst du noch immer von Oktave zu Oktave, von Ebene zu Ebene. Du kannst morgen nicht geringer sein als heute, denn das Leben beweist sich weder rückwärts, noch verweilt es beim Gestern.
Schreib in das Buch des Lebens: »Ich gehe von Herrlichkeit zu Herrlichkeit. Ich gehe von Ebene zu Ebene.« Schreib diese Wahrheiten in dein Leben, denn du bist immer lebendig, und du pflanzt immer etwas Neues in dein tieferes Bewußtsein.

Der eingeborene Sohn

Ich bekomme viele Briefe; in einigen davon heißt es: »Sie werden in einen See von Feuer geworfen werden, weil Sie in Ihrem Radioprogramm behaupten, daß jeder Mensch sein eigener Erlöser sei, daß Gott in ihm wohnt, und daß er nur Kontakt mit dieser Gottgegenwart aufnehmen muß, und sie ihn führen und leiten wird und seine Probleme für ihn löst. Ebenso behaupten Sie, daß jeder Mensch sein Gebet selbst beantwortet. Dafür werden Sie eines Tages in einem See von Feuer in aller Ewigkeit brennen.« Dann zitieren sie die Bibel und sagen: »*Denn so sehr hat Gott die Welt geliebt, daß er seinen einzigen eingeborenen Sohn dahingab, damit alle, die an ihn glauben, nicht verlorengehen, sondern das ewige Leben haben.*« (Johannes 3:16)

Alles dies gründet sich auf einen Mangel an Verständnis. Jeder von uns ist dieser einzige eingeborene Sohn. Wir alle sind dem einzigen Einen eingeboren. Es gibt nur den Einen. Dein einziger eingeborener Sohn ist spirituell gesprochen dein Begehren. Wenn du krank bist, ist Gesundheit dein Erlöser. Du begehrst Gesundheit. Die Verwirklichung deines Begehrens ist dein Erlöser. Wenn du dich in den Wäldern verirrt hast, ist Führung dein Erlöser. Wirst du gefangengehalten, ist die Freiheit dein Erlöser. Wenn du verdurstest, ist Wasser dein Erlöser. Somit ist jeder Mensch, der imstande ist, Kontakt zu seiner Gottgegenwart herzustellen, selbstverständlich sein eigener Erlöser.

Der in der Bibel erwähnte See von Feuer darf nicht wörtlich genommen werden. Es handelt sich hier selbstverständlich um kein richtiges Feuer. Die Bibel ist ein spirituelles Buch. Sie spricht in spiritueller, mentaler, allegorischer, figurativer, idiomatischer und mystischer Sprache. In einer psychiatrischen Anstalt oder Klinik beispielsweise kann man Menschen finden, die in einem See von Feuer brennen. Dieser See ist selbstverständlich das Unterbewußtsein. Das Feuer bedeutet, daß sie vor negativen Gefühlen überschäumen: vor Eifersucht, Haß, Groll, Feindseligkeit und Zorn. Mit diesen negativen Emotionen verbrennen sie ihr Gewebe und ihre Herzen.

Ein psychotischer Mensch erleidet die schlimmsten Qualen, nicht wahr? Er wird von den Flammen seiner eigenen Misere verbrannt. Einige Menschen brennen mit ihrem Haß, ihrem Groll, ihrer Feindseligkeit usw. Sie leben selbstverständlich in einem See von Feuer, den sie selbst verursacht haben, weil jeder Mensch sich seine eigene Hölle oder seinen eigenen Himmel erschafft. Omar sagte: *»Ich selbst bin mein Himmel und meine Hölle.«*

Zorn, Depression, Furcht, ungute Vorahnungen usw. sind innere Feuer. Jeder Arzt sagt uns, daß diese Emotionen Magengeschwüre, hohen Blutdruck, Krebs und Arthritis verursachen. Aufrechterhaltene Haßgefühle verursachen Arthritis; sie bewirken eine Veränderung des Gewebes, verursachen Kalkablagerungen und bringen alles durcheinander. Vor lauter Eifersucht haben manche Menschen schon den Verstand verloren, denn es gibt kein destruktiveres Gift als Eifersucht. Man nennt sie das grünäugige Monster; sie ist das größte aller Mentalgifte.

Sammle dafür Schätze am Himmel, wo Motten und Rost sie nicht zerfressen und wo die Diebe nicht einbrechen und stehlen. Säe für dich Gedanken der Harmonie, der Gesundheit, des Friedens und der Schönheit. Schreibe die Wahrheiten Gottes in dein Herz. Was wirst du schreiben? Schreibe: *»Allem, was wahr, was ehrbar, was gerecht, was rein, was liebenswert, was wohllautend ist, wenn es irgendeine Tugend und wenn es irgendein Lob gibt, darauf sei bedacht.«* (Philipper 4:8)

Das Lied des Triumphs

Sag mir, Du, den meine Seele liebt, wo weidest Du Deine Herde, wo ruhst Du am Mittag?
Wie schön bist du, meine Freundin, wie schön! Deine Augen sind wie Taubenaugen.
Er führte mich in den Weinkeller, und des Hauses Fahne über mir war die Liebe.
Seine Linke ruht unter meinem Haupt, und seine Rechte umfängt mich.
Mein Geliebter spricht zu mir: Steh auf, meine Freundin, meine Schöne, und komm her.
Denn siehe, der Winter ist vergangen, der Regen ist vorbei und dahin.
Die Blumen sind aufgegangen im Land, die Zeit des Singens ist da, und die Turteltaube läßt sich hören in unserem Land.
Steh auf, meine Freundin, meine Schöne, und komm her.
Mein Geliebter ist mein, und ich bin sein, der zwischen den Lilien weidet.
Bis der Tag anbricht und die Schatten fliehen.« (Das Hohelied Salomos)
Es ist unvorstellbar, daß eine Anthologie geschrieben werden könnte, die das Hohelied Salomos nicht enthält. Es ist in der Tat einer der meistinspirierten Teile der Bibel. Das Hohelied Salomos offenbart Gott als Universelle Liebe. Es ist hinreißend und überwältigend.
Wenn du im Leben triumphieren willst, dann mußt du von Liebe bewegt und motiviert sein. Es ist eine überwältigende

Freude, vom Geist berauscht zu sein. In anderen Worten: Wenn wir das Lied des Triumphs singen, werden wir von Gott berauscht und von göttlicher Begeisterung angefeuert. Dadurch geben wir der göttlichen Liebe und Freude von Tag zu Tag mehr Ausdruck.

Du singst das Lied Gottes oder empfindest die Stimmung des Triumphs, wenn du subjektiv fühlst, das zu sein oder zu haben, was du nach Auskunft deiner fünf Sinne nicht bist oder hast; dann bist du von Gott berauscht – von einer göttlichen Erregung ergriffen, von überschäumender Freude.

Hast du nicht zuweilen schon einen vor Begeisterung überschäumenden Menschen gesehen, offensichtlich von Freude berauscht? Dieser Mensch hat in dem Augenblick das Lied Gottes gesungen. *»Vor Dir ist Freude die Fülle und Wonne zu Deiner Rechten ewiglich.«* (Psalm 16:11)

Wenn du einem Lied Ausdruck gibst, gibst du deiner gesamten Natur Ausdruck. Gemüt und Körper geben sich dem Lied ganz hin. Wenn dein Herz voller Liebe und gutem Willen ist, wenn du Frieden ausstrahlst, dann singst du in Wahrheit das Lied Gottes; es ist das Lied der jubilierenden Seele.

Du bist in Wahrheit ein spirituelles, ewiges, vollkommenes Wesen. Du bist bereits jetzt der lebendige Ausdruck Gottes. *»Ich habe gesagt: ihr seid Götter und allzumal Söhne des Höchsten.«* (Psalm 82:6)

Wenn du betest, dann hast du eine Romanze mit Gott oder deinem Guten. Dein Begehren – wenn verwirklicht – bringt dir Freude und Frieden. Um deinen Herzenswunsch zu verwirklichen, der im Hohelied Salomos als deine Geliebte beschrieben wird, mußt du ihn umwerben; laß dich von deinem Begehren gefangennehmen, halten, erfüllen und begeistern. Laß es deine Vorstellungskraft anfeuern. Du wirst dich immer in Richtung des Begehrens bewegen, das in deinem Denken dominiert.

Das erfüllte Begehren als Realität

Die meisten Wahrheitssucher und besonders die Studenten der Divine Science wissen, daß das Hohelied Salomos eine zauberhafte Beschreibung der harmonischen Vereinigung von wachbewußtem Verstand und Unterbewußtsein ist (Salomon und Sheba).

»Sag mir, Du, den meine Seele liebt, wo weidest Du deine Herde?« Dein verwirklichtes Begehren ist das, was deine Seele liebt. Du wirst gefragt, »wo du weidest«. In anderen Worten, bei welchen Gedanken verweilst du? Die *Herde* repräsentiert deine Gedanken, Ideen, Meinungen und Überzeugungen. Du sollst nichts anderes »schmausen« als die Freude des beantworteten Gebets.

Wenn du dir sagst: »Ich kann nicht. Es ist zu spät. Ich bin zu alt, und ich kenne nicht die richtigen Leute« – in anderen Worten, wenn du im Mentalbereich all die Gründe »weidest«, weshalb du das nicht tun oder sein kannst, was du tun oder sein willst –, dann »läßt du deine Herde nicht am Mittag ruhen«.

Am *Mittag* wirft die Sonne keinen Schatten; ebenso darfst du beim Beten oder Bejahen den Schatten der Furcht oder des Zweifels nicht gestatten, deinen Weg zu kreuzen oder dich von deinem Ziel im Leben abzubringen. Die Welt der Verwirrung weist du zurück, und du nimmst geistig an der Realität deines Begehrens teil und meditierst darüber.

»Wie schön bist Du, meine Freundin, wie schön! Deine Augen sind wie Taubenaugen.« Die *Taube* ist ein Symbol für den inneren Frieden Gottes.

Ich sprach einmal mit einem Alkoholiker, und der sagte mir: »Erzählen Sie mir nichts von diesem Gottkram. Ich will nicht Gott, ich will Heilung.« Dieser Mann war voller Grollgefühle gegenüber seiner früheren Ehefrau, die wieder geheiratet hatte; daneben war er noch mit mehreren anderen Menschen verkracht. Er bedurfte dringend der *Taubenaugen*, d.h., er hatte es dringend nötig, die Wahrheit zu sehen, die ihm seinen Gemütsfrieden geben würde.

Ich fragte ihn: »Würden Sie jetzt mit mir beten? Sie müssen nur ehrlich und aufrichtig sein; wenn Sie das sind, werden Sie einen inneren Frieden erfahren, der jedes menschliche Begreifen übersteigt.«

Er entspannte seinen Körper, und ich sagte ihm: »Stellen Sie sich jetzt vor, zu der unsichtbaren Gegenwart in Ihrem Innern zu sprechen – der Allmächtigen Kraft, die den Kosmos erschaffen hat. Sie vermag alles. Sagen Sie ›danke, danke für diesen inneren Frieden‹. Sagen Sie das immer wieder.«

Nach zehn Minuten stiller Meditation fühlte er sich von einem inneren Licht geblendet. Es schien in seiner Nähe vom Boden aufzusteigen. Der ganze Raum war von Licht überflutet!

Er rief aus: »Alles, was ich sehe, ist Licht! Was ist geschehen?« Dann wurde er in meinem Arbeitszimmer vom Schlaf übermannt, sein Gesicht drückte einen Zustand der Erleuchtung aus. Nach etwa 15 Minuten erwachte er und fühlte sich in vollkommenem Frieden. Er sagte: »Gott ist wahrhaftig! Gott ist!« Dieser Mann hat seine Geliebte gefunden, d.h., sein Gefühl des Einsseins mit Gott und allem Guten.

Bevor du dich heute abend dem Schlaf überläßt, lasse dein Begehren wissen, daß du es liebst. Sag ihm, wie wunderschön es ist und wie großartig du dich fühlen wirst, wenn es sich realisiert hat. Verliebe dich in dein Ideal. Lobe es; erhöhe es. »Steh auf, meine Freundin!« Fühle mit jeder Faser deines Seins, daß du bereits bist, was du zu sein begehrst. In diesem Bewußtsein überlasse dich dem Schlaf.

Bei einem Besuch sagte ich einmal einem Inselbewohner, er sollte den Gedanken an Erfolg »überschlafen«. Er verkaufte Magazin-Abonnements. Er wandte die folgende Prozedur an und hatte großen Erfolg damit: Auf meinen Vorschlag hin, dachte er unmittelbar vor dem Einschlafen an Erfolg, d.h., was der Begriff Erfolg ihm bedeutet; was er tun würde, wenn er erfolgreich wäre. Ich wies ihn an, von seiner Imagination Gebrauch zu machen und unmittelbar vor dem Einschlafen sich in seinen Erfolg zu verlieben. Er wiederholte das Wort »Erfolg« immer wieder und brachte sich damit in die Stimmung des Erfolgs; dann überließ er sich dem Schlaf in den Armen »dessen, den meine Seele liebt«, d.h., seiner göttlichen Gegenwart, die das von ihm als wahr Angenommene verwirklicht. Die Zustände, Erfahrungen und Begebenheiten in deinem Leben werden Kinder deines Geistes genannt.

»Er führte mich in den Weinkeller, und des Hauses Fahne über mir war die Liebe.« Der *Weinkeller* ist dein Bewußtsein, wo du die Idee oder deinen Herzenswunsch bewirtest. Eine Illustration soll dir verdeutlichen, wie diese Bewirtung im *Weinkeller* deines Bewußtseins vor sich geht. Ein junges Mädchen mit einer speziellen Gesangsbegabung hatte große Schwierigkeiten, beim Film, Fernsehen oder Radio unterzukommen. Sie war schon so oft abgelehnt worden, daß sie schon fürchtete, einen regelrechten Ablehnungskomplex zu bekommen. Sie hörte mich jedoch in einer meiner Rundfunksendungen sagen, daß alles, was das Bewußtsein des Menschen als wahr annehmen und empfinden kann, sich verwirklichen wird. Diesen Satz schrieb sie nieder, kam dann zu einem meiner Vorträge und praktizierte das Betreten des *Weinkellers,* indem sie das Räderwerk ihres Gemüts zur Ruhe brachte und ihren Körper entspannte. Sie brauchte ihrem Körper nur zu gebieten, sich zu entspannen; der Körper mußte dann gehorchen. In diesem stillen, entspannten, friedvollen Zustand mit ihrer Aufmerksamkeit auf einen imaginären Filmvertrag in ihrer Hand gerichtet, empfand sie die Realität und die Freude des

Ganzen. Sie war nun im *Weinkeller,* und die *Fahne* über ihr war *Liebe.* Liebe ist emotionale Zuneigung. In ihrer Imagination war sie diesem Vertrag definitiv zugeneigt. *»Und was nicht ist, ins Dasein ruft.«* (Römer 4:17) Die sichtbare Welt erwächst aus der unsichtbaren. Der Vertrag wurde für sie zu einer Realität, weil sie das Mentalbild eines Vertrags im *Weinkeller* ihres Gemüts mit ihrem Gefühl bewirtet hatte. Sie wußte, daß sich ihre auf festem Vertrauen gegründete Vorstellung in der dreidimensionalen Welt verwirklichen würde.

Übereinstimmung von Gedanke und Gefühl

»Seine linke Hand ruht unter meinem Haupt, und seine Rechte umfängt mich.« Die *linke Hand* ist dein tiefempfundenes subjektives Gefühl; die *rechte Hand* deine disziplinierte Imagination (Vorstellungskraft). Wenn du dir ein Begehren vorstellst und es als bereits verwirklicht empfindest, dann vereinigen sich die rechte und die linke Hand in göttlicher Umarmung; dann vereinigt sich die Idee mit dem Gefühl. Man kann es auch anders sagen: Es entsteht eine Übereinstimmung von wachbewußtem Verstand und Unterbewußtsein, und das kündigt das beantwortete Gebet an.

Wenn zwischen wachbewußtem Verstand und Unterbewußtsein kein Widerstreit mehr besteht und auch nicht der geringste Zweifel, dann ist dein Gebet beantwortet, denn die beiden haben sich seiner übereinstimmend angenommen, und es ist so.

»Mein Geliebter spricht zu mir: Steh auf, meine Freundin, meine Schöne, und komm her.« Ist es nicht genau das, was dein Bestreben, dein Ziel, deine Ambition oder dein Begehren dir sagt? Die Idee vollkommener Gesundheit beispiels-

weise winkt dir jetzt zu und sagt: »Steh auf und komm her, entferne dich von dem Glauben an Krankheit, Begrenzung, Schmerz und Beschwerden zu Gesundheit, Harmonie und Gemütsfrieden.«

In England hatte ich ein langes Gespräch mit einem Mann, der Schwierigkeiten mit seinem Bein hatte. Er war schon seit neun Monaten ans Haus gefesselt, war unfähig zu gehen oder sich auch nur auf sein Bein zu stützen. Das erste, was ich ihn fragte, war, was er tun würde, wenn er geheilt wäre. Er sagte: »Ich würde wieder Polo spielen, schwimmen, golfen und bergsteigen. Das habe ich jedes Jahr getan.« Das war die Antwort, die ich hören wollte.

Ich erklärte ihm auf einfachste Weise, wie er wieder vollen Gebrauch von seinen Beinen machen könnte. Das erste war, daß er sich vorstellte, wie er all das, was er mir aufgezählt hatte, wieder tat. Ich malte ein imaginäres Bild für ihn. Dreimal am Tag machte er es sich 15 oder 20 Minuten lang in einem Sessel bequem und stellte sich vor, wie er Polo spielte; er erzeugte die mentale Stimmung, die er in der Rolle eines Polospielers haben würde. Er wurde zum Schauspieler, zum Handelnden; ein Schauspieler geht in seiner Rolle auf.

Hierbei ist zu beachten, daß er sich nicht beim Polospiel gesehen hatte; das wäre eine Illusion. Er *fühlte* sich selbst beim Polospiel. Er aktualisierte es, indem er dieses Schauspiel in seinem Gemüt oder *Weinkeller* durchlebte.

Um die Mittagszeit beruhigte er sein Gemüt, entspannte seinen Körper und fühlte sich in seiner Alpinistenausrüstung. Er fühlte und imaginierte sich beim Bergsteigen; er fühlte die kalte Luft, die ihm ins Gesicht wehte, und hörte die Stimmen seiner alten Bergkameraden. Er durchlebte dieses Schauspiel und spürte die natürliche Greifbarkeit der Felsen.

Des Abends, vor dem Schlafengehen, bevor er sich in die

Arme seiner *Geliebten* begab – seines tieferen Selbst –, spielte er eine Partie Golf. Er hielt den Schläger, berührte den Ball mit seiner Hand, plazierte ihn und schlug ihn weg. Er schwang den Schläger und beobachtete voller Freude, wohin der Ball ging. In der Stimmung, ein gutes Spiel gemacht zu haben, fiel er dann in tiefen, gesunden Schlaf, voller Zufriedenheit und Glücksgefühl über seine Erfahrung. Nach zwei Monaten war das Bein dieses Mannes geheilt, und er konnte all die Dinge tun, die er sich vorgestellt hatte. Der Gedanke an das Bergsteigen plus dem *Wunsch*, wieder Polo zu spielen, bedeutete für diesen Mann: *»Steh auf, meine Freundin, meine Schöne, und komm her«*, weg von deinem Glauben an eine physische Behinderung. Das ist es, was er tat.

Das Gesetz des Unterbewußtseins ist ein Gesetz des Zwangs. Wenn du beispielsweise subjektiv fühlst, daß du schwimmst, wenn du die Kühle des Wassers und die Natürlichkeit deiner Schwimmbewegungen fühlst, wirst du früher oder später gezwungen sein, zu schwimmen. Wie das Handicap auch beschaffen sein mag – ob Furcht oder ein physischer Zustand –, du wirst dazu kommen, das zu tun, was du im Gefühl bereits subjektiv getan hast.

Dein Begehren, dein Traum, deine Ambition, dein Bestreben oder Ziel ist dein Erlöser! Er wandelt den Korridor deines Gemüts entlang und sagt dir: *»Steh auf, meine Freundin, meine Schöne, und komm her«* und genieße die guten und herrlichen Dinge des Lebens.

Ganz gleich, was das Problem oder dessen Ausmaß ist, du hast wirklich nichts weiter zu tun, als dich von der Wahrheit zu überzeugen, die du bejahst. Sobald du dich erfolgreich von der Verwirklichung deines Begehrens überzeugt hast, folgt das Resultat automatisch. Dein Unterbewußtsein wird getreulich reproduzieren, was du ihm aufgeprägt hast.

Du hast die Freiheit der Wahl

Die Bibel sagt: »*Erwählt euch heute, wem ihr dienen wollt.*« (Josua 24:15) Du verfügst über die Freiheit, den Ton, das Gefühl oder die Stimmung zu wählen, in die du dich begeben willst. Die Manifestation deines Gefühls oder deiner Überzeugung ist das Geheimnis deiner *Schönen* oder deines Unterbewußtseins. Deine äußeren Handlungen werden demnach von deinen unterbewußten Überzeugungen und Eindrücken bestimmt.

Dein Denken und Fühlen bestimmt dein Schicksal. Deine Kenntnis der Wahrheit spricht jetzt zu dir: »*Der Winter ist vergangen, der Regen ist vorbei und dahin.*« Der *Winter* repräsentiert den kalten Zustand, wenn die Saat im Boden gefroren und kein Wachstum sichtbar ist. Der Winter und alle Jahreszeiten sind in deinem Bewußtsein.

Sind deine Wünsche, Träume, Visionen und Bestrebungen im Leben in dir gefroren aufgrund von Furcht, Sorge oder falschen Annahmen? Du kannst sie jetzt auferstehen lassen, kannst sie wiederbeleben, indem du dich von den Erscheinungen abwendest und dich in den *Weinkeller* Gottes in deinem Innern begibst und dir sagst: »Ich kann das sein, was ich sein will. Ich muß nur mein Unterbewußtsein mit meinem Begehren nach Gesundheit, Wohlstand, Partnerschaft oder einem wahren Platz beeindrucken, und es wird diesen Zustand, den ich ihm aufgeprägt habe, zum Ausdruck bringen.«

Der *Winter* ist jetzt für dich vergangen; der *Regen* ist ebenfalls vorbei. Dein Gemüt mag mit negativen Gedanken überflutet worden sein und die Stimmung von Niedergeschlagenheit, Depression und Melancholie verursacht haben. Genau das tut eine Flut oder Lawine negativer Gedanken, falscher Annahmen und irrtümlicher Meinungen. Jetzt weißt du, daß du dein Gemüt nur mit den Wahrheiten

Gottes anzufüllen brauchst – Wahrheiten, die seit undenklichen Zeiten zu uns gekommen sind. Wenn du das tust, wirst du aus deinem Bewußtsein alles das ausgrenzen, was diesen Wahrheiten nicht gleicht.

Der Winter und die Fluten sind für dich vorbei, wenn du dein Bewußtsein regelmäßig und systematisch mit den Konzepten von Frieden, Liebe und gutem Willen anfüllst. Das kann beispielsweise durch Lesen eines der Psalmen geschehen, wie des 23. oder 91. Psalms, wobei du die Wahrheit alles dessen, was du sagst, auch fühlst; oder du kannst eine gute Meditation der Wahrheiten Gottes laut lesen, beispielsweise aus meiner Broschüre *»Spezielle Meditationen für Gesundheit, Wohlstand, Liebe und Selbstausdruck«* oder aus meiner Broschüre *»Stille Momente mit Gott«*. Wenn du das tust, dringen diese Wahrheiten durch Auge und Ohr; sie setzen eine gewaltige therapeutische Schwingung frei, die Körper und Gemüt erfaßt. Diese heilenden, lindernden Schwingungen zerstören, neutralisieren und tilgen all die negativen, furchtsamen, krankmachenden Gedanken, die all die Schwierigkeiten in deinem Leben verursacht haben; ihre Verkörperung löst sich auf, sie muß verschwinden. Das ist Gebet; praktiziere es oft genug, bis es zur Gewohnheit wird. Das Gebet sollte eine Gewohnheit sein.

Tue alles vom Standpunkt des einen Gottes und seiner Liebe aus. Wenn du beispielsweise einkaufen gehst, bete, bevor du kaufst. Sag dir: »Gott führt mich bei all meinen Einkäufen.« Sag im stillen zu der Verkäuferin oder dem Verkäufer: »Gott segnet dich mit Wohlstand.«

Was immer du vollbringst, tue es mit Liebe und gutem Willen. Strahle auf alle Liebe, Frieden und guten Willen aus. Bejahe wiederholt, daß die Liebe Gottes und seine transzendente Schönheit all deine Gedanken, Worte und Handlungen durchströmt. Mache dir dies zur Gewohnheit. Erfülle dein Gemüt mit den ewigen Wahrheiten; dann wirst du sehen: »Die Blumen sind aufgegangen im Land, die Zeit des Singens ist da!« Du beginnst zu *blühen*; ja, du wirst durch und durch zu blühen beginnen.

Das »Land« ist dein Wahrnehmungsbereich

Das *Land* oder die *Erde* bezeichnet deinen Körper, dein Umfeld, dein gesellschaftliches Leben und alles erforderliche auf dieser objektiven Ebene.

Die aufgegangenen *Blumen* stehen für die Geburt Gottes in deinem Gemüt. Die *Blumen* der Führung Gottes werden über dich wachen und dich zu den grünen Auen und stillen Wassern führen. Die Blumen der Liebe Gottes werden dein Herz erfüllen. Statt überall Mißklang zu erblicken, wirst du nunmehr die Liebe Gottes sich in all seiner Schöpfung ausdrücken sehen; während du das realisierst, erblickst du die Liebe, die zum Vorschein kommt und im anderen erblüht.

Wenn du ein Haus betrittst und siehst dort Verwirrung, Zank, Streit und Zwietracht, dann wirst du in deinem Innern bejahen, daß der Friede Gottes in Herz und Gemüt aller Bewohner die Oberherrschaft hat; dann werden die Blumen des Friedens sich manifestieren und zum Ausdruck kommen.

Siehst du finanziellen Mangel und Begrenzung, wirst du den unendlichen Überfluß und Reichtum Gottes erblicken, der ewig fließt, der alle leeren Gefäße auffüllt und einen göttlichen Überschuß hinterläßt. Wenn du das tust, wirst du im Garten Gottes leben, wo nur Orchideen und Blumen ähnlicher Schönheit wachsen, da nur die Ideen Gottes in deinem Gemüt zirkulieren.

Wenn du dich des Abends zur Ruhe begibst, kleidest du

dich in das Gewand der Liebe, des Friedens und der Freude. Von jetzt an wirst du dich immer mit dem Gefühl schlafen legen, das zu sein, was du zu sein begehrst. Dein letztes Konzept vor dem Einschlafen wird sich in dein tieferes Bewußtsein eingraben; und du wirst es wieder beleben. Nimm immer ein edles, gottgleiches Konzept von dir mit in deinen *Weinkeller deines Geliebten* (Unterbewußtseins), und dein Geliebter (Unterbewußtsein) wird dir immer das geben, was du als wahr empfunden hast. Alles, was du dir vorstellen kannst, kannst du auch verwirklichen. Die Liebe schenkt allen Dingen Leben. Deine morgigen Tage werden von deinem Konzept bestimmt, das du von dir hast, wenn du in den Armen deines »Geliebten« (deines Ideals) einschläfst.

Die Zeit des Singens ist für dich da, wenn du aufhörst, das alte Lied des Mangels und der Begrenzung zu singen. Du hast anderen lange genug zugehört, die dieses Lied unentwegt sangen; in ständiger Wiederholung wie eine Schallplatte: »Ich fühle mich so einsam; nie ist es richtig für mich gelaufen. Ich hatte niemals eine Chance. Ich bin grausam behandelt worden.« – »Ich bin dreimal operiert worden.« – »Was glauben Sie, wieviel Geld ich verloren habe.« Dann erzählen sie dir von ihren Ängsten auf der einsamen Straße, von dem, was sie zu bemängeln haben, von dem, was sie mögen oder nicht mögen, und unterbreiten dir ihren Lieblingsärger und Lieblingsgroll. Jetzt, von der Liebe Gottes durchdrungen, wirst du in dieses Lied nicht mehr einstimmen – du wirst es nie wieder singen. Statt dessen singst du ein neues Lied; denn Gottes Ideen und Wahrheiten (die Vögel) werden in dir singen.

Dann wirst du »in einer Zunge reden«, nämlich in der Stimmung des Friedens, der Freude, des guten Willens und der Liebe. Du wirst auf Zustände oder Menschen nicht mehr wie früher reagieren, denn das Lied Gottes wird jetzt

gehört. Sollte dir jetzt jemand eine Gemeinheit an den Kopf werfen, etwas Häßliches zu dir sagen, wirst du das auf der Stelle transformieren, durch die Erkenntnis, daß der Friede Gottes deine Seele erfüllt. Du wirst es mit dem Feuer des rechten Denkens aufzehren; in deinem Gemüt und deinem Herzen wird dann wahrhaft ein neues Lied angestimmt. Du bist glücklich; überschäumend vor Begeisterung, und in freudiger Erwartung siehst du allen guten Dingen entgegen. Wo immer du gehst, trägst du Frieden mit dir; jeder, der in deine Einflußsphäre kommt, wird von deiner inneren Strahlung gesegnet sein. Du erblickst Gott in allem, in den Steinen, den Bäumen, in den rinnenden Bächen. *Die Stimme der Turteltaube* wird in deinem Land gehört!
Tennyson sagte: »Sprich zu Ihm, denn Er hört, Geist wird sich mit dem Geiste treffen, näher ist Er als der Atem, und näher als Hände und Füße.«

Lauschen auf die innere Stimme

Die Stimme der Turteltaube ist die Stimme des Friedens, die Stimme der Intuition und der inneren Führung Gottes. Durch tiefes inneres Lauschen kannst du sie hören. In meiner Kindheit hatte ich mich einmal im Wald verirrt. Statt in Panik zu geraten, setzte ich mich unter einen Baum und dachte an ein Gebet, das so anfing: »Unser Vater zeigt uns den Weg; laßt uns stille sein, dann wird er uns führen.« Ich wiederholte still: »Vater, führe uns.«
Daraufhin überkam mich eine Welle des Friedens – ein Gefühl, an das ich mich noch genau erinnere. *Die Stimme der Turteltaube* wurde zur Wirklichkeit. Die *Turteltaube* ist Intuition, und das bedeutet, von innen gelehrt. Ich hatte plötzlich ein überwältigendes Gefühl, mich in eine be-

stimmte Richtung zu bewegen. Mir war, als würde ich dorthin geradezu gestoßen. Zwei der Jungen kamen mit mir; die anderen nicht. Wir anderen drei jedoch wurden wie von einer unsichtbaren Hand aus dem dicken Dschungel geführt.

Große Komponisten lauschten immer nach innen und hörten dort ihre Musik; sie schrieben das nieder, was sie innerlich hörten. Lincoln hörte in seiner Meditation das Prinzip der Freiheit; Beethoven hörte mit seinem inneren Ohr das Prinzip der Harmonie.

Wenn du dich intensiv für die Regeln der Mathematik interessierst, dann liebst du sie; und wenn du sie liebst, werden sie dir alle ihre Geheimnisse enthüllen.

Jesus hörte *die Stimme der Turteltaube*, als er sagte: *»Den Frieden lasse ich euch zurück, meinen Frieden gebe ich euch. Ich gebe ihn euch nicht, wie die Welt ihn gibt. Euer Herz erschrecke nicht und fürchte sich nicht.«* (Johannes 14:27) Wie großartig wirst du dich fühlen, wenn du diese Worte in dich aufnimmst und dein Gemüt mit ihrer therapeutischen Kraft erfüllst!

Hiob hörte *die Stimme der Turteltaube*, als er sagte: *»Befreunde dich nun mit ihm und halte Frieden.«* (Hiob 22:21) *»Wer festen Herzens ist, dem bewahrst du Frieden; denn er verläßt sich auf dich.«* (Jesaja 26:3) – *»Denn Gott ist nicht ein Gott der Unordnung, sondern des Friedens.«* (1. Korinther 14:33)

Du kannst die *Stimme der Turteltaube* hören, wenn du dich an die Unendliche Intelligenz in deinem Innern wendest und sagst: »Vater, dies ist es, was ich will...«; dann mach dein Begehren klar und deutlich. Jetzt übergibst du es der Gottesweisheit in deinem Innern, die alles weiß, alles sieht und über das »Know-how« des Vollbringens verfügt. Du wirst immer wissen, ob du deinen Wunsch übergeben hast oder nicht. Wenn dich ein Gefühl des Friedens überkommt, dann hast du ihn übergeben. Wenn du besorgt und angespannt bist, dann nicht. Dann hast du dein Gebet nicht subjektiviert; dann hast du kein völliges Vertrauen in die Gottesweisheit in dir.

Brauchst du Führung, dann bejahe, daß die Unendliche Intelligenz dich jetzt führt. Sie wird sich für dich als rechtes Handeln erweisen. Du wirst wissen, daß du die Antwort bekommen hast, denn die Taube des Friedens wird dir ins Ohr flüstern: »Friede, sei still.« Du wirst die göttliche Antwort erkennen, denn du wirst ein Gefühl des Friedens haben, und deine Entscheidung wird richtig sein.

Ein junges Mädchen fragte sich kürzlich, ob es eine beträchtlich besser bezahlte Position in New York annehmen oder in Los Angeles bei ihrer gegenwärtigen Firma bleiben sollte. Bevor sie sich des Abends dem Schlaf überließ, stellte sie sich die Frage: »Wie wäre meine Reaktion, wenn ich jetzt die richtige Entscheidung getroffen hätte?« Die Antwort, die sie bekam: »Ich würde mich großartig fühlen. Ich würde mich glücklich fühlen, weil ich die richtige Entscheidung getroffen habe.« Dann sagte sie: »Ist das nicht wundervoll?! Ist das nicht wundervoll?!« Das sagte sie wieder und wieder, gewissermaßen als Schlaflied, und damit schläferte sie sich ein, mit dem Gefühl: »Es ist herrlich, es ist wundervoll!«

In dieser Nacht hatte sie einen Traum, und in diesem Traum sagte ihr eine Stimme: »Steh still! Verharre still!« Damit erwachte sie und wußte, daß sie die Stimme der *Turteltaube* – die Stimme der Intuition gehört hatte.

Das vierdimensionale Selbst in uns kann vorhersehen; es weiß alles und sieht alles; somit konnte ihr vierdimensionales Selbst im Bewußtsein der New Yorker Firmeninhaber lesen. Sie entschloß sich, in ihrer gegenwärtigen Position zu verbleiben. Die folgenden Ereignisse zeigten, daß sie ihrer inneren Stimme vertrauen konnte; der New Yorker

Konzern ging in Konkurs. *»Ich, der Herr, will mich ihm kundmachen in Gesichten, und will mit ihm reden in Träumen.«* (4. Moses 12:6)

Die mystische Vermählung

»Mein Geliebter ist mein, und ich bin sein, der zwischen den Lilien weidet.« Die *Lilien* repräsentieren den Mohn, der im Osten wächst. Ein schaukelndes Mohnfeld in der Brise ist ein wunderschöner Anblick. Hier weist uns der inspirierte biblische Schreiber an, mit gottgleichen Eigenschaften in unserem Bewußtsein eine Romanze einzugehen. So wie du dich der Gottgegenwart in deinem Innern zuwendest, wendet sie sich dir zu. Du erfährst die mystische Vermählung, wenn du dich um der Wahrheit willen in die Wahrheit verliebst; dann bist du voll des neuen Weines, der neuen Interpretation des Lebens.

Die *Lilien* symbolisieren Schönheit, Ordnung, Symmetrie und Proportion. Wenn du auf den großen Wahrheiten weidest, daß Gott unbeschreibliche Schönheit, grenzenlose Liebe, absolute Seligkeit, vollkommene Harmonie und unendlicher Frieden ist, dann *weidest* du wahrhaftig *zwischen den Lilien*. Wenn du das, was von Gott wahr ist, als wahr für dich empfindest, werden in deinem Leben Wunder geschehen.

In der Erkenntnis und im Wissen, daß diese Qualitäten und Attribute Gottes durch dich ihren Ausdruck finden und daß du ein Kanal für das Göttliche bist, beginnt jedes Atom in deinem Sein zum Rhythmus des Ewigen Gottes zu tanzen. Schönheit, Ordnung, Harmonie und Frieden breiten sich in Gemüt, Körper und Angelegenheiten aus, da du *zwischen den Lilien weidest*; du empfindest dein Einssein mit Gott, dem Leben und Gottes unendlichen Reichtümern. Du bist mit deiner Geliebten vermählt, mit deinem Ideal oder Begehren; du bist eine Braut des Herrn, d.h., deiner dominierenden Überzeugung. Von diesem Moment an bringst du die Kinder deiner Geliebten hervor; sie werden das Bild und Gleichnis deiner Idee und deines Empfindens offenbaren.

Der Vater ist die Idee Gottes; die Mutter die Emotionalisierung dieser Idee und ihre subjektive Verkörperung. Aus dieser Vereinigung von Idee und Gefühl erwächst deine Gesundheit, dein Wohlstand, dein Glück und dein innerer Frieden.

Laß dich nieder und *weide zwischen den Lilien,* in der Erkenntnis, daß du dich jedesmal, wenn du dich schlafen legst, vor den König der Könige begibst, den Herrn der Herren, den Fürst des Friedens. Sei sicher, daß du »angemessen gekleidet« bist, wenn du dich in die göttliche Gegenwart begibst. Wenn du vor dem Präsidenten erscheinst, würdest du wohl deine beste Kleidung tragen. Die »Kleidung«, die du jeden Abend beim Betreten des Himmels deines Gemüts trägst, sind die Gefühle oder Stimmungen, die du offenbarst. Sei sicher, daß es immer das Hochzeitskleid der Liebe, des Friedens und guten Willens zu allen ist.

Sei absolut sicher, daß du immer sagen kannst: »Wie schön Du bist.« Groll, Übelwollen, Selbstverurteilung oder Verurteilung anderer darf nicht mehr sein. Auch nicht die geringste Kritik an irgend jemandem. Gottes Liebe für alle Menschen, wo auch immer, muß wirklich dein Herz erfüllen. Alles, was du dir selbst wünschst, mußt du in aller Aufrichtigkeit auch jedem anderen wünschen; dann kannst du zu deiner Stimmung oder deinem Gefühl sagen: »Wie schön Du bist.« – *»Und wenn ihr dasteht und betet, so vergebt, wenn ihr etwas gegen jemanden habt.«* (Markus 11:25)

»Mein Geliebter ist mein.« Alles, was Gott ist, ist dein,

denn Gott ist in dir. Alles, was du dir nur wünschen kannst, ist bereits dein. Du bedarfst keiner äußeren Hilfe, um *zwischen den Lilien zu weiden.*

Wenn du dich heute abend schlafen legst, dann vergib jedem und stell dir vor, daß dein Wunsch erfüllt ist. Schließe jeden Gedanken an Fehlschlag aus, denn du kennst jetzt das Gesetz. Wenn du das Ende, den Ausgang akzeptiert hast, dann hast du, wie Troward es so wunderbar ausdrückte, »die Mittel zur Verwirklichung des Endes erzwungen«. Bevor du dich dem Schlaf überläßt, steigere dich in das Gefühl hinein, das von dir Erwünschte zu sein oder zu haben. Deine geistige Annahme des erwünschten Zustands ist dein Einssein mit »deinem Geliebten«; denn das ist deine im Unterbewußtsein ruhende Überzeugung, und dein Unterbewußtsein bringt das zum Ausdruck, was du ihm aufgeprägt hast.

»Er weidet zwischen den Lilien. Bis der Tag anbricht und die Schatten fliehen.« Die *Schatten* sind Furcht, Zweifel, Sorge, Anspannung und all die Begründungen und Ausreden, weshalb etwas nicht getan werden kann. Die »Schatten« unserer fünf Sinne und des Menschheitsglaubens schweben über dem Bewußtsein aller.

Wenn du betest, akzeptierst du das als wahr, was deine Vernunft und deine fünf Sinne verneinen und ablehnen. Bleib deiner Idee treu, indem du auf jedem Schritt des Weges Glauben beweist. Wenn dein Bewußtsein voll und ganz mit der Akzeptanz deines Begehrens angefüllt ist, wird sich alle Furcht auflösen. Hab Vertrauen in die Wirklichkeit deines Ideals oder Begehrens, bis du ganz davon erfüllt bist, es zu haben oder zu sein; dann wirst du die Freude des beantworteten Gebets erfahren. Wahrhaftig, die Antwort auf dein Gebet wird kommen. Sie wird den Himmel deines Gemüts erhellen und dir Frieden bringen.

Ganz gleich, wie das Problem auch beschaffen ist oder wie

akut, dunkel oder hoffnungslos die Dinge zu sein scheinen, wende dich jetzt an Gott und frage: »Wie ist es in Gott und im Himmel?« Die Antwort wird sich sanft über deinem Gemüt ausbreiten wie der Tau vom Himmel: »Alles ist Frieden, Freude, Seligkeit, Vollkommenheit, Harmonie und Schönheit.« Weise den Beweis der Sinne zurück und *weide zwischen den Lilien* Gottes und des Himmels, wie da sind Frieden, Harmonie, Freude und Vollkommenheit. Erkenne: Was für Gott zutrifft, das muß auch auf dich und deine Umwelt zutreffen. Fahre fort in diesem bleibenden Gottvertrauen, *»bis der Tag anbricht und die Schatten fliehen«*.

Worterläuterungen

Bewußtsein: Alles ist Bewußtsein. d.h., bewußtes Sein in verschiedensten Bewußtseinsgraden – vom absoluten, für uns unfaßbaren höchsten Bewußtseins und dem universellen, allumfassenden göttlichen Bewußtsein über das kosmische, astrale, planetarische und humane Menschheitsbewußtsein bis zum individuellen Persönlichkeitsbewußtsein des einzelnen Menschen und weiter zum tierischen, pflanzlichen und mineralischen Bewußtsein (von Leibniz »Monade« genannt). Demnach ist alles, was in Erscheinung tritt, Bewußtsein in fortschreitender Offenbarung, so daß es sich bei geistiger Entwicklung eigentlich nicht um Bewußtseinserweiterung oder Bewußtseinssteigerung handelt, sondern um immer klareres Gewahrwerden der Tatsache, daß »Höchstes Bewußtsein mein Wesen ist«. Und je ungetrübter das gesamte Wollen, Denken, Fühlen und Wirken dieses Wesens widerspiegelt, desto vollkommener ist dessen irdische Erscheiungsform.

Brainstorming: Wörtliche Bedeutung »Gehirnsturm erzeugen«. Man versucht dadurch der Trägheit oder gar Stagnation des gewöhnlichen Denkprozesses entgegenzuwirken, indem die Beteiligten zu irgendeinem Problem oder »Reizwort« einfach alles spontan heraussprudeln, was ihnen dazu einfällt, ohne sich durch kritische Überlegung hemmen zu lassen. Sicherlich ist diese Methode in manchen Fällen ganz brauchbar, doch ist sie eben nur ein Ersatz, bestenfalls ein Vorläufer schöpferischer Imagination, denn wer gelernt hat, sich ständig für den Strom geistigen Bewußtseins offen zu halten, der braucht nicht mehr gewaltsam intellektuelle Barrieren zu durchbrechen.

Ego: Das Gefühl, ein eigenständiges und damit vom Ganzen getrenntes Wesen zu sein. Die Seele, die ihr wahres Wesen vergessen hat, ist mit Gemüt und Körper identifiziert und unterliegt der Sinnestäuschung. Das Gefühl des Getrenntseins (Ego) ist die Ursache von Unwissenheit, Leid und Krankheit.

Einssein (Gefühl des Einsseins): Sobald der Mensch zu seinem wahren Wesen erwacht und sich als Seele erkennt, gelangt er in das Gefühl des Einsseins mit allem Leben; er erlangt das sichere Gefühl, ein unherauslösbarer Teil des einen ewigen Lebens zu sein: Das Gewahrsein des »Ich bin«. Jede gelungene Meditation führt in dieses Erleben.

Einweihung: »Wird immer dann erfahren, wenn wir zu einem größeren Verständnis des Lebens erwachen« (so sagt man ja auch im gewöhnlichen Sprachgebrauch: Man wird in eine Kunst oder in ein Geheimnis eingeweiht). Es gibt infolgedessen fortschreitende Stufen der Einweihung, bis das letzte Geheimnis offenbart wurde: »Ich bin ein individualisierter Teil Gottes – ein verkörperter Gottesfunke.«

emotional: Gleichbedeutend mit affektiv oder irrational, d.h., gefühlsmäßig bzw. erlebnishaft.

Erweckung: Gleichbedeutend mit Erleuchtung oder Befreiung (weil wir aus dem bewußtseinsverdunkelnden »Lebensraum« zum »Licht der Erkenntnis« erwacht sind und dadurch vor begrenzenden Irrtümern und Bindungen befreit wurden), ist das Ziel der menschlichen Entwicklung, gewissermaßen die »geistiger Geburt«, durch welche die mit der körperlichen Geburt eingeleitete Menschwerdung im Bewußtsein vollendet wird.

Evolution: Wörtliche Bedeutung »Auswicklung«. Der als fortschreitende Entwicklung in Erscheinung tretende Schöpfungsablauf.

Frustration, frustriert: Seelische Verkümmerung aufgrund von Enttäuschung und Zurücksetzung, Freudlosigkeit und Unbefriedigtheit, Einengung und fehlender Entfaltungsmöglichkeit, also insgesamt durch eine menschenunwürdige Existenz. Eine solche kann gerade auch ein Leben in äußerem Luxus und Überfluß ohne inneren Sinn bedeuten, so daß heute mehr denn je das Paulus-Wort gilt: »Was nütze es dem Menschen, wenn er die ganze Welt gewönne und doch Schaden nähme an seiner Seele.«

Geist, geistig: Ist keinesfalls in dem bei uns üblichen Sinne von intellektuell, verstandesmäßig, gedanklich (Geisteswissenschaften, geistige Anstrengung usw.) zu verstehen, sondern bedeutet: »Die *eine* Gegenwart, *eine* Macht und *eine* Substanz in diesem und als dieses manifestierte Universum« ebenso wie das wahre Selbst, denn »Ich bin ein lebengebender Geist«.

Gemüt: Gemüt bezeichnet den Bereich des Denkens und Fühlens (der Denkkraft und der Gefühlsnatur). Zwar muß man Denken und Fühlen theoretisch unterscheiden, doch vollzieht sich im praktischen Leben bzw. Erleben beides immer gleichzeitig, so daß es sich eigentlich um »denkendes Fühlen« oder »fühlendes Denken« mit jeweils verlagertem Schwerpunkt handelt. Die Ebenen des Gemüts lassen sich unterteilen in: Das überbewußte, bewußte, unterbewußte und das unbewußte Gemüt.

Gewahrsein (englisch »awareness«): Ist der durch die Erweckung erlangte Dauerzustand eines Menschen, für den die geistige Wirklichkeit nicht mehr nur einen durch andere vermittelten theoretischen Glaubensinhalt bedeutet, sondern zur eigenen praktischen Erfahrung und selbst erlebten Gewißheit geworden ist.

Identifikation: Beständiges Fließen der Aufmerksamkeit zu einem Gegenstand, einer Sache, einem Zustand, einem Gefühl, zu einem Gedanken führt zur inneren Verschmelzung und Einswerdung mit dem jeweiligen Ding. Unbewußtes Ausrichten der Aufmerksamkeit führt zu Gebundenheit; bewußtes Ausrichten der Aufmerksamkeit führt zu erweitertem Gewahrsein.

Imagination, imaginativ: Die bildhafte Vorstellungskraft, durch die Gedachtes erst mit seelischer Energie erfüllt und so in allen Bewußtseinsbereichen wirksam werden kann (das »innere Bild«).

Initiative: Innerer Beweggrund oder auslösende Kraft, die sofortiges Handeln bewirkt (»Willens-Zündung«).

Inkarnation: Verkörperung (Reinkarnation = Wiederverkörperung) der Seele in einem lebendigen Organismus.

Inspiration, inspirativ: Einer geistigen Offenbarung entspringende und das Denken mit höherem Bewußtsein erfüllende Eingebung (das »innere Wort«).

Intuition, intuitiv: Höchste Erkenntnis durch »liebende Vereinigung« von Erkennendem und Erkanntem, unmittelbare Erfahrung der Wahrheit (die »innere Führung«).

Involution: Wörtliche Bedeutung »Einwicklung«. Der ursächliche Schöpfungsimpuls, aus dem die ganze Evolution hervorgeht.

Karma: Karma ist das Gesetz von Ursache und Wirkung, Saat und Ernte, das jeder Mensch durch sein Denken, Fühlen und Handeln in Gang setzt. Unter Karma verstehen wir auch das Ergebnis unseres Tuns und Lassens, unseres Gemütszustandes. Wissen wir, daß alles, was wir erleben, Wirkung unseres Gemütszustandes ist, dann wissen wir auch, daß wir jederzeit unser Karma ändern können, weil wir jederzeit unseren Gemütszustand ändern können. Karma heißt, daß das Gesetz uns mit dem gleichen Urteil richtet, mit dem wir uns selbst und andere richten, mit den Gedanken, die wir über das Universum und unsere Beziehung zu ihm in uns tragen.

Kontemplation: Wörtliche Bedeutung »innere Betrachtung«. Sich immer intensiver mit etwas verbinden, sich immer tiefer hineinversenken und schließlich ganz darin aufgehen (»Identifikation«).

Konzentration: Wörtliche Bedeutung »auf einen Punkt gerichtetes Bewußtsein«. Die Kraft der gesammelten Aufmerksamkeit wirkt psychisch ebenso stark wie physikalisch die Kraft der in einem Brennpunkt gebündelten Lichtstrahlen.

Manifestation: Wörtliche Bedeutung »faßbare Offenbarung, endgültige Festlegung«. Die Welt als greifbarer und sichtbarer Ausdruck des schöpferischen Bewußtseins.

materiell: Gleichbedeutend mit mechanisch oder anorganisch, d.h., körperlich bzw. stofflich.

Meditation: Wörtliche Bedeutung »von der Wesens-Mitte aus den Umkreis (des Bewußtseins) ermessen.« Die gezielte Lenkung unserer Aufmerksamkeit auf den reinen Aspekt (Spiegelung) unseres Seins (»Grals-Schale«).

mental: Gleichbedeutend mit intellektuell oder rational, d.h., gedanklich bzw. begrifflich.

Metaphysik, metaphysisch: Wörtliche Bedeutung »hinter bzw. über dem Körperlichen«, also die Lehre von den wirklichen Ursachen und bewirkenden Energien in allen materiellen Vorgängen und Erscheinungen.

Modelle: Prägende Prinzipien oder Vorbilder, die den Ablauf von Geschehnissen oder Entwicklungen bestimmen. Es gibt *Denkmodelle*, auch »Ideen« genannt, die Grundlage aller bewußten Denkprozesse sind, und *Erfahrungsmodelle*, auch »Engramme« genannt, die sich in allen unterbewußten Reaktionen auswirken.

okkult: Wörtliche Bedeutung »verborgen, geheim«, so daß also auch Atomphysik oder Medizin für jeden Nichtakademiker, aber ebenso technische oder handwerkliche Praktiken für jeden Laien »okkult« sind. Die übliche eingeengte Wortbedeutung in bezug auf unerklärliche Vorgänge und ungewöhnliches Verhalten resultiert daher nur aus einem einseitig materialistisch eingestellten Bildungssystem, weshalb dem solchermaßen eingeengten Bewußtsein vieles als »okkult« erscheint, was z.B. für Ostasien völlig klar und selbstverständlich ist.

psycho-somatisch: Hauptsächlich im medizinischen und psychologischen Bereich gebrauchter Ausdruck für die körperlichen Erscheinungsformen seelischer Vorgänge aufgrund der *psycho-psychischen Identität*, d.h., einfach ausgedrückt »der Körper ist die Haut der Seele«.

Samadhi (im Zen »Satori«, im Christlichen »Glückseligkeit«): Ist die höchstmögliche Steigerung des menschlichen Bewußtseins zum reinen Gott-Bewußtsein, indem ich erkenne, daß »Gott durch mich und als ich wirkt«, und diese Erkenntnis mein ganzes Wesen restlos erfüllt.

Seele, seelisch: Die Schöpfungs-Ideen des »väterlichen« Geisteswerden von der »mütterlichen« Weltseele empfangen und als konkrete Schöpfung »geboren« (in der göttlichen Gesamtschöpfung ebenso wie in jedem menschlichen Schöpfungsprozeß). Alles in Erscheinung Tretende existiert also zuerst als Seele bzw. ist ein Teil der Weltseele in verschiedenartigsten Formen der Verkörperung. Ein lebender Mensch *hat* demnach nicht eine Seele, sondern er *ist* eine verkörperte Seele, die beim »Sterben« ihre körperliche Hülle wieder ablegt. Und wie ein körperlicher Organismus aus den verschiedensten Organen besteht, so besteht auch der seelische Organismus aus den verschiedensten unterbewußten, oberbewußten und überbewußten Bereichen.

spirituell: Gleichbedeutend mit geistig (hat also nichts mit »Spiritismus« zu tun, der sich mit »geistern« und nicht mit »Geist« befaßt).

Substanz: Das eigentliche Wesen, der beständige Urgrund, das in allem Wandel der Erscheinungsformen stets sich selbst gleich Bleibende.

Transformation, transformieren: Analog zur Umwandlung elektrischer Energie im Transformator kann und soll auch geistig-seelische Energie umgewandelt werden. Es ist daher die doppelte Aufgabe des Menschen, durch den »Transformator« seines Bewußtseins einerseits den »Starkstrom« des reinen Geistes in den »Schwachstrom« allgemeinverständlicher Denkformen und Vorstellungsbilder umzuwandeln, andererseits aber auch umgekehrt ständig Materie niederer Schwingung in höherschwingende Materie zu transformieren, bis schließlich im verklärten Leib des Vollendeten die totale Vergeistigung der Materie erreicht ist.

Visualisierung, visualisieren: Wörtliche Bedeutung »sichtbar machen«, ist das Vermögen, reine Gedankenformen in möglichst plastische Vorstellungsbilder zu übertragen, also innerlich zu schauen (Goethe nannte dies »Anschauung«). Je besser dies gelingt, desto wirksamer ist die Praxis schöpferischer Imagination.

vital: Gleichbedeutend mit reaktiv oder organisch, d.h., leiblich bzw. triebhaft.

Wahrheit: Das höchste Bewußtsein, das in seiner Absolutheit dem begrenzten Denkvermögen unfaßbar bleibt, wohl aber für die unbegrenzte Seele unmittelbar erfahrbar ist (siehe Samadhi).

Wahrheitslehre(r): Erhebt, richtig verstanden, nicht den Anspruch, die absolute Wahrheit zu können, sondern zeigt jedem Menschen die Mittel und Wege, wie er zu seinem ureigensten »Gewahrsein« der Wahrheit gelangen kann (siehe Erweckung oder Erleuchtung).

Literaturhinweise

Addington, Jack Eneign: »Vollkommene Gesundheit an Körper, Geist und Seele«; München 1981.

Auclair, Marcelle: »Nimm dein Glück selbst in die Hand«; München 1991.

Bach, Richard: »Die Möwe Jonathan«; Berlin 1972. »Illusionen«; Berlin 1978.

Bailes, Frederick: »Ich lebe glücklich«; München 1986.

»Die Bhagavad Gita« (Dr. Franz Hartmann); Calw 1970. (K.O. Schmidt); Ergolding 1984. (Helmuth Maldoner); Hamburg 1986. (Roy Eugene Davis); Friedrichsdorf 1980.

Bordeaux Székely, Dr. Edmond: »Die Lehren der Essener«, »Die unbekannten Schriften der Essener«, »Die verlorenen Schriftrollen der Essener«; Frankfurt 1979.

Bristol, Claude: »Entdecke deine mentalen Kräfte«, »Die Kraft des Mentaltrainings«; München 1985.

Brunton, Paul: »Das Überselbst«; Freiburg 1940.

Cady, H. Emily: »Wahrheitslehre«; Pforzheim 1975.

Challoner, H.K.: »Regenten der Sieben Sphären«; München 1985.

Cole-Whittaker, Terry: »Mentaltraining im Alltag«; München 1987.

Davis, Roy Eugene: »Wahrheitsstudien«; »Die Macht der Seele. Erlebte Wirklichkeit«; »So kannst du deine Träume verwirklichen«; »Entfalte dein inneres Potential«; »So erlangst du Erfüllung«; Friedrichsdorf 1979/93.

Emerson, Ralph Waldo: »Essays«; Zürich 1982. »Das Emerson-Brevier« (K.O. Schmidt); Pforzheim 1980.

Fillmore, Charles: »Die zwölf Kräfte des Menschen«; Pforzheim 1992.

Fox, Dr. Emmet: »Die Kraft der universellen Energie«; München 1982. »Die Bergpredigt«; Pforzheim 1966. »Das mentale Quivalent«; Pforzheim 1966. »Das Vaterunser«; Pforzheim 1966.

Freeman, James Dillet: »Leben in der vierten Dimension«; Pforzheim 1992.

Freitag, Erhard F.: »Kraftzentrale Unterbewußtsein«; »Die Macht Ihrer Gedanken«; »Hilfe aus dem Unterbewußtsein«; »Erkenne deine geistige Kraft«; München 1982/86.

Friebe, Margarethe: »Das Alpha-Training«; »Das Omega-Training«; »Geh' durchs Tor, Miranda«; »Vom Kopf zum Herzen« (Brevier für den Manager des neuen Zeitalters); Zürich 1990.

Gawain, Shakti: »Im Garten der Seele«; »Leben im Licht«; München 1990.

Golas, Thaddeus: »Der Erleuchtung ist es egal, wie du sie erlangst«; Basel 1979.

Griscom, Chris: »Die Heilung der Gefühle – Angst ist eine Lüge«; »Zeit ist eine Illusion«; »Meergeboren«; »Frequenz der Ekstase«; München 1992.

Hartmann, Otto Julius: »Der Mensch als Selbstgestalter seines Schicksals«; Frankfurt/M. 1985.
Hay, Louise: »Gesundheit für Körper und Seele«; München 1989. »Liebe deinen Körper«; Freiburg 1990. »Wahre Kraft kommt von Innen«; Freiburg 1992.
Holland, Jack H.: »Liebe – Urquell Ihrer Kraft«; Genf 1984.
Holmes, Ernest: »Vollkommenheitslehre«; Friedrichsdorf 1975. »Der Schlüssel zu deinem wahren Wesen«; Friedrichsdorf 1984. »Der Schlüssel zum wahren Leben«; Friedrichsdorf 1984. »Das hilft mir heute«; Friedrichsdorf 1990.
Jampolsky, Gerald G.: »Lieben heißt die Angst verlieren«; München 1981. »Wenn deine Botschaft Liebe ist«; München 1983. »Die Kunst zu vergeben«; München 1987.
Kelder, Peter: »Die fünf ›Tibeter‹«; Wessobrunn 1989.
Kirschner, Josef: »So lernt man, sich selbst zu lenken«; »Die Kunst, ein Egoist zu sein«; München 1992.
Körner-Kray, Brunhild: »Der geistige Weg«; München 1985. »Pfade der Seele«; München 1991. »Wege zur Einweihung«; München 1990. »Nur die Seele kennt die Wahrheit«; München 1991. »Die neuen Gesetze der Wassermann-Energie«; München 1993. »Wassermannzeitalter«; Baden-Baden 1982. »Esoterischer Sommer«; Baden-Baden 1983.
Kummer, Peter: »Nichts ist unmöglich«; München 1992. »Wunderwerk Unterbewußtsein«; München 1993.
Meurois-Givaudan, Anne und Daniel: »Essener Erinnerungen«; »Im Lande Kal«; München 1990.
Mulford, Prentice: »Unfug des Lebens und des Sterbens«; Frankfurt/M. 1977. »Die Möglichkeit des Unmöglichen«; Berlin 1972. »Ausgewählte Texte«; München 1986. »Alltagsphilosophie«; Zürich 1982. »Seeleninventar«; Zürich 1981. »Einer, der es wagt«; Pforzheim 1970.
Müller, Brigitte: »Energie der 12 Sonnen-Chakra Strahlen«; München 1993.
Murphy, Dr. Joseph: »Die Macht Ihres Unterbewußtseins«; »Die Wunder Ihres Geistes«; »Energie aus dem Kosmos«; »Die Gesetze des Denkens und Glaubens«; »Das I Ging Orakel«; »Dr. Murphy's Vermächtnis«; »Die unendliche Quelle Ihrer Kraft«; »Der Weg zu innerem und äußerem Reichtum«; Genf 1970 ff. »ASW – Ihre außersinnliche Kraft«; »Finde dein höheres Selbst«; »Das große Buch von Dr. Joseph Murphy«; »Das Superbewußtsein«; »Ihr Weg zu innerer Sicherheit«; »Die Kraft Ihres inneren Friedens«; »Die Kraft schöpferischen Denkens«; »Leben in Harmonie«; »Laß los und laß Gott wirken«; »Die Macht der Suggestion«; »Positiv leben ohne Streß«; »Die Praxis des positiven Denkens«; »Tele-Psi, Die Macht ihrer Gedanken«; München 1979/93.
Paulson, J. Sig: »Liebe deinen Nächsten wie dich selbst«; Pforzheim 1980. »Die 13 Gebote«; Pforzheim 1980. »Lasse dein Licht leuchten«; Friedrichsdorf 1988. »Wunderwirkende Gedanken«; Friedrichsdorf 1988.
Ponder, Catherine: »Die dynamischen Gesetze des Reichtums«; »Ihr

Weg in ein beglückendes Leben«; »Die Heilungsgeheimnisse der Jahrhunderte«; »Bete und werde reich«; München 1980/81/82.
Price, John Randolph: »Deine Zukunft ist jetzt«; München 1986.
Roberts, Jane: »Gespräche mit Seth«; »Die Natur der persönlichen Realität«; Genf 1979/85.
Schmidt, K.O.: »Ohne Furcht leben«; »Der innere Arzt«; »Ein neues Leben für das alte«; »Atom-Energie der Seele«; »Richtig denken – richtig leben«; »Gedanken sind wirkende Kräfte«; »Kehret wieder, Menschenkinder«; »Magie der Freude«; »Das ABC glücklichen Lebens«; »Sei geheilt!«; »Wer denkt, er kann, der kann!«; »Wegweisende Weisheit«; »Der positive Mensch«; Pforzheim 1970/73. »Der kosmische Weg der Menschheit«; »Vorgeburtliche Erziehung«; »Die Grals-Botschaft«; »Universale Religion nach Vivekananda«; »Brücken der Einheit von Ost und West«; »Das Geheimnis der Goldenen Regel«; »Selbsterkenntnis durch Yoga-Praxis«; »Mehr Macht über Leib und Leben«; Ergolding 1971/93.
Schneider, Rosemarie: »Geistes-gegenwärtig leben«; Friedrichsdorf 1987.
Shinn, Florence Scovel: »Das Lebensspiel und seine mentalen Regeln«; München 1990. »Die Kraft deiner Worte«; München 1991. »Bitte, so wird dir gegeben«; München 1991. »Vertraue deiner inneren Stimme«; München 1992.
Silva, José: »Die Silva-Mind-Methode«; »Silva-Mind-Control«; München 1985.
Spalding, Baird: »Leben und Lehren der Meister aus dem Fernen Osten«, Band 1-5; Ergolding 1961.
Streuer, Marianne: »Zauberformel Gedankenkraft«; Genf 1982.
Trine, Ralph Waldo: »In Harmonie mit dem Unendlichen«; Stuttgart 1984.
Wilde, Stuart: »Wunder«; Basel 1993.
Yogananda, Paramahansa: »Autobiographie eines Yogi«, Bern/München 1979. »Wissenschaftliche Heilmeditationen«; Bern/München/Wien 1962. »Worte des Meisters«; München 1977.

Zeitschriften

»Neues Denken«, Zeitschrift für Selbstdynamisierung und Bewußtseinserweiterung, Herausgeber: CPS (vorm. Freundeskreis Dr. Joseph Murphy), Morgenrothstraße 13, 81677 München.
»CSA Magazin für ein gesundes und erfülltes Leben«. Herausgeber: Verlag CSA, Rosemarie Schneider, Postfach 4, 61381 Friedrichsdorf.
»Ja« – Monatszeitschrift für dynamische Lebensgestaltung und geistige Erneuerung. Herausgeber: Frick Verlag GmbH., Postfach 447, 75177 Pforzheim.
»Lichtbrücke«. Herausgeber: Die Brücke zur Freiheit e.V., Ballenstedter Straße 16b, 10709 Berlin.